跟我学炒股
从入门到精通

第 3 版

刘川 著

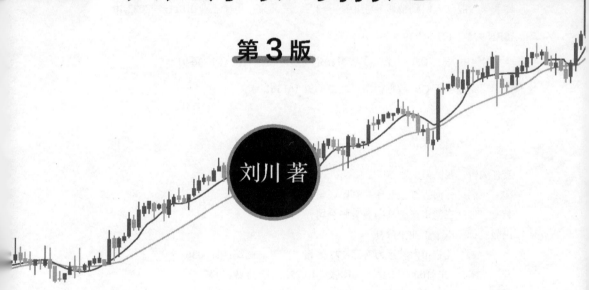

电子工业出版社·
Publishing House of Electronics Industry
北京·BEIJING

内 容 简 介

　　本书为股票操作入门类书籍，以交易心理、开户的具体过程为开篇；以容易被掌握的技术分析为主要内容，罗列了几种基础的交易方法；以蜡烛图、移动平均线、成交量等技术指标为切入点，打开一扇通往更精深、更系统的技术分析的大门。

未经许可，不得以任何方式复制或抄袭本书之部分或全部内容。
版权所有，侵权必究。

图书在版编目（CIP）数据

跟我学炒股从入门到精通 / 刘川著. —3 版. —北京：电子工业出版社，2023.10

ISBN 978-7-121-46239-9

Ⅰ．①跟… Ⅱ．①刘… Ⅲ．①股票投资－基本知识 Ⅳ．①F830.91

中国国家版本馆 CIP 数据核字（2023）第 161361 号

责任编辑：张　毅
印　　刷：三河市鑫金马印装有限公司
装　　订：三河市鑫金马印装有限公司
出版发行：电子工业出版社
　　　　　北京市海淀区万寿路 173 信箱　　　邮编：100036
开　　本：720×1000　1/16　印张：16.75　字数：347 千字
版　　次：2015 年 5 月第 1 版
　　　　　2023 年 10 月第 3 版
印　　次：2023 年 10 月第 1 次印刷
定　　价：69.00 元

　　凡所购买电子工业出版社图书有缺损问题，请向购书店调换。若书店售缺，请与本社发行部联系，联系及邮购电话：（010）88254888，88258888。
　　质量投诉请发邮件至 zlts@phei.com.cn，盗版侵权举报请发邮件至 dbqq@phei.com.cn。
　　本书咨询联系方式：（010）57565890，meidipub@phei.com.cn。

前言

2023 年 2 月 17 日，中国证券监督管理委员会发布全面实行股票发行注册制相关制度。这标志着注册制的制度安排基本定型，注册制被推广至全市场。

全面注册制可以使上市全过程更加规范、透明、可预期；发行条件更包容，推动服务实体经济的发展和增强企业的科技创新能力；使优质优价的态势更加明显，市场结构和生态进一步优化。另外，全面注册制使退市机制的运作更顺畅。

美国的道琼斯指数和标普 500 指数除几次暴跌外，几乎呈一路上扬态势，我们可以把原因归结为美国在各方面领先全球。印度孟买 SENSEX 指数高歌猛进的势头也不遑多让，我们可把原因归结为该指数只选了 30 只成分股，优中选优后的上涨理所应当。然而，美国纳斯达克指数却是一个囊括了几千只成分股的综合指数，它的强势上涨又该如何解释？

纳斯达克市场保持着平均每年 8%左右的退市率。1996—1999 年，共有 1179 家在纳斯达克上市的公司退市，平均每年 393 家，甚至退市公司总数高于新上市公司总数。1999 年年底，在纳斯达克上市的公司有 4829 家，而 1996 年在纳斯达克上市的公司为 5556 家，3 年间减少了 13.08%。而我国 A 股市场在这 3 年间大约只有 100 家左右的公司退市。

好的留下、坏的剔除，才使得如此宏大的综合指数一直气势如虹。所以股市要想健康发展，通畅的退市机制是基础保障。我国实行全面注册制，便捷上市的路径已经打开，同时通畅的退市之路也已经铺好，我国股市将会越来越健康，使得优势股票长存、劣势股票出清。这是实行全面注册制的优点。

实行全面注册制的缺点也非常明显，那就是对于普通投资者，门槛将全面提高。一旦普通投资者不慎介入了会退市的股票，很可能会血本无归。全面注册制的推行，已经使这个年代不再是"被套了死扛，套几年肯定能回本"的年代了。健康的股市为真正的投资者打开了致富大门，同时全面加大了专业素质不高的"票友"们所承担的风险。

随着时间的推移，普通投资者几乎只剩下两条路：或者将资金交给专业的投资机构去打理，或者全面提升自身的投资素质。如果你打开了这本书，则说明你选择了第二条路。条条大路通罗马，方便法门法法平等，没有优劣之分。

投资方法既可以是以基础分析为主的价值投资法，也可以是以追踪趋势为主的技术分析法。本书是一本入门级读物，侧重点在于技术方法，分别从蜡烛图（K 线）、移动平均线、成交量等几个方面讨论了一些基础的交易方法，是一本技术分析字典式的综合性读物。

为什么我们要进行技术分析？因为相对于基本面分析来说，技术分析的门槛更低、更易上手。基础分析需要我们对宏观政治经济、产业链、政策导向、公司优势、财务状况、估值等各方面进行综合考量，但技术分析只需要我们按图索骥，把它变成一种肌肉记忆即可。

本书虽为入门级读物，但它向读者打开了一扇通往更精深、更系统的技术分析的大门。在全面注册制开放的今天，它至少可以使读者避开血本无归的陷阱。避险才是投资的刚需，让我们先避开退市这个最大的风险，再去追求长期、稳定的盈利。与大家共勉。

由于笔者的水平有限，书中难免存在错漏之处，敬请广大读者提出宝贵建议及意见。

目录

第1章
炒股之前，认清自己

许多投资者都相信，有一个通向市场终极的"魔术法则"。他们还相信，肯定有一小部分人知道这个法则，也就是那些意气风发、指点江山，并从市场上收获了大笔财富的高手。因此人们一直努力想揭开这个"芝麻开门"的秘密，从而变得同样富有。但是只有少数人知道去哪里寻找，因为答案在人们最不可能想到的地方——投资者自身！

1.1 资金性质决定在市场格局中的定位

在股市中，短时间内大量资金集中投入会使股价朝一个方向运动，而短时间内股票集中卖出又会使股价朝另一个方向运动。所以，"大资金"能左右股价。但是由于"回波效应"（一买就涨，一卖就跌），致使"大资金"进出困难；"小资金"则相反。投资者一定要明白这个原理，并进行自我对照，看看自己属于哪种，不要自觉或不自觉地站错了队。比如，"大资金"由于建仓或出货周期长，必定要实行"左侧交易"，而"小资金"就没有必要跟着"逆势操作"，而应该采取机动、灵活的"右侧交易"。

另外，"大资金"是动作的发出者、股价波动的制造者，它知道什么时候该涨、什么时候该跌；"小资金"则不知道，它是价格波动的接受者。一般来说，"大资金"掌握主动权，如同战争中的进攻方；"小资金"容易陷入被动，好比防御一方。大兵团作战，攻城略地，讲究周密计划、组织协调、行动坚决、不惜代价；小分队独立作战，讲究生存，打得赢就打，打不赢就跑。两种作战风格形成鲜明对照。

比如，十万人的军队，攻下城池，自损一万人，不算什么；而对方总共一万人，则是全军覆没，还丢了城池。这对于两方的意义绝不相同。力量小的一方，在防御作战中，由于不具备战场控制权，战机往往稍纵即逝，极易失去军队的行动自由，而陷入被动挨打的不利局面。所以，无论是主力资金还是机构大户，抑或是中小投资者，都必须清醒地认识到，自己的资金在股市中所处的地位，这将决定操作模式、强度、频率、风格。

1.1.1 照照镜子，你是狼还是羊

明白了上述道理，就清楚了自己所应采取的投资策略。是羊就要防备狼，还要吃得上草。如果是狼就要吃羊，不然没法生存。有的散户朋友在被套住之后，不屑一顾地说："不怕，主力还在里面呢。"现在，你知道问题在哪里了吗？在股市中，狼和羊是相对的。一看流通盘大小，同样的资金量，对小盘股的影响就大；二看对手力量的大小，对手控制股价的能力比你强，他就成了狼，你就不再是狼。

市场上"大小非"①一出来，便是"老虎"，各路"狼"当然知道应该怎么办。而中等规模的资金，则面临站队的问题，站入狼群就可以被看作狼，不站入狼群就可以被看作羊。当然，生存斗争激烈时，也会出现狼吃狼、虎吃狼的情况。

1.1.2 是长线资金还是短线资金

这与银行的"长存短贷"道理一样，长有长的用法，短做短的打算。一股小部队可以快攻快撤，同样，一支"小资金"可以追涨杀跌。"大资金"则不行，其只能做长远打算。所以，如果是长线资金，不妨参照基金，按价值投资；如果是短线资金，首先应考虑趋势投资。但"大资金"也有短期性质的，"小资金"也有长期性质的，这需要投资者进行权衡。

1.1.3 承受风险的能力是大还是小

很多投资者在进入股市时，根本不清楚自己承受风险的能力，甚至有的人在本金损失了40%以后，才发现自己承担不起这个损失。承受风险的能力小于30%的资金，即承担不起本金的30%的损失的资金是不适宜进入股市的。同样，一个止损纪律执行不好的人也不应进入股市。对于专业的投资者来说，风险收益比小于3，就不是一桩好的交易，应该放弃。而稳健型投资者，对本金采取稳定收益策略，用利息部分去博高风险、高收益，这是不错的选择。而规模稍大一些的资金，通常是由"普通权＋优先权"组合而成的，其可以考虑以"安全垫"的方式操作，即先投入一部分资金，等获利后再加大投入。

---

① "大小非"：小，即小部分；非，即限售。小非，即小部分的限售流通股，占总股本5%以内；大非，即大规模的限售流通股，占总股本5%以上。

作为投资者，头脑要清醒，操作风格一定要与自己承受风险的能力相适应。操作风格依次可分为无所作为—保守—稳健—激进—赌徒。每个投资者都应该视自身情况对号入座，选取适合自己的操作风格。

1.1.4 收益期望是高收益还是平稳收益

马克思鲜明地指出，任何资本都是趋利的。明确资金的收益期望很重要，是要求高收益还是要求平稳收益？对于有高期望的资金来说，可能需要风险逐利，这无疑属于压力型资金。而在操作压力型资金时，人们的心态常常会变得很不平稳。对于期望平稳收益的资金来说，并不需要大风大浪，而是需要无风险套利，其只需要积少成多、日积月累，投资者有足够的耐心和坚持不懈的毅力即可。后者对投资者而言，在操作心态上明显占据优势，其操盘手的水平也比较容易得以发挥。

面对不确定的市场环境，将来到底能有多少收益，投资者事前是不清楚的。所以，正确的做法是"制止损失扩大，而让利润奔跑"。至于最终得到多少收益，将视市场给多少而定。因而，那种计划收益的做法，是不切合实际的。

1.1.5 资金的特点决定操作策略

综上所述，投资股市资金量的大小、期限的长短、承受风险能力的强弱，以及收益期望的高低，将决定投资者的投资策略和操作方法。因为只能让投资者顺应市场，而不能奢望市场适应投资者。投资者不能根据自身的喜好来决定投资方式。比如，你喜欢做长线，但资金是短期的，这就逼着你只能学做短线操作，不管你愿意不愿意。

对于资金量大、投资期限相对较长、追求平稳收益的资金，将以基本面分析为主，坚持以价值投资为导向，中线持有，高抛低吸。对于承受风险能力相对较强、资金量小、投资期限短的资金，则以技术面分析为主，寻找市场热点，实行趋势投资，追涨杀跌。对于目前尚不清楚属于何种性质的资金，暂且按低风险、低收益的短期资金来操作，这样会比较稳妥。

1.2 投资者的性格心理和思维特征

如果用计算机描述股票的操作状态，则可分为 4 种：买入、卖出、持筹、空仓。然而，在投资过程中，操作者的心理却异常复杂。10 个操作者，就有 10 种不同的操作方式。他们为什么常常失手？通过观察，我们可以找出投资者失败的两个基本原因。

1. 缺乏系统投入，怕麻烦

投资者需要持之以恒、苦心孤诣的决心和耐力，而这需要通过强化训练来获得。比如，我们偶尔去一次体育馆，去了之后仅举几次 10 千克重的器物，这样既不能锻炼我们的身体，也不能起到健美的作用。同样的道理，想要通过简单的准备、冲动的直觉，以及未经实践检验的策略去打赢市场无异于痴人说梦。

要想在股票市场上有所作为，需要相当的个人自我超越，需要经过长期艰苦的实践与磨炼。一个想要在股票市场获取巨大成功的人，自身必须具备一定的潜质，这正是我们选择股票道路的困难和可贵之处。

2. 在交易过程中过度情绪化

投资者不能急于获利、无视风险，否则就无法保持理性状态，而理性状态是沉浸于学习、探索过程中所必需的要素。

关于投资心理学，有部分学者将投资者的真知灼见解读成"真正的自己"，将情绪化思维解读为"另一个自己"。这揭示了在投资过程中，人们每时每刻都经历着心理矛盾和思想斗争。

1.2.1　投资心理的挣扎与矛盾

在"真正的自己"与"另一个自己"之间的游移和挣扎，让许多投资者感到困惑。他们常常泛起"真正的自己"的感悟，觉得自己能够看清市场，认为自己对市场有着准确的理解。可是，这些理解和极其正确的分析，既无法转化为行动，也无法结出成功的果实。在采取具体行动的时候，投资者又常常为"另一个自己"所左右，一旦行动就会出现错误，往往"看得对，而做不对"，因此前进不得。这一部分投资者处于深深的矛盾中，总是为自己"看得对，而做不对"感到困惑，并为此痛苦。

这些问题的根源何在？这是一个深沉的话题。处于这种状态的投资者，如何再向前迈出一步，至关重要。他们的真实状况是"真正的自己"与"另一个自己"搅在一起：当他们看市场的时候，心里很清楚市场是这样的，或者是那样的，"真正的自己"常常自然而然地涌流出来；但当他们去行动的时候，对于得失的顾忌和担心，使他们又被"另一个自己"左右，小心翼翼，瞻前顾后，内心的自由已经荡然无存。这个时候，他们怎么可能取得投资成功呢？

这部分投资者也不知道自己为什么会这样，明明看上去正确的事情，怎么做起来就是另一个样子。他们甚至认为，自己的市场知识已经很多了，对于市场没有什么不懂的东西，但是他们无法成功。以图 1-1 为例，30 日均线（移动平均线的简称）一路压着股价下跌，随后上涨突破 30 日均线，又回落至 30 日均线上方。在这种情况下，到底应该是买入还是卖出呢？

图 1-1 股价回落至上升通道的下轨线附近（30 日均线）

这时投资者会很矛盾，如果买入，跌了怎么办？如果卖出，涨了又怎么办？一般而言，他们会在这种情况下徘徊，找不到出路，迈不出那最为重要的一步。因此，他们就无法再使"真正的自己"再强大一点，突破"另一个自己"的局限和打破原有的相对平衡的状态。我们若不管他们的想法，仅仅从他们的投资行为上看，他们的行为模式与一般的情绪化模式非常接近，只有一点区别。这点区别是，他们的行为中常常有对重大市场机会的领悟，但他们无法把这种领悟坚持下去。尽管他们的"真正的自己"常常跳出来想给他们帮助，实际上却一点忙也帮不上，如图 1-2 所示（图 1-2 是图 1-1 的后续走势图，股价在 30 日均线的支撑下上涨）。

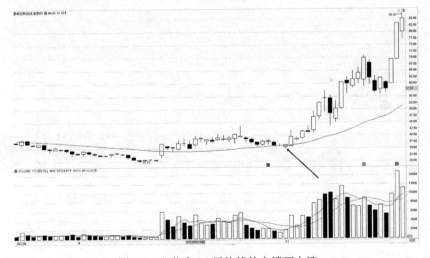

图 1-2 股价在 30 日均线的支撑下上涨

如果股价涨上去了，这时"另一个自己"就会说，要是之前买入就好了；"真正的自己"会说，我想买你不让。其实，分析不是最重要的，如何行动才是最重要的。看的时候不带情绪，做的时候被情绪所包围；用"真正的自己"来看，用"另一个自己"来做。这是一个极大的误区，这会导致投资者在看的时候有点信心、有点勇气，到做的时候，信心和勇气全部丧失了。我们应该用"真正的自己"来看，更要用"真正的自己"来做。这一部分投资者已经积累了一定的市场经验，他们面对成功的最后一道门槛，跨过去就是坦途，跨不过去就仍然要站在市场大海的岸边，继续被迎面而来的海浪拍打。

然而，大多数人都是从现有的情绪化的行为开始的，还没有清除作为敌人的"另一个自己"。在"另一个自己"的主导下，投资者只能形成情绪化的行为模式，所有的投资行为都被情绪所支配，行为的动因来自市场的暗示，毫无主动性。这种行为模式使投资者失去了对市场整体的把握，注意力完全被相互矛盾的细节所吸引，以至于不能自拔。市场显得不通情理而难以理解，它明明摆在面前，却让人无法相信它，怀疑、犹豫等阴霾笼罩其上。好，再接着往下看，经过一段时间，机会又来了，股价又一次下触上升通道的下轨线（30 日均线），当股价多次下触上升通道的下轨线（30日均线）时变化将不确定（见图 1-3）。

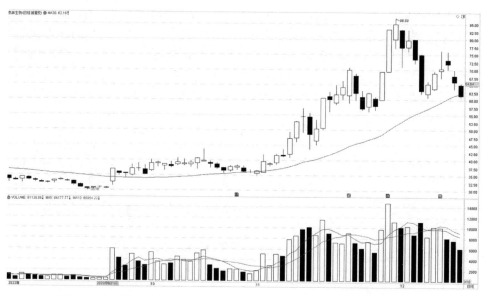

图 1-3　当股价多次下触上升通道的下轨线（30 日均线）时变化将不确定

这时是买入呢，还是不买入呢？"真正的自己"与"另一个自己"又发生了争执。好了，有前两次的经验，决定买入了，股价跌破 30 日均线，如图 1-4 所示。可惜大多数投资者在市场中都表现为情绪化的行为模式，这就是不能成功的根源。这种模式有不同的具体表现，但其行为范畴是属于同一类的。我们所要解决的根本问题，就是如何纠正投资中的情绪化的行为模式。不彻底纠正这种行为模式，投资成功就无从谈起。所以"真正的自己"最大的敌人就是"另一个自己"，是"另一个自己"所形成的情绪化的行为模式。市场中的大多数投资者都采用的是这种模式，也就是不自觉地使自己成了"羊群"中的一只，所有的行为都不是自觉的，或者说不是源于内心整体的认同。也就是说，所有的行为都不像投资者自己的行为，而像被操纵的木偶的行为，这是我们不能获利的本质原因。

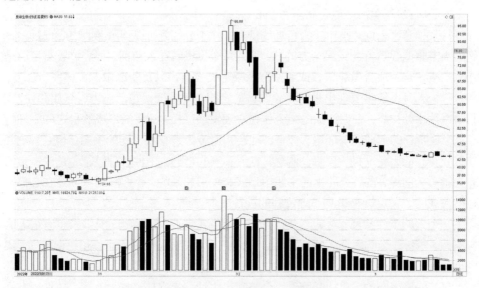

图1-4 股价多次触碰上升通道的下轨线（30日均线），通道终将被打破

　　明明是应该买入的地方，怎么偏偏变成了应该卖出的地方？投资者在这儿彻底糊涂了。"另一个自己"构成行动的障碍，任何正确的行动在"另一个自己"这里都不会顺利通过，会出现一个复杂的、内心纠结的过程。当投资者认为该卖出时，无数疑问就会跑出来；当投资者认为该买入的时候，各种担心也会接踵而来。"另一个自己"是行动的最大障碍，"另一个自己"是行动的敌人。当面对应该止损的情况时，这种情况最为突出。由于"另一个自己"的存在，"真正的自己"无法行动，在最需要行动的时候，我们丧失了行为的能力。止损也好，积极地入市也好，都化作泡影。最后，我们只好接受市场暗示，结局与我们的真实意愿相违背，成功离我们远去了。

　　行动大于思考，行动高于思考，不仅指行动才有实际的意义，也指在"真正的自己"状态下的行动代表了人们直觉与潜意识的能量，是针对客观而产生的正确反应。提升和强化"真正的自己"，也是为了提高我们的行动能力，使我们的行动没有任何障碍。所以我们要清除"另一个自己"，清除来自我们自身的障碍，也就是人们通常所说的心理情绪障碍。我们必须培养和强化自己的行动能力，要意识到只有行动才会有结果、才会成功。

本节主要说明，投资者的心理思维是对炒股成败而言举足轻重的因素，也是高手与"菜鸟"的分水岭，应该引起足够的重视。

1.2.2　个体心理特征

孙子曰："三军可夺气，将军可夺心。"

从某种意义上说，股市二级市场的博弈（除了分红）可以理解为，由心理行为正确的一方赚取心理行为错误一方的钱。那么每个投资者在入市前，都应该看看自己是什么性格，是否适合做股票，或者适合做哪一类股票，以及怎么做。

一个人身上经常表现出来的本质的、稳定的心理特征，包括能力、气质和性格，其中以性格为核心。个性特征是指个体在心理发展过程中，逐渐形成的稳定的心理特点。个性特征的形成，与环境、教育、社会和遗传因素有着密切的关系。但是，它并非孤立存在的，受动机、理想、信念、世界观等的影响。个性心理特征，是以一定的先天素质为前提，在后天的生活实践中形成和发展起来的。个性心理特征是在心理过程中形成的，又反过来影响心理过程的进行。

一个人的个性特征，对其心理特点和行为方式有很大的影响，对炒股也有很大的影响。这些特征影响着个人的言行举止，反映了个人的基本精神面貌和意识倾向，集中地体现了个人心理活动的独特性。

（1）性格外向的人，擅长演讲，会表现出主动与人交往、善于交际、热情、友好等心理和行为特点，适合当股评或投资顾问。

（2）性格内向且高聪慧性的人，适合从事股票技术研究或股票理论创新工作。

（3）富于创造性的人，会表现出想象力丰富、思维具有跳跃性的特点，适合在股市中为主力资金"讲故事"。

有的人善于观察事物的细节，有的人却粗心大意，这是能力在认识上的差异体现。此外，每个人都会产生情绪活动，但情绪产生的频率和强度因人而异。有的人脾气暴躁，一触即发，并不适合炒股；有的人却是慢性子，不爱发脾气，不宜做短线，这是气质上的不同所致。

炒股对投资者性格的要求偏重于内省型，要求时而敏捷、时而迟缓、时而兴奋、时而平静，在有压力的情况下能够控制情绪，面对挫折要有足够的坚韧性，并且要有百折不回的执着精神。

1.2.3　人的思维特征

炒股就是比思维、比智慧。思维是一种高级、复杂的认识活动，是人脑对客观现实的间接反应和概括反应。在我国，投资者对市场知识（包括技术分析、基本面分析、交易技术等）相对比较熟悉，却对交易思维（包括个人性格、投资心理、投资哲学、交易纪律）不甚重视。

如果把市场知识看作外部世界，则相当于罗汉拳的招式；而把交易思维看作内在世界，则相当于罗汉拳的内功。如果一个人打罗汉拳时只有招式而没有内功，是"打不死人"的。真正的投资高手，必须内外兼修，招式容易解决，内功修炼却需要花费很多时间和精力。因此，投资者应注重投资心态、交易思维、投资哲学的修养，同时配合系统的风险管理，最终定能如鱼得水。

思维具有逻辑性，它总是按照一定的形式、方法和规则来进行。小品《逻辑》讲述了这样一个故事：有一个男孩深深地爱上了一个女孩，因为怕被拒绝，一直不敢表白。有一天，他想到了一个好方法，于是对女孩说："你好，我在这张字条上写了一句关于你的话，如果你觉得我写的是事实，请你送我一张你的照片好吗？"女孩想：无论他写什么，只要自己都说不是事实，这样不就可以了吗？于是，女孩欣然答应了男孩的请求。男孩把字条递给女孩。女孩胸有成竹地打开字条。但是，她绞尽脑汁也想不出拒绝男孩的方法，只好把自己的照片送到男孩的手中。原来字条上写了这么一句话："你不会吻我，也不想把你的照片送给我。"

逻辑性思维在炒股中解决的主要问题有"是什么"（解释市场）、"可能会怎样"（推测），以及"接下来怎么办"（操作）。辩证思维在炒股中主要解决"为什么是这样的"（原因），以及股市成功的辩证标准等。

从现代心理学的角度看，投资者的心理思维活动主要存在于两个意识层面：一个是潜意识层面；另一个是意识思维层面。艺术型投资者的投资决策主要形成于潜意识层面，而科学型投资者的投资决策主要形成于意识思维层面。投资交易的正确决策方式可划分为两大类型：一类为艺术型，另一类为科学型。历来著名的投资家和交易家的决策方式都可划分为上述类型之一，芸芸投资大众则既不属于科学型投资者，也不属于艺术型投资者，而属于情绪型投资者。

1.2.4　技法应匹配性格

不同的个性特征，适合不同的操作方式。有的人几乎天天在学习，今天学了这种炒股方法，明天又去学那种炒股方法。新鲜归新鲜，自己的操作套路总是改变，一年下来也无法进行真正的总结，从而也无法形成适合自己的技法，这是股票操作的大忌。

其实采用不同的操作方法都可以获利。

1．有耐心的做法

在笔者的朋友中，最有耐心的是一位业余老股民甲。他有自己的工作，原先也喜欢每天冲进冲出，对别人说，做股票不要看周 K 线和月 K 线，认为那样做太"沉闷"了。突然有一天，股民甲琢磨起月 K 线来。从 2005 年 6 月 6 日的 998 点起来后，他忽然茅塞顿开，认为月 K 线从下面起来了，于是买入一只同样是月 K 线低位金叉的个股，持有了将近一年的时间，一直到月 K 线到达了高位，才放掉那只股票，他的资金账户从 20 多万元一下子增长到了 50 多万元。后来，他逢人就说，做股票要看月 K 线，还不断告诉别人，做股票不能每天做快枪手，买入后应该多放一段时间。

2．短线做法

而另一位年轻股民乙正好与股民甲相反，他特别喜欢做短线，每天都要买入卖出。他特别用功，每晚忙到十一二点，每星期都把所有的股票认真地过一遍，挑出他认为有潜力的股票并把它们放入自选股里。然后，他会每天盯着这些股票，看到有合适的机会就买入，涨不动了就卖出。只要一有时间，他就会泡在股市里，不停地来回折腾。他的收益同样也不错，估计盈利也在两倍以上。

3．大波段做法

而笔者自己，既没有股民甲的耐心，也没有股民乙的勤奋。于是，笔者采用了和他们两个都不同的方法，只做大波段，以周 K 线为主，参考短线的 60 分钟 K 线、日 K 线及月 K 线。笔者会在周 K 线指标低的时候买入股票，然后持有一段时间，到周线高位时就多关注，等周 K 线刚开始回落时就卖出股票，等待下一次机会。虽然这样操作经常会买不到最低点，也卖不到最高点，但在牛市中坚持下来，也有不菲的收益。

3 个人虽各有各的操作方法，但都取得了不错的业绩，主要是因为都采取了适合自己的方法。一个人的性格及其操作理念决定了他的操作策略，做股票并没有统一的最佳操作方法。只有适合自己的，才是最好的。

现在你该明白了，媒体上的股评家所说的策略，对你并不一定合适，因为他与你的性格不同。

1.3　投资者普遍有心理偏差

孔子曰："三军可夺帅也，匹夫不可夺志也。"

一个人做什么都要有主心骨，股市上也一样。人类具有趋利避害的本能，也往往具有从众心理。如果将这些直觉用于股市，往往是错误的，会导致不良后果。因为主力资金知道，只有利用散户人性方面的弱点，才可以赚到大钱。

毋庸讳言，凡奔股市而来的，都是为了获利，但总有人功利心切而事与愿违。这种人在操作时会出现期望赚快钱、赚大钱、不等待、不套牢，普遍存在幻想、惰性、贪心、恐惧等心理偏差，这些都是人性的表现，是与生俱来的，很难避免。但是它们的表现程度是可以控制的。成功的投资家能够把它们控制在一个适度的范围内，不使其影响理智的思维。心理偏差人人皆有，并不可怕，可怕的是自己察觉不到，更可怕的是听之任之。

1.3.1　幻想光环：总感觉股价还会上涨

人的本性存在一种倾向，即只愿意相信自己潜意识中愿意相信的事，而不愿意相信真实世界所发生的事；只愿意听到自己潜意识中感到舒服的话，而不愿听到真实但逆耳的话。投资决策过程，通常就是一个选择过程。投资者从自己的利害得失出发，只关注对自己有利的消息，往往对市场走势有一种主观上的期盼，致使投资者不能客观地对市场进行观察。

输了不认赔，甚至还要加码，不及时止损。很多人不是不懂这样做不好，但就是心太软，下不了手。炒股绝对要有止损点，因为你绝不可能提前知道这只股票会跌多深。我们常常可以看到，不少投资者在明知道已经做错的情况下还不愿认错，这些人犯的错误就是不尊重市场。市场是客观的，当一个人输了的时候，就是市场明确地告诉你犯了错误的时候。

不相信自己，却轻信别人。不少散户都有这个毛病。他们通过学习掌握了很多分析方法和技巧，具有一定的分析水平。可当自己通过精心研究看中一只股票，准备买入时，只要听旁边的股民说"这只股票不好，不如××有题材"，便立即放弃买入该股票而改买××。然而，当自己选的股票涨起来时，又后悔不已。

1.3.2　预测迷局：你掐准了告诉我

投资者也好，投机客也罢，似乎都更关心预测。预测，几乎是人类千百年来的情结。它包含着人类对未来的渴知、对命运的膜拜、对不可知的恐惧。如果真正能预测未来，在多数人眼中，那一定是接近"神"的境界了。但多年以来，所谓"极为精准的预测"，总是以传奇、故事，或者极其隐秘、晦涩的方式在人与人之间传播。

预测，也总是因随之而来的各种神秘技术而披上神秘外衣。古时有龟甲占、草卜、奇门、术数，现代有仿真、混沌、模糊和超级计算机。中国有易经、紫微斗数，西方也不乏星占之法。从袁天罡的《推背图》、刘伯温的《烧饼歌》，到现在的混沌预测、全息预测等专业科学预测体系，无不体现了人类源自基因深处的对未来的孜孜渴求。股市是一个巨大的博弈场所，具有极大的不确定性，投资者过分迷信"预测"则会掉进一个思维误区（见第 5 章）。

1.3.3　惰性困惑：炒股为什么这么麻烦

几乎人人心里都明白，天下没有免费的午餐，但许多人还是想获得免费的午餐。于是，他们就不能从心里真正面对并回答这个问题：股市投资究竟是一项事业，还是一种赌博？尽管绝不会在嘴上承认这一点，但多数人把股市投资看成一种赌博。

如果你把股市投资看成一项事业，那么你会投入多少时间和精力去做投资前的准备工作？试想，如果一个人想当数学家、物理学家、电机工程师、医师、律师等，那么他们要做的第一件事大概率是去上学，以获取必要的基础知识。

股市投资，从某种意义上说比上述各个职业所涉及的知识的难度都大，因为潜在的高回报率吸引了大量的人才。然而，又有多少人付出了比其他那些专家更多的时间和精力来研究投资市场的学问？为数不少的人不愿意做功课，却总是不时地想通过朋友、证券公司或其他渠道打听所谓的"内部消息"，或者十分关注报纸上的股评、推荐。这些信息往往都是免费的，而免费的信息往往都是靠不住的。

况且，市场上任何信息都是有其目的的。很多股民热衷于打听他人对股市的看法，或者所谓专家对股市的看法，这其实是无益的。总之，不劳而获（或少劳多获）的心态有多种，甚至可以说无处不在。不愿付出艰苦的劳动，是不可能长期从市场上得到相应的回报的。

1.3.4　贪念怪圈：咱来就是要赚钱的

人人都知道贪不是好事，可是许多人由于人性本身的弱点，戒不了贪欲，总想追求利润最大化，主要表现在以下 4 个方面。

第一，本来通过基本面分析和技术面分析已经选了一只股票，其走势还不错，只是涨得慢一些。投资者耐不住性子，通过打听消息，想抓一只热门股先做一下短差，再拣回原来的股票。结果往往是左右"挨耳光"，这边套牢，那边踏空。

第二，很多人都认识到高抛低吸、滚动操作可获得较大的利润，也决心这么做，可一年下来，什么都没"滚动"起来。原因就是投资者将一只股票抛出后没有耐心等其回落，又想先去抓一下别的热点做短差，结果适得其反。

第三，一年到头总是满仓。股市呈现明显的波动周期，在下跌周期中，90%以上的股票没有获利的机会（到目前为止，我国仍未实行做空机制）。可不少股民一看见盘面上有飘红的股票就手痒，总抱着侥幸心理，以为自己可以买到逆势走强的股票，天天满仓。本想提高资金利用率，可往往一买就被套住了。许多投资者在股票市场上失败的原因，往往是下手过重，或曰"交易过量"。他们往往期盼一夜暴富，在这种巨大利润的驱使下铤而走险，但忽略了相应的巨大风险。

第四，就是我们常看到的"赚小钱赔大钱"的现象。大多数投资者由于受贪欲驱使，当赚了钱时，觉得"二鸟在林，不如一鸟在手"，急于获利了结。而当赔了钱时，他们又死不认账，企图扳回平手，结果越输越大。有经验的投资者都知道，在输的时候戒贪难，而在赢的时候戒贪更是难上加难。有的人甚至认为，在赢的时候不能戒除贪欲是获得巨大成功的最后障碍。要进行正确的风险管理，前提是戒贪。但戒贪实在是一件很难做到的事。

1.3.5　恐惧魔咒：天哪，还要跌多少

一轮熊市下来，股民们个个伤痕累累。当股价跌成地板价时，很多人实在受不了折磨，加上家人的埋怨和生活的负担，终于忍不住"割肉"出局了。这种"怕"的心理会持续影响投资者很多年。当然，散户如果不"割肉"，机构就拿不到足够的筹码；筹码不够，主力资金自然不会拉升股价。等散户们"割了肉"，机构们吃饱喝足了，那么离第二次行情发动就不远了。

其实，经验丰富的投资者也有"怕"的时候，只是他们的"怕"和普通投资者的"怕"正好相反。经验丰富的投资者怕市场但不怕自己。他们对市场十分敬畏，但对自己十分自信。普通投资者正好相反，他们对市场毫无畏惧，因此往往在最高点买入，而在最低点卖出。在市场一涨再涨、接近最高点时，他们怕自己"误了班车"，而不怕市场已经十分脆弱。在市场一跌再跌接近最低点时，他们怕"世界末日到来"，而急于抽身逃跑。

所以，经验丰富的投资者的"贪"和"怕"，只不过和普通投资者正好相反。经验丰富的投资者是在普通投资者"贪"的时候"怕"，而在普通投资者"怕"的时候"贪"。普通投资者的"怕"还表现为在投资决策时既犹豫不决，又容易冲动。普通投资者的"怕"，是非常容易相互感染的，从而表现出一种强烈的群体性。当人们的情绪相互感染时，理智便不复存在。

因此，投资者想要在投资市场获得成功，就要戒"贪"、戒"怕"。这个道理虽然简单，但做起来非常难，因为它要求一个人能脱胎换骨地改造自己。就像戒烟、减肥，其实方法都不复杂，但是又有几个人能坚持到底呢？一个人如果心理素质不好，则往往会偏离正确的市场分析方法，以主观愿望代替客观分析，也常常会背离风险管理的

基本原则。总之，要想战胜对手，就要先战胜自己。不能战胜自己的人，绝不可能在投资市场取得最后的成功。

1.4   纠正心理偏差的训练过程

一个人从"门外汉"，逐步摸索、磨炼，最终成为一名成功的投资者，必须经历理论的学习、经验教训的总结、心理内部的长期斗争后，才能纠正心理偏差并形成稳健、乐观、自信，以及戒骄、戒躁、戒贪的心态，达到"不以物喜，不以己悲"的至高境界。这一过程可划分为4个阶段，在每个阶段，投资者都必须付出一定的代价（金钱的损失和精神上的痛苦煎熬）。

许多成功人士都遭受过几百万元，甚至上千万元的资金损失，并且承受精神上的压力，甚至有人到了崩溃的边缘，部分人士还曾试图以自杀来寻求解脱。一个投资者从零到成功（是指能够长期立于不败之地），需要经过较长的时间（这一过程一般需要几年至十几年的时间才能完成，国外许许多多的成名大师，包括威廉·江恩等人一般都是用了10年的时间）。本节所指的纠正心理偏差是一个长期的过程，并非一蹴而就，但也绝非不可为。而一个立志投身股市、有一番作为和抱负的人，势必要过这道关。

1.4.1   第一个阶段：初学股票，误打误撞，听天由命

投资者最初踏入股市时，看啥都新鲜。他们看看这儿，摸摸那儿，多以"小学生的身份"勤奋学习，通过专业书、报刊、互联网、电视、周围的朋友及专业人士的讲解，来学习相关专业知识和经验。在股票操作上，他们很少有主见，所买股票一般都是由媒体上的股评人士推荐的，或者由身边的朋友介绍的。

投资者在这一阶段的心理，主要表现为赚钱心切、着急恐慌、没主见、心有余而力不足。为了赚钱，为了暴富，不惜冒一切风险（实质上是"初生牛犊不怕虎"，根本不知道市场上的风险有多大），追涨杀跌是他们的拿手好戏。他们急于搜寻赚钱之法，这一过程一般会持续6～10个月，甚至更长时间。在这一时期，投资者很可能会因为误听他人的建议买卖股票，从而遭受很大的损失。

1.4.2   第二个阶段：研究几个常见指标，亏损最严重

经过第一阶段的学习、磨炼、总结，投资者或许很快找到了所谓的赚钱秘诀。

这个所谓的"秘诀"一般为几个指标加上量价分析，以及一些具备牛股特征的突破形态，这些在书籍里介绍得最多，也比较容易掌握。目前市场上大多数投资者基本上都掌握了这些内容，但只有一小部分人精通此道。这些指标紧贴股价走势，依靠它们来操作，在某一段时间内，获得短线成功的机会很多，有时甚至可以买在最低点，卖在最高点。

因此，每一次操作成功，投资者都会有一种莫大的成就感，仿佛自己的才华终于找到了得以施展的舞台。"啊！我成功啦！"投资者被自信、冲动、虚荣心，甚至狂妄冲昏了头脑。回想起刚入市的时候，那些曾向他推荐过股票的人屡屡出错，这进一步增强了其自信心，使其更加相信赚钱可以靠自己的能力，而且自认为已经具备了赚钱的能力。如果周围的人出了错，或者著名的股评人出了几次错，而自己判断对了，则其会更相信自己，同时也越来越封闭自己，对自己的指标越来越崇拜。但是对同行，其十分挑剔，往往会妒忌别人的"对"，嘲笑别人的"错"，认为自己周围的人都是"白皮"，只对外来的"和尚"尚存一丝敬意。

在操作上，投资者会频繁操作，不吃不喝可以，就是手里不能没有股票。几分钟没操作股票，或者自己看好的股票没买上却出现了大涨，他的心里就会如同猫抓一样难受。而且，大部分人喜欢满仓操作，买了大涨的股票就到处炫耀，或者扬扬自得；买了大跌的股票就十分懊恼、沮丧。要么处于大喜或大悲的状态，要么处于小喜或小悲的状态，这说明他真的动了自己最真实的感情。这时他和股市的关系，就像热恋中的情侣一样，一刻也不能分离。一开盘，必须看行情走势；收盘后干啥都可以，就是不能不看行情走势。买卖股票时，有的投资者十分斤斤计较价位，买入价必须在最低价位附近，卖出价必须在最高价位附近；而有的投资者仍在追涨杀跌，追逐市场的热点板块。他们的脑子里似乎只有"赚钱"二字，而对于亏损、风险的概念很模糊。

投资者在这一阶段的心理变化是，从听信他人、上当受骗（被动、盲目、恐慌），到虚心勤奋（急切、后悔、抱怨、自信），再到自负（不服输、不服气任何人），如此循环往复。在学习上，投资者自从掌握了某个理论或几个指标后，就一直处于故步自封的状态，自我禁锢，自我封闭，很难接受他人的观念。他觉得自己差不多是"天下第一"了，还不断向他人"讲经说法"。他在自己失败时很沮丧，又不甘心服输，总要找一大堆理由来为自己开脱，或者一定要找出别人的错，并当众（或当面）说出来。他在心理上认为"我有错，你也有错，他也有错，大家都有错了，自己就没有错了"，从而陷入了逻辑错误的怪圈。这种不服输的麻木心理极为强烈，投资者一旦赚了钱，便认为是自己的功劳，而亏钱几乎都是因为别人干扰自己，或者是其他因素造成的。其实，这时投资者对股市的了解，最多不会超过股市投资总知识量的一半，也就是一个"半瓶子醋"。

处于这个阶段的投资者思想麻木、僵化,频繁进行买卖操作,以检验自己的预测、判断结果,在时喜时悲、不断后悔和抱怨中度日。对这个阶段投资者来说,整天泡在股市里操作是一种享受,因为那是用他自己的钱换来的一种游戏。操作是一种令人兴奋的游戏,而且容易让人上瘾。投资者一旦上瘾就很难控制自己的欲望,也就无法理性地对人、对事(大多在股市中),有些投资者甚至像赌徒一样。这时的投资者忽略了自己操作的目的是赚钱,只是不断地享受着操作游戏的乐趣。

投资者在此阶段至少需要经过 3 年以上的磨炼,有的甚至需要 7 年以上,这是他走向成功的最困难的阶段。这个阶段也可能是投资损失最惨重的阶段,在股市上损失几十万元,或在期市上损失几百万元都有可能。因为他想暴富,却根本不知道如何控制风险。盲目自信,自负,自我封闭,思想麻木阻碍了他的进步。一直到损失惨重后,他才会被惊醒。以后的他有 3 条路可走:第一条路是绝望地离开股市;第二条路是无奈地听从"高人"指导;第三条路是自己休整一段时间后,开始反思、再学习,重新出发(这样的投资者很少)。

1.4.3 第三个阶段:系统学习,保持微利或小亏

投资者经过前几年的反复折腾,最终结果却是大败。面对惨痛的教训,投资者终于开始醒悟了,认识到自己的水平还是不行,以前的行为是多么的幼稚啊!于是,他再次开始学习,这次学习是系统的学习,包括各种技术分析方法、基本面分析方法,以及投资组合、风险控制等内容,并总结以前的经验教训,把理论与实践结合起来。

在此阶段的投资者在心态修养方面进步得很快,变骄狂为谦卑,逐步克服贪恋与恐惧。他不再喜怒无常,情绪基本稳定,面对盈利和亏损能够泰然处之;对行情的大涨或大跌,也不再有很大的情绪波动;不再贪功好利,不再急躁恐惧;不再炫耀自己,能够认识到自己的不足,并逐步改变;虚心,好学不倦,努力寻找一个能够长期获胜的操作方法。

投资者在此阶段以学习新理论、总结过去的经验教训为主,不再频繁操作。在业绩上,不再有大的波动,基本维持在微利或小亏状态。投资者在此阶段最重要的是心态修养,其次是系统地掌握各种理论、分析方法与技巧,并与实践结合起来。由于在此阶段的投资者的自我控制能力还不够强,因此这一阶段需要历时 3 年左右。这时的他就如同一般的武林高手,一般情况下不会被对手打得大败,平手或小输小赢的机会较多。如果这时他能被高人点拨,就会少走许多弯路,获得成功所需的时间就会大大缩短。

1.4.4　第四个阶段：将技术与心态结合，长期盈利

　　经过多年的潜心学习、刻苦磨炼，投资者掌握了丰富、系统的理论，能够把刻骨铭心的经验教训与理论有机结合起来。在心态方面，投资者把浮躁、缺乏耐心、情绪不稳定、贪恋、恐惧、争强好胜、妒忌、自负、沮丧的心态基本上都去掉了，能够真正做到"不以物喜，不以己悲"。他能够毫不含糊地牢牢控制住自己的欲望，把技术分析方法与基本面分析方法有机结合起来，把风险控制摆在操作首位。投资者找到了一个切实可行的交易系统，真正做到了知行合一，实现了长期稳定的盈利。

　　投资者在此阶段最主要的是心态的把握，如同武林中得道的大师，精通各种武艺，道德修养极高。其水平高靠的是心境中的"意念"，而不再是武功了。

1.5　"修成正果"所具有的素质

　　交易之道，刚者易折。唯有至阴至柔，方可纵横天下。天下柔弱者莫如水，然上善若水。本节所讲的投资者"修成正果"应具有的素质，并不是作为领袖所具有的明察秋毫、洞若观火、高瞻远瞩、远见卓识，而是心态超然、平和。其最难之处在于将相对激进的人格、倾向无为的修养和高频、无方向性的操作这 3 个似乎矛盾的层次融合——这就是真正优秀的高手难得一见的根本原因。通俗一点讲，一个相对成熟的投资者所具备的基本素质有以下五项。

　　第一是具有冒险精神：在遇到对自己有利的时机时，敢于重仓出击。

　　第二是具有理性思维：不受市场气氛影响，有根据实际情况进行操作的能力。

　　第三是逻辑推理性强：能够根据一些表象，分析出股价波动的实质目的。

　　第四是本能性反应快：见多识广，数学速算能力强。

　　第五是有乐观的工作生活状态：对理性投资有足够的耐心与信心。

　　仅有这些还不够，优秀投资者还应具备以下素质。

1.5.1　计划性与应变弹性

　　计划性人人皆知，其关键是执行。而应变弹性是指频繁的交易过程和交易结果（哪怕资金变动得再疯狂）无法影响你的整体状态。做到"交易就是交易，与结果没关系"是短线交易的基本修养之一。被结果和操作强度影响的交易过程，不可能是平滑的；不平滑的个人状态，会彻底让投资者丧失交易的节奏，从而丧失良性的交易结果。

就交易结果而言，不只是亏损会影响投资者，盈利更能快速打破投资者的平滑状态。不少人进步到一定程度便无法再进步，往往是因为他们难以接受疯狂的盈利。这种人从来记不住自己做过的交易（包括上一回合做了什么），所有的交易都被他忘记了，甚至从来就没进入他的记忆中，只是执行了就过去了。留在记忆里的交易，非常容易将他带离当前的市场现实。

似乎大多数人都很看重经验，但真正有价值的经验实质上就是对市场的适应，而不是在历史重演中焕发价值。市场有定式无定形，经验的价值太有限了，善于忘记比牢记某些经验更好。就像看电视，如果隔段时间再去看以前看过的片子，就会觉得像看新片子一样新鲜，但有一种似曾相识的感觉。投资者可以有许多念头，但别让它停留。人几乎不可能没念头，我们要做到的，不是让自己没念头（那样你都没法交易），而是让念头一闪而过（无论是执行过的，还是没执行过的），别让它留在大脑里。念头不论对错，停留的时间越长，越会将我们带向糟糕的境地，即使没让我们亏损，也会大大降低效率。

1.5.2 自主性与思维开放

"自主性"与"思维开放"看起来似乎是一对矛盾的词。自主性体现为抗干扰，特立独行。自主，意味着相信自己的判断，相信自己的交易系统，对自己充满信心，但投资者也要保持思维开放，以接受外界的有用信息。开放意味着修改自己的系统，甚至可能听从他人的意见而放弃自己的判断。而难就难在如何取舍。对于学有所成的投资者来说，自己始终是自主的，他人的意见仅供参考。但这并不意味着要将自己封闭起来，而应与外界始终存在信息交流。关键在于投资者要知道如何坚持，何时应坚持，何时应修正，何时应放弃。

1.5.3 纪律性与坚强意志

股市的法则是，赢家不到 10%。而这 10%的赢家的秘诀就是知道错了要跑，而且跑得比任何人都快。在金融市场的基本生存技能，必须经过辛苦的学习才能练就。笔者也是经历过那种痛苦后才学会止损的。因此，股市的第一课，不是买入而是止损。

没有止损观念的投资者是没有资格进入股市的。不知道止损，等于没有学好技术分析；不会执行止损，等于你还不会操作。止损的方法有很多，但只有最犀利的止损法，才值得投资者去练习。也就是说，只有用这种方法才可以快速增加投资者的"功力"，其他方法都没这种方法有效。止损的观念通常大家都有，只是很多人不会执行、不想执行罢了。因为通常到了止损点时，投资者或多或少已经有了一定的损失，这时的投资者可能下不去手，结果因为这一迟疑又增加了损失，最后深套其中，以致"断头断脚"。

1.5.4　耐压性与承担后果

有人曾做过统计，我国股市第一代大户、操盘手如今几乎都"灰飞烟灭"（指角色并非指人）了。圈子里戏称，炒股时间长的投资者大多成了"三头"（指光头、白头、秃头），尤其是为主力机构工作的"勇士们"，其心理压力可见一斑。若投资者没有承担压力的思想准备，则其不适合炒股。

炒股是对人的心理极限的挑战。焦虑、痛苦、压力、郁闷将伴随着投资者，小不忍则乱大谋。比如，在震荡的股市中，投资者怀着"做一把就跑"的想法，最后终于忍不住杀了进去，结果被迫做中长线。多年的经验表明，一忍再忍，最后忍无可忍买入时，通常会买在"天花板"；又或者忍无可忍，忍痛"割肉"时，只会一刀割在"地板"上。

1.5.5　专注性与宽广视角

有的投资者的注意力很"松弛"，但行情和环境的任何变动都被他注意到了，并且他可同时注意不同的东西。人的注意力状态，在通常情况下只有两种：要么注意力非常集中，只能关注一个东西；要么同等程度地分散注意力，灵敏地对任何可以被观察到的变化做出反应。

前一种注意力状态是大家所熟悉的，即所谓的全神贯注的工作状态。人们在有确定目标或注意对象时，通常处于这种状态，但在这种状态下不太适合进行交易。因为在这种状态下，人们非常容易因过分集中注意力而不能注意到别的东西，还容易不知不觉地让身体变得紧张，从而无法长时间保持这种状态。最致命的是，在这种状态下太容易启动人的大脑了，让人在不知不觉中就开始与大脑中的观念，而不是现实里的市场进行交易。

后一种注意力状态也是大家很熟悉的，是人们通常在没什么具体的目的和需要注意的目标时进入的一种状态（如在公共汽车上）。可能大家会觉得有些意外，只要人们在这种状态下没有陷入半睡眠境地，而是保持着清醒的头脑、平稳的心态，就是频繁短线交易所需要的状态。这种状态将人变成了一面镜子，在没有过分干扰、启动大脑与身体的情况下，使人注意到环境中所有细微的变化。这种状态下的人看起来安静却是最灵敏的。这种状态最适合多品种、高频率的短线交易的需要。但处于交易状态的人有一点与平时有所不同：同时注意到许多东西，注意力却没有过于分散，对每个东西都是集中的。

1.5.6　敏锐性与坚韧持久

投资者进行短线交易时必须保持一种适度的兴奋感。缺乏兴奋感，就像快耗尽了汽油的汽车，跑不了多远就会停下来，或者需要一次次重新启动交易状态，整个人陷入一种停滞中的僵化状态，眼睁睁看着行情起伏，却无法灵敏地行动。

兴奋感过于强烈的交易，就像短跑，可能在短时间内速度很快、效率较高，却很快会让人的体力下降、神经衰弱，同样陷入难以富有弹性的交易境地。

投资者一会儿兴奋，一会儿萎靡，结果也不会比前两种情况好到哪里去，就像忽快忽慢的汽车容易让人晕车一样。不平稳的心理状态，无法支撑频繁的交易，也容易使投资者失去方向感而左右"挨耳光"。投资者应保持体力状态的平稳，因为心理和身体状态息息相关，两者有很强的关联性。

除了心理状态，对短线交易者而言，适度的睡眠时间也是非常重要的，人不能在疲劳或睡眠过度的状态下进行交易，除非他已经完全适应了短线交易，这种人能很快地让身体进入状态。

对于体力是否达到平稳状态，有一个简单的判断标准——你是否感到身体的柔软性和弹性较好，既没感到疲乏、僵硬，也没感到身体充满力量、紧张？你是否几乎意识不到身体任何一个特殊部分的存在，只是觉得很放松？只有在这种状态下，投资者才能够支持自身长时间、频繁、不依赖事先判断趋势的交易。

对于变化的行情和不同的股票，投资者应始终保持一种平稳的个人节奏。在行情判断和交易过程中，短线交易者最难避免的就是让行情的节奏控制了自己的节奏，跟随行情的快慢、冷热而失去了自我。这是短线交易者非常致命的地方。有的行情的变化不是平滑的，很多行情和波段都是突然发生的。如果投资者不能在行情之外保持平稳的个人状态，只能跟随行情的节奏，那么他很难成为合格的高手。反观一个真正优秀的主力操盘手，其优秀之处也正是体现在这样的一个方面：通过对行情节奏的控制，使"羊群"的心理节奏混乱，或者干脆将"羊群"引入恶性心理循环，从而为主力的操作留下足够的空间。

1.6　成功王者的金刚经

大凡天下王者，必也上合天时，下顺地利，中启人和。世上任何成功，都要首先归结于理念上的成功，得益于正确的世界观与科学的方法论。投资股市，莫不如此。

亲历多年血战，方知辩证一二。笔者十分认同以下这些至理名言，建议投资者将其作为自己的行动指南，奉之为座右铭。

1.6.1 第一句话：当优秀成为一种习惯

这句话是古希腊哲学家亚里士多德说的。如果说优秀是一种习惯，那么懒惰也是一种习惯。人在出生时，除了脾气会因为天性而有所不同，其他的东西基本都是后天形成的，是家庭影响和教育的结果。我们的一言一行都是日积月累养成的习惯。通常情况下，好司机拥有好的驾驶习惯，易出交通事故的司机很可能就有不好的驾驶习惯。不管做什么事情，是否养成了良好的习惯往往会决定你的成败。

投资理财也是同样的道理，我们在养成了良好的投资习惯后会发现，在市场中稳定盈利原来这么容易。所以我们从现在起就要把优秀行为变成一种习惯，对优秀行为习以为常，并使优秀行为变成我们的第二天性。我们应习惯性地去进行创造性思考，习惯性地去认真做事情，习惯性地操作投资，习惯性地欣赏大自然。炒股的优秀习惯是什么呢？是树立正确的理念、保持良好的心态，以及按照规则系统性地进行操作。投资者必须放弃固有的念头，坚持客观交易，绝不随心所欲、想当然。

1.6.2 第二句话：不要企图一夜暴富

事情的结果固然重要，但是做事情的过程更加重要，因为结果好了会使我们快乐，但过程会使我们的内心感到充实。

我们炒股时，不能指望一夜暴富，而应沿着正确的方向，用科学的方法，逐渐积累自己的财富。其中当然还会有曲折、反复，但这些都阻挡不了我们前进的步伐。炒股的乐趣和成就在于不断完善自我、不断接受挑战，最终达到自我价值的实现和财务自由。

1.6.3 第三句话：不以一时成败论英雄

在做事情的过程中，我们很难直截了当地把事情做好。我们有时需要等待，有时需要合作，有时需要技巧。我们做事情时会碰到很多困难和障碍，有时我们并不一定要硬挺、硬冲，我们可以选择绕过障碍，也许这样做事情会更加顺利。

回到股市，最大的难题是如何评价一笔交易。何为正确？何为不正确？相关研究表明，在某些情况下，非理性投资者实际上可以获得比理性投资者更高的收益，非理性投资者仍然可以影响资产价格。按规则做，不赚钱也属于正确；不按规则做，赚到钱也算不上正确。

打个比方，有的散户不愿意止损，要死扛，恰好有一回运气好，股价又回升了，这就会强化他的错误观念，使他认为原来不止损才是对的，严格止损者反而会赔钱。而且，他这一观念始终矫正不过来。炒股的一个错误观念就是一个难关。难关不一一克服，人的能力就无法提高。所以，在投资策略上，切记赚钱的交易不一定是正确的交易，不赚钱的交易不一定是不正确的交易。

1.6.4　第四句话：谋定而动，知止而行

只有知道如何停止的人，才知道如何加快速度。笔者在滑雪时，最大的体会就是停不下来。笔者刚开始学滑雪时没有请教练，看着别人滑雪，觉得很容易，不就是从山顶滑到山下吗？于是，笔者穿上滑雪板，一下就滑下去了，结果从山顶滑到山下，实际上是滚到山下，摔了很多次。这时，笔者才发现，自己根本就不知道怎么停止、怎么保持平衡。

经过反复练习怎么在雪地上、斜坡上停下来，笔者终于学会了在坡上停止、滑行、再停止。这时，笔者就发现自己会滑雪了，敢于从山顶高速地往山坡下冲。只要能停下来，就不会撞上树、石头、人。因此，只有知道如何停止的人，才知道如何高速飞驰。在股市中，那种比冲锋、比获利大的人（他们还会笑你这个专家只会停，不如他们会赚钱），到头来比谁"死得都快"。而知道如何退出、明白循序渐进、通晓恪守空仓的人，往往才是笑到最后的人。

1.6.5　第五句话：放弃是一种智慧，缺陷则是"恩惠"

放弃是一种智慧。当你拥有 6 个苹果的时候，都吃掉也只吃到了一种味道——苹果的味道。如果你把其中 5 个苹果拿出来分享给别人，尽管表面上看你失去了 5 个苹果，实际上你却得到了与其他人的友情。以后当别人有水果的时候，也一定会与你分享，你会从这个人手里得到一个橘子，从那个人手里得到一个梨，最后你可能就会得到不同的水果、不同的味道、不同的颜色。

"塞翁失马，安知非福。"笔者认为在股市中，凡看不清的行情就应放弃；风险可能会大于收益的投资，也应该放弃；自己没能力做到的事（如抓涨停板），更应该放弃。想通这个道理的人，一年做一次行情足矣。

放弃的原则是，每一次放弃都必须是一次升华，否则就不算放弃；每一次选择都必须是一次升华，否则就不要选择。

缺陷是一种"恩惠"。有不少哲理名言告诫人们，不要"因得而喜，因失而悲"。

同理，不要感到某一次交易不完美，不要觉得"鱼头""鱼尾"都应该被你拿，更不要指望把股市的钱都赚光。做人最大的乐趣在于，通过奋斗去获得我们想要的东西。有缺点，意味着我们可以进一步完美；有匮乏之处，意味着我们可以进一步努力。如果我们每天早上醒来，感到自己今天缺点儿什么，还需要追求，还需要更加完美，那是一件多么值得庆幸的事情啊！

第 2 章
走，开户去

投资者要进入股市，首先必须到证券公司进行开户，然后才能进行交易。

2.1 如何选择证券公司

该到哪里去开户？这是新股民首先需要知道的问题。这还得从我国证券市场的总体架构说起。我国设有两个证券交易市场供股民进行股票交易，并在证券交易所设有很多交易席位，这些交易席位通常由大机构和证券公司使用，普通股民则通过证券公司进行交易。因此，普通股民开户其实是在证券公司进行的。

2.1.1 证券交易市场

证券交易市场也称二级市场、次级市场，是指对已经发行的证券进行买卖、转让和流通的市场。在二级市场上销售证券的收入归出售证券的股民所有，而不归发行该证券的公司所有。

1. 证券交易所

证券交易所是证券交易市场发展到一定程度的产物，也是集中交易制度下证券市场的组织者和一线监管者。

根据我国《证券交易所管理办法》规定，证券交易所是指依法设立的，不以营利为目的，为证券的集中和有组织的交易提供场所、设施和服务，履行国家有关法律、法规、规章、政策规定的职责，实行自律管理的会员制事业法人。与证券公司等证券经营机构不同，证券交易所本身并不从事证券买卖业务，只是为证券交易提供场所、设施和各项服务，并履行对证券交易的监管职能。

我国有 3 家证券交易市场：上海证券交易所（简称上交所或沪市）、深圳证券交易所（简称深交所或深市）和北京证券交易所（简称北交所）。

2. 交易席位

交易席位原指证券交易所交易大厅中的座位，座位上有电话、电脑等设备，经纪人可以通过它们传递交易与成交信息。证券公司参与证券交易，必须首先购买交易席位。拥有交易席位，就拥有了在交易大厅内进行证券交易的资格。

随着科学技术的不断发展，通信手段日益现代化，交易方式由手工竞价模式发展为电脑自动撮合；交易席位的形式也发生了很大变化，已逐渐演变为与证券交易所撮合主机联网的电脑报盘终端。

世界各国的证券交易所都向证券公司提供交易席位，如美国最大的证券交易所——纽约证券交易所现有席位超过了 1300 个。

我国的证券交易所为证券公司提供的交易席位有两种，即有形席位和无形席位。有形席位指设在证券交易所交易大厅内与撮合主机联网的电脑报盘终端。无形席位指在证券交易所交易大厅无实际座位，证券公司利用现代通信网络技术，将证券营业部里的电脑报盘终端与证券交易所撮合主机直接联网，直接将交易委托传送到证券交易所撮合主机，并通过通信网络接收实时行情和成交回报数据的席位。

2.1.2 选择证券公司开户

证券交易所内能提供的交易席位是有限的，面对需要在证券交易所进行交易的众多股民，该怎么办呢？这时，通常采用一种代理机制。在证券交易所中，一家证券公司使用一个交易席位，而普通股民到证券公司去开户，进行股票交易时，向证券公司发出买卖指令，再由证券公司将股民发送的委托指令通过证券交易所的交易席位提交给证券交易所。

因此，股民要炒股，首先必须选择一家证券公司进行开户。

面对众多的证券公司，股民应该怎么选择呢？下面列出选择证券公司进行开户时，股民需要考虑的一些重要因素。

（1）公司的实力和信誉：由于股民本人不能进入证券交易所进行股票的买卖，同时也无法全面了解有关股票交易的有关信息。在变化无常的证券市场上从事股票交易，选择一个实力强大、信誉良好的证券公司，是保证股民资产的安全，进而能够盈利的重要前提。

（2）证券公司是否有证券交易所的交易席位：只有取得了证券交易所的交易席位的证券公司才能派员进入证券交易所进行股票的买卖。否则，证券公司只能再委托其他获得交易席位的经纪人代理买卖，但这样将会增加委托买卖的中间环节，增加股民买卖股票的费用。

（3）资讯服务：证券公司最重要的作用是帮客户赚钱。如何使客户及时获得信息，是一个证券公司资讯服务的重要体现。选择证券公司时，这点是最需要考虑的。能否每天提供重要信息，包括股票的推荐、大盘的分析等，甚至每天的电子邮件或手机短信能否接收到关于股票市场的信息，都是值得考虑的。

（4）选择好的客户经理：选择客户经理很重要，在股票交易过程中有什么疑难问题，都可以通过客户经理得到专业的回答和帮助。

（5）是否有增值服务：增值服务是指证券公司提供一些收费（也有些是免费的）服务，为客户定制相关股市信息，或进行技术提高培训。

（6）交易成本：在股票交易过程中，股民买卖股票会产生佣金、印花税、过户费等交易费用，有的证券公司规定撤单也是要收费的。所以，选择一个收费体制合理的证券公司可以为股民节约不少成本。

（7）交易方式是否多样：证券公司提供的交易方式有营业部交易大厅柜台交易、电话委托交易、网上交易、手机交易等多种。证券公司提供的交易方式越多，客户在炒股过程中就越方便。例如，如果提供手机交易方式，则只要在手机能上网的地方，客户就可以进行股票的买卖操作。

2.2 开户需要准备什么资料

当股民选定了一家证券公司作为其买卖股票的经纪人之后，接下来要做的就是在证券公司开户。

2.2.1 开户的资料

对于普通股民来说，一般都以个人名义开户，股民必须持身份证亲自到证券公司营业部办理开户手续。以下人员不能进行开户操作。

（1）未满18周岁的未成年人及未经法定代理人允许者。

（2）证券主管机关及证券交易所的职员与雇员。

（3）党政机关干部、现役军人。

（4）证券公司的职员。

（5）被宣布破产且未恢复者。

（6）法人委托开户，但未能提供该法人授权开户证明者。

（7）曾因违反证券交易法律的案件在查未满三年者。

如果不是个人投资者，而是以一个企业（或其他机构）的名义开户，则需要准备以下资料。

（1）法人营业执照副本原件。

（2）法人营业执照正本复印件（加盖公章）。

（3）法定代表人证明书。

（4）法定代表人授权委托书。

（5）法定代表人有效身份证明文件复印件。

（6）代理人身份证原件。

（7）预留印鉴卡及回款账户。

2.2.2 开立股票账户

股民要在某家证券交易所进行交易，就需要在该证券交易所开设一个股东账户。由于我国有3家证券交易所，所以股民需要分别开设深圳证券账户卡、上海证券账户卡和北京证券账户卡。

股票账户类似于股票存折，既是股民的代码卡，又是股民分红派息、买卖股票的有效凭证。每一个股民只能建立一个代码，股民在认购新股、委托买卖、代理股票过户时，必须在有关凭证上填写自己的代码。

证券公司在核查开户者提供的相关资料无误后，进行相关开户操作，最后给股民发放股东[①]账户卡。

2.2.3 开立资金账户

开立资金账户，即委托买卖的账户，其主要作用在于确定股民信用，表明该股民有能力支付购买股票的价款或佣金。

股民开设资金账户，便于股民在委托证券公司或经纪人代为买卖股票时，与证券公司或经纪人签订委托买卖股票的契约，确定双方为委托与受托的关系。委托人必须亲自签订受托契约并交验身份证和股东代码卡[②]正本。

资金账户只需要开设一个，沪深两市的股东账户卡可对应同一个资金账户。通常情况下，股民只需要记住这一个资金账户，平常在网上交易时通过资金账户登录即可。

---

① 股东账户卡：也称证券账户卡，是证券登记机构发出的、证明投资者开立了某个证券账户的有效凭证。

② 股东代码卡：这是股东在中国登记结算中心开立的账户。

资金账户是股民以后进行交易时要经常使用到的一串数字，相应地，还要设置一个交易密码。股民要凭资金账户和交易密码进行委托交易。

另外，根据规则，凡要进行股票交易者，都必须先到任意一家专业银行或综合性银行开设一个三方存管银行账户，用于日后分红派息，此账户也可作为委托买卖资金专户，以便清算、交割的顺利进行。

提示：在去银行开设账户之前，最好先咨询证券公司，确认支持银证业务的银行有哪些。

2.2.4 开通网上交易和手机交易

股民若准备使用网上交易（网络炒股），在开户时可同时申请开通网上交易。申请网上交易时，还需要签署《因特网交易的开户申请表》和《网上证券交易委托协议书》等文件，并根据需要获取网上交易的认证程序。

类似地，如果股民准备使用手机进行股票交易，则在开户的同时也可申请开通手机交易功能。

2.3 炒股需要支付什么费用

进行股票交易时，将产生相关的交易费用，如印花税、证券公司的佣金等。下面简单介绍一些炒股所需支付的费用，方便股民在进行交易时计算成本。

2.3.1 开户费

根据相关规定，股民开户时需要支付相关的开户费用。开户费是一次性费用，开设好股东账户之后就不会再产生这笔费用了。

通常，如果你和证券公司的客户经理进行沟通，那么是可以不必支付开户费的。

2.3.2 委托费

委托费主要用于支付通信等方面的费用，一般按交易的单数计算。例如，对于上海证券市场的股票、基金，上海本地的证券公司按每笔1元收费，异地证券公司按每笔5元收费；对于深圳证券市场的股票、基金，证券公司按每笔1元收费。

2.3.3 印花税

印花税是股民在买卖成交后支付给国家税务部门的税款。股票印花税税率为成交金额的 1‰，卖出时收取，买入时不收，由政府收取。比如，投资者买入 10 万元的股票，那么其需要缴纳 100 元的印花税。

印花税由证券公司代扣后由证券交易所统一代缴，债券与基金交易均免缴印花税。印花税作为政府调控股市的一个工具，经常会进行调整。

2.3.4 佣金

佣金是股民在委托买卖成交后所需支付给证券公司的费用。股民买卖上海证券市场的股票、基金，以及深圳证券市场的股票、基金均按实际成交金额的 3‰ 向证券公司支付佣金。上海证券市场的股票、基金成交的佣金起点为 10 元；深圳证券市场的股票成交的佣金起点为 5 元。债券交易的佣金最高不超过实际成交金额的 2‰。不同的证券公司有不同的收费标准。

2.3.5 过户费

过户费是指股票成交后，进行过户所需支付的费用。由于我国几家证券交易所采用不同的经营方法，如上海证券交易所采用的是"中央登记、统一托管"，股民只有在进行上海证券市场的股票、基金交易时才需要支付此费用，而在进行深圳证券市场的股票、基金交易时不需要支付此费用。此费用按实际成交金额的 1‰ 支付，不足 1 元按 1 元收取。

2.3.6 转托管费

转托管费是指办理深圳股票、基金转托管业务时所支付的费用。此费用按账户计算，每个账户办理转托管业务时需向转出方证券公司支付 30 元。

2.4　佣金是可以谈的

从 2.3 节可以看出，炒股需要支付的费用有很多种类。其中，有的费用是证券公司代收的，如印花税是按财政部的相关规定进行征收的，对于这些费用，股民必须按规定缴纳。证券公司在交易过程中收取的主要费用是佣金，很多证券公司为了吸引客户，都会推出佣金优惠方案。

根据规定，股民支付给证券公司的佣金是实际成交金额的 0.3%。比如，投资者买入 10 000 元的股票，需要支付 30 元的佣金。这个数额看起来不是很大，然而，如果你是一个活跃的股民，喜欢进行短线操作，估算一下你一年交给证券公司的佣金是多少。为方便计算，全部按 10 万元的投入资金计算，忽略操作过程中账面资金的增加或减少。

对于喜欢进行短线操作的股民来说，一周至少要做一次交易（满仓买入，然后全部卖出），这样一次交易的交易费为 20 万元，一年按 48 周交易时间计算，则全年的交易费为 960 万元。按 0.3%的佣金比例计算，要支付给证券公司的佣金为 28 800 元。如果以 960 万元这个交易额来看，28 800 元这个数值不算大，但实际操作的金额为 10 万元，全年的佣金达到投入金额的近 30%！想一下，你投入 10 万元到股市中，一年的盈利目标是多少？30%的利润可能是大多数股民都不容易达到的目标。

在实际操作中，除了以上计算的佣金，还有印花税等硬性支付。因此，交易成本是一笔不小的支出。

不能忽视佣金的比率！

如果你喜欢进行短线操作，交易活跃，年交易额较大，或者你开户后初次投入的金额较大，则可以和证券公司商谈佣金比例。现在证券公司之间的竞争很激烈，都想吸引股民的加入。一般证券公司对新开户的股民都有礼物赠送，如送手机、送炒股机等，对于佣金也可以有不同的优惠。比如，有的证券公司对于持股金额达到 10 万元以上的股民，可以按 0.1%的佣金比例收取佣金。这个数值与 0.3%的佣金比例相比，降低了 2/3。仍按上例中的方式计算，如果按 0.1%的佣金比例计算，全年 960 万元的交易额需支付的佣金为 9600 元。

2.5 股票的交易时间

股票的交易时间包括交易日和每个交易日的交易时间区间两个方面。

2.5.1 交易日

股票交易日首先必须是在工作时间，在周末、国家规定的节假日，股市都会休市不进行交易。证券交易所一般在年底就会公布下一年度节假日休市的安排，在节假日来临之前，也会在证券交易所的网站上公布节假日的休市安排（同时会通过不同的媒体公布休市安排）。图 2-1 所示为上海证券交易所网站在 2022 年发布的《2023 年度休市安排》。

2023年休市安排	
元旦	2022年12月31日（星期六）至2023年1月2日（星期一）休市，1月3日（星期二）起照常开市。
春节	1月21日（星期六）至1月27日（星期五）休市，1月30日（星期一）起照常开市。另外，1月28日（星期六）、1月29日（星期日）为周末休市。
清明节	4月5日（星期三）休市，4月6日（星期四）起照常开市。
劳动节	4月29日（星期六）至5月3日（星期三）休市，5月4日（星期四）起照常开市。另外，4月23日（星期日）、5月6日（星期六）为周末休市。
端午节	6月22日（星期四）至6月24日（星期六）休市，6月26日（星期一）起照常开市。另外，6月25日（星期日）为周末休市。
中秋节、国庆节	9月29日（星期五）至10月6日（星期五）休市，10月9日（星期一）起照常开市。另外，10月7日（星期六）、10月8日（星期日）为周末休市。

图 2-1 上海证券交易所网站在 2022 年发布的《2023 年度休市安排》

通常，股市休市都是按照国家规定的假日安排进行的。例如，2018 年春节 7 天长假（2 月 15 日—21 日），股市也同步休市。在有些情况下，股市休市的时间比国家安排的长假还要长。

2.5.2 每日交易时间

根据规定，在股市的每个交易日的交易时间分为两段。
- □ 上午：9:30—11:30，共 2 小时。
- □ 下午：13:00—15:00，共 2 小时。

全天共 4 小时的交易时间。

除了以上 4 小时的交易时间，在每天开盘前的 5 分钟为集合竞价时间，即早上 9:25 将产生集合竞价，该集合竞价会成为当天的开盘价，5 分钟之后（9:30）开始当天正式的交易。

2.6 根据证券公司选择炒股软件

电脑和互联网的普及使股民的操作越来越方便，现在使用电脑炒股的股民越来越多了。有了电脑之后，股民还需要选择一款炒股软件。通常开户后，证券公司会提示股民到其网站去下载、安装炒股软件，不同证券公司提供的软件有所不同。不过，无论是哪种炒股软件，其提供的基本功能都是相同的。下面介绍两款证券公司使用比较多的炒股软件。

2.6.1　同花顺

同花顺行情交易软件是很多证券公司使用的炒股软件之一，不同证券公司为其设置了不同的名称。例如，国信证券的交易软件取名为"金太阳"。

同花顺行情交易软件集各类证券分析软件之所长，是一套功能强大、操作方便、界面友好、支持互联网接收实时行情、适合各类证券投资者使用的软件。

许多证券公司提供给股民使用的都是同花顺行情交易软件的改版，一般在该软件基础上添加该证券公司的交易系统即可。

登录同花顺行情交易软件后，首先看到的是"行情报价"界面，如图 2-2 所示。

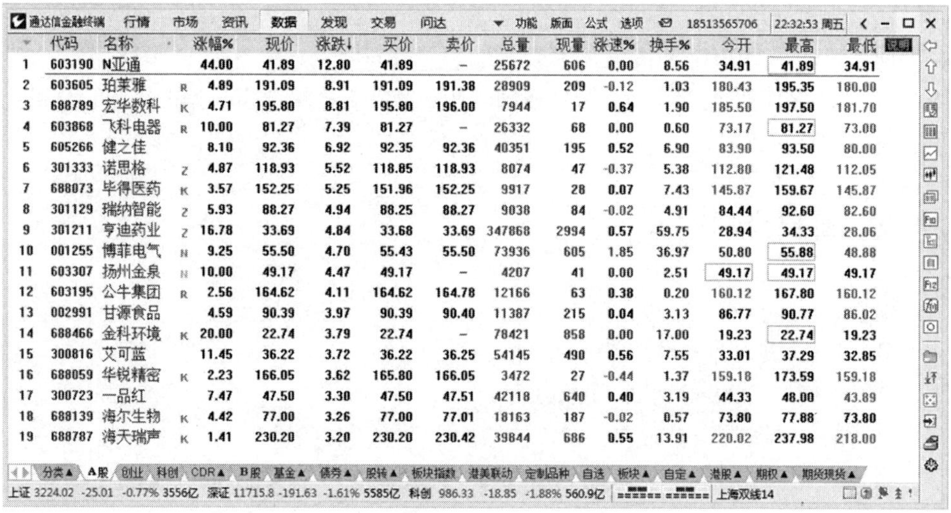

图 2-2　同花顺行情交易软件——"行情报价"界面

同花顺行情交易软件的一个特色功能是定制面板，股民可将不同的看盘界面组合在一起。

2.6.2　通达信

"通达信"是一个强大的资讯平台，能为股民提供文本、超文本（HTML）、信息地雷、财务图示、紧急公告、滚动信息等多种形式的资讯信息，能同时提供多种不同的资讯产品（如大智慧资讯、巨灵资讯等），能与证券公司的网站紧密衔接，向股民提供证券公司的网站上的各种资讯。而且，该平台上的个股资料、证券交易所新闻等资讯都经过了预处理，让股民可以轻松浏览、快速查找。丰富的资讯信息与股票的行情走势密切结合，使用户能方便、及时、全面地享受到证券公司全方位的资讯服务。

通达信软件的系统中预置了近 200 个经典技术指标，并且为了满足一些高级用户的需求，还提供指标、公式编辑器，可随意编写和修改各种公式、指标、选股条件及预警条件。

通达信软件提供简单、易用的"选股平台"（见图 2-3），股民只需选择"条件"，即可进行选股。

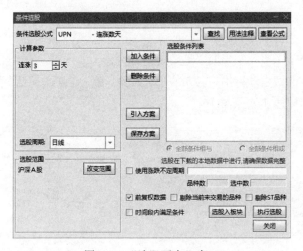

图 2-3 "选股平台"窗口

2.7 在网上买第一只股票

通过炒股软件，股民可以在家里看盘，并发出交易委托指令进行股票的买卖。本节为读者演示通过网络炒股的方式，即下单购买股票的过程。

办好开户程序后，股民就可以到证券公司指定的网站下载交易下单程序了，一般交易下单程序都会与行情软件一起下载。

图 2-4 所示为国信证券的"网上交易"登录界面，在相应的窗口中输入"资金账号"（资金账户）和"交易密码"，单击"登录"按钮即可进入"网上交易"窗口。下

面简单介绍买入和卖出的相关操作。

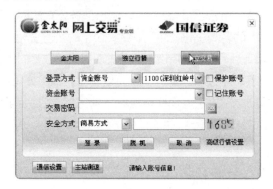

图 2-4　登录"网上交易"

（1）买入：进入"网上交易"界面后，单击左侧功能列表中的"买入"按钮，在右侧窗口中将显示"买入"界面（见图 2-5），在其中输入买入的"证券代码"，系统自动根据账户中的资金计算出可买入的最大数量。输入"买入数量"后，单击"买入下单"按钮即可完成买入操作。

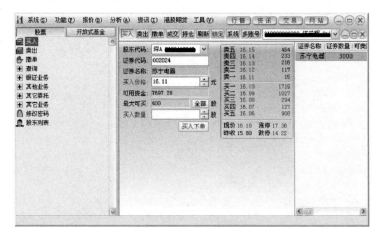

图 2-5　买入股票

（2）卖出：单击左侧功能列表中的"卖出"按钮，在右侧窗口中将显示"卖出"界面，在其中输入要卖出的证券代码，系统会自动将卖出股票当前的"实际"价格填入"卖出价格"框中，股民可修改卖出的价格，然后输入"卖出数量"，单击"卖出下单"按钮即可完成卖出股票的操作（见图 2-6）。

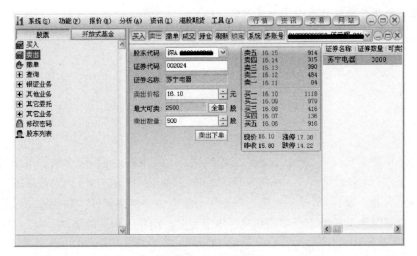

图 2-6　卖出股票

（3）查询：单击左侧功能列表中的"查询"菜单，将显示"查询"子菜单，其中可查询"资金股份""当日委托""当日成交"等多项账户数据。图 2-7 所示为查询资金股份的界面。

通过网上交易系统还可进行撤单（还未成交的委托单）、新股申购、银证转账等业务。

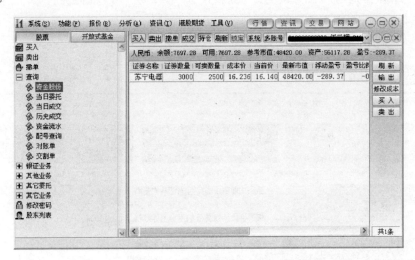

图 2-7　查询资金股份的界面

提示：不同的证券公司提供的交易下单程序界面可能会有所不同，本节只演示了一种交易下单程序的操作界面。大家在实际操作时，可先咨询证券公司，了解相关注意事项。

2.8 打新股

股民平常买卖股票、进行交易的市场被称为二级市场，而新股申购的市场被称为一级市场。在大多数情况下，一级市场的风险要远小于二级市场（大部分新股上市都有一倍左右的涨幅）。因此，大量的资金在一级市场中专事新股申购业务。作为普通股民，也可以通过二级市场申购新股。本节主要介绍新股申购的方法。

2.8.1 获取新股资料

在我国，股份公司要发行股票上市，必须通过相关监管机构的审核。通过审核后，上市公司将发布招股说明书，并公布新股发行的日程安排。作为普通股民，只能参与新股的网上发行。因此，股民需要关注新股网上新股的发行日期，只有在这一天的交易时间进行新股申购才有效。

很多财经网站都专门开设了一个新股频道，图 2-8 所示为金融界网站的"新股"频道。该网页中有有关新股的各栏目，如单击"新股"链接，将显示如图 2-9 所示的有关新股发行的相关信息。

图 2-8 金融界网站的"新股"频道

在图 2-11 所示页面中可看到"新股发行一览""新股日历""新股攻略""一键申购"等栏目，默认显示的是"新股发行一览"和"新股日历"，股民也可切换到其他栏目查看相关信息。

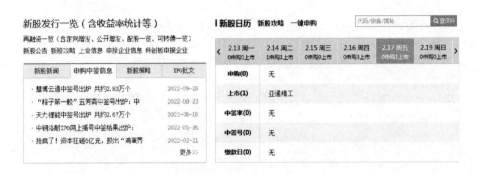

图 2-9　新股发行全览

2.8.2　新股申购规则

股民要申购新股，首先应了解相应的规则，下面列出新股申购的主要规则。

（1）每个资金账户申购同一只新股时，只能申购一次，若重复申购，只有第一次申购有效。

（2）申购新股的委托不能撤单，新股申购期间内不能撤销指定交易。

（3）申购新股每 1000 股（上海证券交易所）或 500 股（深圳证券交易所）配一个申购配号，同一笔申购所配号码是连续的。

（4）若股民发生透支申购（申购总额超过结算备付金余额）的情况，则透支部分确认为无效申购，不予配号。

（5）每个中签号只能认购 1000（或 500）股，申购上网定价发行的新股时须全额预缴申购股款。

（6）新股上市日期由证券交易所批准后在指定证券报上刊登，具体内容股民可详细阅读其招股说明书和发行公告。

2.8.3　新股申购流程

新股申购流程主要分为 4 个部分：申购、配号、中签、资金解冻。

1．申购

在网上可以看到新股的申购日期，在申购日期的交易时间内，股民在二级市场中采取买入股票的方式发出申购委托，申购委托需要指明申购数量（发行单价是固定的）。股民在申购新股时，必须保证资金账户中有足够的申购款。申购在发行日当天结束。

为了描述方便，通常将申购日期称为 T 日，后续日期就用 T+x 来表示。

股民在发出申购委托之后，后续工作就不需要其来操作了。不过，股民还应该关注后续每天发布的一些数据。

2. 配号

申购日后的第一天（T+1 日），相关机构将根据有效申购量进行配售新股的工作，有以下几种可能。

（1）如果有效申购量小于或等于本次上网发行量，则不需要进行摇号抽签，所有配号都是中签号码，股民按有效申购量认购股票。

（2）如果有效申购量大于本次上网发行量，则通过摇号抽签确定有效申购中签号码，每一个中签号码认购一个申购单位的新股（申购数量往往都会超过发行量）。

股民可通过交易系统查询起始配号数据，由于配号数据是连续的，可根据配号数量自动往后计算，得出所有配号。

3. 中签

申购日后的第二天（T+2 日），将公布中签率，根据总配号由主承销商主持摇号抽签、确认摇号中签结果，并于摇号抽签后的第一个交易日（T+3 日）在指定媒体上公布中签结果。每一个中签号可以认购 500 股新股（沪市每一个中签号可以认购 1000 股新股）。

4. 资金解冻

申购日后第四天（T+4 日），对未中签部分的申购款进行解冻。如果中了一签，则其余未中签的资金将被返还到股民账户中；若未能中签，则全部资金都将被返还到股民账户中。

提示：股民可以根据自己的资金变化情况，判断是否中签。在 T+4 日，申购资金若全部被返还到股民的资金账户中，则表示未中签。

2.9　股票转户与销户

由于各种原因，股民的工作、生活城市可能会发生改变，为了方便以后到证券公司办理相关事项，通常股民需要对股票账户进行转户操作。此外，由于服务、佣金等因素，股民也可能需要进行转户操作。本节简单介绍转户与销户的相关操作流程。

2.9.1　转户

转户，是指将股民在一个证券公司开设的股票账户转移到另一个证券公司。这里的转户，其实就是股民资金账户的改变，而沪市、深市的股东账户不需要改变。

办理转户时，股民持有的股票可以不卖出，继续持有。办理转户的流程如下。

（1）办理转户前，股民需要将资金账户中全部剩余资金转到银行卡中，办理转户当日不能交易股票、不能委托、不能申购新股。

（2）股民携带本人身份证、股东账户卡在股票交易时间原开户的证券公司处办理转户手续。

（3）在原开户证券公司办理撤销指定交易。

（4）在原开户证券公司办理深市转托管业务，需要提供持有的股票代码、数量及欲转入证券公司的全称和 A 股席位号。有些信息需要股民提前与开户新证券公司联系获取。如果股民股东账户里没有股票，则不需要办理转托管业务。

（5）原账户撤销完成后，股民携带相关资料到新业务证券公司营业部办理转入手续，办理指定交易和股票转入，开设资金账户。

（6）最后还需要办理资金第三方存管协议，股民应提前与新开户证券公司联系，了解能使用三方存管的银行，并开设好银行卡。

2.9.2　销户

通常，股民开户之后很少销户，即使不操作，开设的账户放在那里也无所谓。但是有些股民由于各种原因需要进行销户，因此，这里也简单介绍一下销户的流程。

在销户之前，股民需要先将股票账户内的股票全部卖出，并将资金全部转出，然后才能进行销户。股民办理销户业务时至少需要两个连续交易日，且两个连续交易日内不能有任何交易及转账业务。办理销户的流程如下。

（1）股民向证券公司提供身份证、股东账户卡（上海和深圳）、三方存管的银行卡等资料。

（2）证券公司工作人员审核资料、查验密码后送主管签批。

（3）结清股东的资金和股份，办理销户手续。当天进行结息、撤销指定交易等操作。

（4）第二个交易日撤销资金账户、股东账户、签字确认，股民交回股东代码卡。

若股民有场外基金账户，办理销户业务至少需要连续 3 个交易日。

股民销户后，其资料在证券公司还将保留两年。

第 3 章
选择适合自己的炒股策略

交易策略针对的是整个交易活动过程中的资源配置问题，也就是"打仗"的指挥问题。是进攻还是防御？是追击还是撤退？是"分兵把口"还是"集中优势兵力打大仗"？具体体现在投资上，是以基本面分析为主、坚持价值投资，还是以技术面分析为主、进行趋势交易？是中长线还是短线？是长多短空还是长空短多？是激进还是保守？是人为主观判断市场变化进行交易，还是客观顺从市场变化进行交易等？它构成了每个投资者个体的不同风格，也决定着长期交易的成败。

3.1 从田忌赛马说起

古代策略，见著于《田忌赛马》。齐国的大将田忌很喜欢赛马，有一回，他和齐威王约定要进行一场比赛。他们商量好，把各自的马分成上、中、下三等，比赛的时候，要用上等马对上等马、中等马对中等马、下等马对下等马。由于齐威王每个等级的马都比田忌的马强得多，所以几场比赛下来，田忌都输了。田忌觉得很扫兴，比赛还没有结束，就准备离开赛马场。这时，田忌抬头一看，人群中有个人，原来是自己的好朋友孙膑。

孙膑招呼田忌过来并对他说："我刚才看了赛马，齐威王的马比您的马快不了多少呀。"孙膑还没有说完，田忌瞪了他一眼说："想不到您也来挖苦我！"孙膑说："我不是挖苦您，我是说您再同他赛一次，我有办法让您赢了他。"田忌疑惑地看着孙膑："您是说另换一匹马来？"孙膑摇摇头说："连一匹马也不需要更换。"田忌毫无信心地说："那结果还不是一样！"孙膑胸有成竹地说："您就按照我的安排办事吧。"

那边齐威王屡战屡胜，正在得意地夸耀自己的马，看见田忌陪着孙膑迎面走来，便问："怎么，莫非您还要再赛一次？"田忌说："当然！"齐威王一听，心中暗自好笑。"且慢！"田忌说，"不过这次说好了，得允许我随便出什么马！"齐威王满不在乎地说："那就开始吧！"一声锣响，比赛又开始了。

孙膑先以田忌的下等马对齐威王的上等马，第一局输了。接着进行第二场比赛，孙膑以田忌的上等马对齐威王的中等马，胜了一局。第三局比赛，孙膑以田忌的中等马对齐威王的下等马，又胜了一局。这下，齐威王目瞪口呆了。比赛的结果是三局两胜，田忌赢了齐威王。还是同样的马，仅调换了一下比赛的出场顺序，就得到转败为胜的结果（见表 3-1）。

表 3-1　赛马对局情况表

区分	对局可能之一				对局可能之二				对局可能之三			
	齐威王	田忌	单局胜	结局	齐威王	田忌	单局胜	结局	齐威王	田忌	单局胜	结局
第一场	上等马	上等马	齐威王	齐威王	下等马	上等马	田忌	齐威王	上等马	上等马	齐威王	齐威王
第二场	中等马	中等马	齐威王		上等马	中等马	齐威王		中等马	下等马	齐威王	
第三场	下等马	下等马	齐威王		中等马	下等马	齐威王		下等马	中等马	田忌	

区分	对局可能之四				对局可能之五				对局可能之六			
	齐威王	田忌	单局胜	结局	齐威王	田忌	单局胜	结局	齐威王	田忌	单局胜	结局
第一场	上等马	中等马	齐威王	齐威王	上等马	下等马	齐威王	齐威王	上等马	下等马	齐威王	田忌
第二场	中等马	上等马	田忌		中等马	中等马	齐威王		中等马	上等马	田忌	
第三场	下等马	下等马	齐威王		下等马	上等马	田忌		下等马	中等马	田忌	

细心的读者也许会发现，在表 3-1 中齐威王获胜的概率还是很大的，因为相比之下，同档次，齐威王的马占优。获胜的关键点在于，首先田忌的保密工作必须做好，不然意图暴露，对方也换马出场，就无法取胜；其次，要千方百计地刺探出对方的出马顺序，才能制定己方的出马顺序。如果情报不准确，既定策略落空，那么取胜也只是空谈。

策略的重要性，对炒股来说也是一样的。同样的资金量，在同样的行情条件下，采用不同的策略炒法，便有大为不同的结果。如果说经济学首要解决的是资源配置问题，那么炒股首要解决的就是策略问题。

本章要旨：让投资者认知策略的重要性，介绍几种不同的交易策略，讲解如何理性地选择交易策略和风格。本章是本书的重要部分。讲到策略要点，一要科学，建立客观的交易系统；二要顺应大盘，顺势而为；三要适合投资者，既要适合投资者的资金性质，又要适合投资者的性格。

3.2　选择交易策略：努力变成少数赢家

有一个问题，平时可能没人去想：为什么普通人称为照相，专业人士却称为摄影？普通人称为写字，书法家却称为书法？这源于专业与非专业之分。炒股同理，不做功课的人可以炒股，修车的、卖蛋的都可以炒股，而投资机构忙了一大圈，也是在炒股。区别何在？套路不同罢了。那么，常用的炒股策略是怎样的？一般的投资者是否也能学会相对专业的炒股套路呢？答案是肯定的，但前提是投资者不能嫌麻烦。

再有一个问题，想的人也比较少，那就是自己为什么常常会输，有时还输得很惨？不少朋友会用一句话来回答："不是因为我们无能，而是对方太狡猾"，从而将不利的结果全都归咎于自身以外的某种原因。试问，如果不是因为自己愿意投资入市，那么有何种力量能强迫你呢？即便市场环境恶化，你也完全可以退出，以保存实力，不再继续玩了！足见有自身的原因。以中国革命战争史为例，当年红军被迫进行长征时，王明便将当时的失败归因于"敌人过于强大"。那么，在前几次反"围剿"斗争中，敌人就不够强大了吗？既然敌人如此强大，岂不是中国革命永远无法成功？当然，对于这个问题历史已做了解答：外因（敌人）通过内因（己方策略）而起作用。换言之，你永远都有可选择的招儿。

还有一个问题，很多人是因为看见左邻的王小二、右舍的张大妈进入股市赚了不少钱，并且认为自己的才华比他们高出许多，才踏入股市的。你也许会问，自己也学了不少，甚至曾经多次抓到涨停板，但最终一算账，还是没能赚到钱，结局并不比王小二、张大妈强多少。这是为什么？

回答（除了大市环境）：因为他们尚未形成长期稳定获利的套路，或称交易策略。该策略将解决如何对资产进行合理配置的问题：进入何种市场投资；何时进入，何时退出；何时满仓，何时空仓；何时加码，何时减磅；何时持仓坚守，何时空仓等待。随之而来的问题如下：我们将根据什么理由来决定买或卖？依据什么标准来评判一宗交易的得与失？

要知道做交易的空间巨大，是进攻还是防御？是追击还是转移？有多种方案可供选择，包括主观交易与客观交易、左侧交易与右侧交易、主动交易与被动交易等，仅退出方法就有"止损、止平、止盈"3 种（见 3.3 节）。投资者要选择适合自己的交易策略和操作手段，如同战争中有运动战、阵地战、游击战等多种战术可以运用，任何一方都要趋利避害，选取有利于自身的作战方法。

交易策略通常涉及交易思想、交易原则、交易手段、交易标准和交易风格等。从实战角度看，从事股票投资的投资者需要建立风险控制、资金管理、策略技术、情绪控制、执行纪律等分系统。对于普通投资者而言，通过学习实践，掌握一定的投资策略和交易技术是完全有可能的。

3.2.1 战略性交易策略：顺应大盘态势

投资者之所以要经常分析大盘态势、研究当前热点，就是为了确定交易方向，坚持顺势而为。做股票其实就是两件事：认清形势与采取对策。投资者一定要想通一个道理，即如果要在波动不休的股市里赚到钱，就一定不能始终待在里面，而应该时而参与、时而休息（见图3-1）。

因此，认清市场当前的主要趋势，核实大盘是否处于可操作区域很重要，而且必须顺势而为，只参与那些行情趋势强烈的股票交易，或者说顺应行情的主要趋势，并只持有符合这一主要趋势的头寸，或者不参与。如果你只参与30日均线或60日均线上方的行情交易，那么至少不会亏大钱。

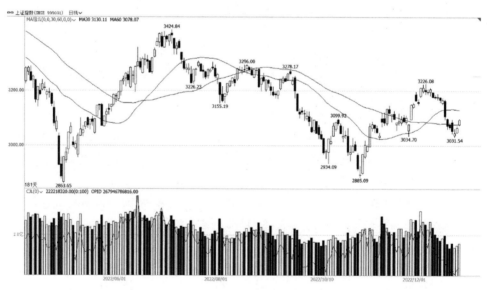

图3-1 从上证指数看出，做股票必须时而参与、时而休息

坚持与大盘态势相匹配原则，在不同的行情趋势及强度下，制定相应的操作策略，总体思路是"强则追价，平可抄底，落则空仓，盘整无为"。

1．强则追价

当市场处于活跃、强势时期，投资者应采用的操作策略是"长多短空"、操作战术是"追涨龙头"。这类股票主要伴随着整个指数型的大上升浪，技术形态表现为完美的上升通道，并伴随匀速的量能放出，"突破"类个股脱颖而出。这时的情况是"涨中买，买中涨"，投资者应敢于追涨，捕捉"龙头"，不轻易抛出（见图 3-2）。

图 3-2　当市场处于活跃、强势时期应"追涨龙头"

2．平可抄底

当市场处于平衡箱体时期，投资者应采用的操作策略是"长空短多"、波段机会操作战术是"高抛低吸"。要把握好波段空间中的波轴、波势、波峰谷、波长、波幅五要素，坚持低买、高卖、不追涨。何为高，何为低？通常"高抛低吸"的操作点位于箱体运动的箱型顶部和底部位置，布林线（Boll）的上轨线和下轨线，趋势通道的上轨趋势线和下轨支撑线，成交密集区的边缘线，投资者事先制定的止盈位或止损位。投资者应于在支撑位买入，压力位抛出（见图 3-3）。

3．落则空仓

当市场处于下跌、弱势时期，投资者应采用的操作策略是"现金为王"、操作战术是"不参与"（以后有做空机会时另当别论）。此时的情况属于下跌 N 浪，杀伤力巨大，"多头不死，下跌不止"，投资者屡战屡败，损失惨重。所以此时最好的策略是坚持空仓（见图 3-4）。

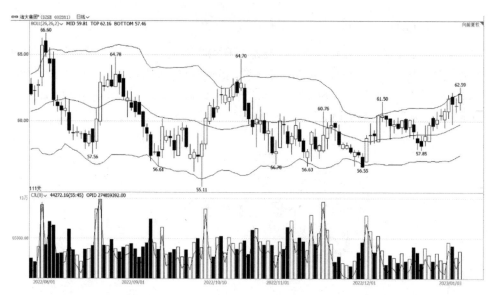

图 3-3 当市场处于平衡箱体时期以"高抛低吸"为主，并适当休息

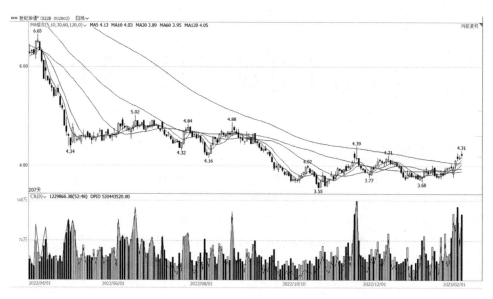

图 3-4 当市场处于下跌、弱势时期采取坚持空仓策略

4. 盘整无为

有的时期行情很难做，属于"垃圾波动"。没有明显的趋势，每日上蹿下跳的幅度又不大，刚买入就有可能开始下跌，刚卖出反而又有可能涨了起来，没有明显的波段，其实这就是震荡行情的特征。面对这种震荡，最好的操作方法就是"不参与"，

也就是休息（见图 3-5）。

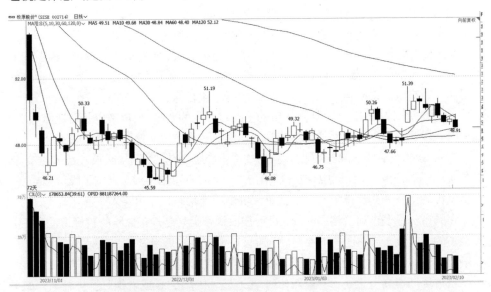

图 3-5　面对震荡行情，最好的操作方法就是"不参与"

3.2.2　战术性交易策略：配合大盘炒个股

中小投资者采取的机动、灵活的战术是基本战术中的"游击战"，可与不排除有利条件下的"持久战"结合使用。"游击战"讲究灵活，"持久战"讲究坚定，两者合一可集两家之长。"游击战"在我国有悠久的历史。"游军之形，乍动乍静。避实击虚，视赢挠盛。结陈趋地，断绕四径。"游是走，击是打，游而不击是逃跑主义，击而不游是拼命主义。"游击战"的精髓是"敌进我退，敌驻我扰，敌疲我打，敌退我追"，合理地选择作战地点，快速部署兵力，灵活地选择作战时机，战斗结束后迅速撤退。

在股市中，主力的实力比我们强许多倍，散户则相当"可怜"。作为散户，要对自己的优缺点进行分析。资金少、信息不灵通、分析能力有限、心态不稳定、常犯错误、纪律性不强……这些缺点决定了散户在市场上处于弱势地位。如果对主力采取消耗战，硬打死扛，股票涨了也不跑、跌了也不抛，认为反正迟早有一天股价会涨回来，其结果便是不断地"坐电梯"（2007 年 5 月 30 日以来的下跌是血的教训），最终被主力套住。这主要是因为投资者的作战方式不正确。如果投资者采取游击战：打得赢就打，行情好的时候机会多，该买自然要买，赚了钱就跑；打不赢就跑，有风险更要跑，跑是为了找到更好的方式来打，该卖的时候一定要卖。

不排除有利条件下的"持久战"的精髓在于，卖出以后不轻易换股，下次有买点时再买入，直到抓住主升浪。理由是多数股票都有主升浪，只要行情好。

当市场处于强势、活跃时期，个股趋势已形成，且大盘与个股的走向一致时，投资者可重仓出击。在牛市，追涨有一定的必要性，否则一味等待也许会错过机会。

当一轮趋势明朗或热点明确的上扬行情已经形成时，才有追涨的理由。追涨不等于追高。一般情况下，没有必要追高。如果错过了第一时间的追涨，就要避免在大阳线后买入，应等回撤时再买入，等待第二轮的上攻行情。

对于启动不久或刚突破、处于牛市的上升过程中的个股，投资者应坚持追涨买入。任何时间段都可以参与，而且越早越好，任何犹疑都有可能使投资者"踏空"。

当市场处于活跃、强势时期，应抓住个股的波段机会高抛低吸。当大盘与个股的走向不尽一致时，仅以中等仓位①出击。对于波段操作的买入点应于股价回档后，在调整市的尾段遇到支撑阻碍，并且量、价由减变增时，方可买入。

在股市仍呈弱市运行格局的前提下，波段操作无疑是规避风险的较好方法。在下降通道的下轨线，或在连续下跌之后，阶段性低点位置适当做多。在反弹过程中，一旦触及上轨线便应及时止盈，这样，投资者在弱市里也能获得较好收益。

当市场环境尚可，处于平衡箱体时期（大盘平衡市），或者相对弱势时期，如果个股趋势已形成，则投资者基于控制风险及更好地把握机会的原则，应将买入的时间尽量往后推，原则上应该在临收盘最后半小时，甚至收市前买入。

当市场处于疲惫、弱势时期，投资者应观望或考虑轻仓试探。投资者在不同情况下应采取不同的操作策略，如表 3-2 所示。

表 3-2　投资者在不同情况下应采取不同的操作策略

大盘走势	个股走势	稳健操作风格		激进操作风格	
		策略	仓位	策略	仓位
市场处于强势时期	上升趋势	回撤买入	100%	追涨	100%
市场处于强势时期	波段机会	高抛低吸	70%	高抛低吸	100%
市场处于强势时期	下降趋势	不参与	0	少量参与	30%
大盘平衡市	上升趋势	高抛低吸	50%	追涨	70%
大盘平衡市	波段机会	高抛低吸	50%	高抛低吸	80%
大盘平衡市	下降趋势	不参与	0	不参与	0
大盘平衡市	垃圾行情	不参与	0	高抛低吸	20%
市场处于弱势时期	下降趋势	不参与	0	不参与	0
市场处于弱势时期	波段机会	不参与	0	高抛低吸	50%

---

① 仓位是指投资者实际投资和实有投资资金的比例。比如，你有 10 万元用于投资，现用了 4 万元购买基金或股票，你的仓位是 40%。如果你将这 10 万元全部用于购买基金或股票，那么你就满仓了。如果你将基金、股票全部卖出，那么你就空仓了。

3.2.3　掌握交易的原则和指导思想

操作股票时必须遵循一以贯之的原则和正确的指导思想。这个指导思想不能因为市场暂时或局部的变动而动摇。通过学习、借鉴他人经验，以及对笔者多年实战经验和教训的总结，笔者将交易原则概括为 9 个"坚持"、9 个"不"。

1. 9 个"坚持"

（1）坚持"顺势交易"的原则。其实有很多说法都是错的。比如，"高抛低吸"其实是逆势操作，猜底与抄底也是逆势操作。问题在于，要搞清楚"顺势而为"究竟顺的是哪个势，是日线、周线、还是小时线？

（2）坚持"客观判断"的原则。炒股就免不了要预测，但这仅仅是假设，股价具体如何走，要看客观、真实的走势，也就是要验证。

（3）坚持"不过度交易"的原则。此原则主要是指不透支炒股，不过于频繁地炒股，慎重地进行满仓炒股。

（4）坚持"追随市场"的原则。该进就进，该出就出，任何时候都不给自己找理由。

（5）坚持"认错斩亏，让利润奔跑"的原则。认准这个原则，坚定不移地做下去。

（6）坚持"独立思考"的原则。自己也有可能会错，错了不要紧，改了就行，但绝不要轻信他人的消息，而将自己的命运交付他人。

（7）坚持"信号第一"的原则。坚持客观交易，放弃人为想象。相信信号，毫不动摇。

（8）坚持"买入要谨慎，卖出要果断"的操作原则。买入要瞻前顾后，卖出要毫不犹豫。

（9）坚持"下午买入""阴线买入"的稳健精神。中小散户切记，稳健是你的朋友。

2. 9 个"不"

（1）不偏离"选股套路"，不以"数钱心理"为依据。在千变万化的股市中，不要轻易改变你的选股套路，看不清楚的钱不要赚。

（2）不轻易更改"时间结构"，不变投资金额及频率。套路不能变，一变就走形，导致炒股进程不受控。投资习惯也不要经常变，不然永远提高不了。

（3）不临时改变"买卖计划"，绝不在盘中"见异思迁"。记住，"计划你的交易""交易你的计划"是经历千难万险、逐步迈向成功的必由之路。

（4）不合规则的"好股"坚决不碰，该出局的股坚决不拖。垃圾股，以及走势怪异的股，涨得再好也不碰。对于止损股，"不怕错，就怕拖"。

（5）不在"卖出信号"当口，或者下降波段持股（除小波段底部）。形成一条铁律，即只买入或持有上升途中的个股，对于已发出卖出信号或已进入下降通道的个股坚决不碰，原持有的股票也坚决卖出。

（6）不在大盘形势不好时选股，形势不明朗时不重仓。大盘下跌，凶多吉少，多数个股跟跌，时机不好就不要硬选股。其实这时选出股票也没有用，因为任何选股方法都在大盘向好之时才有用。而在形势不明朗时，或者选择空仓，或者选择轻仓，绝对不要选择重仓。

（7）不要盲听盲从，不听无确切根据的消息，不接受别人现成的研究结论。炒股就是要亲力亲为，怕吃苦或想偷懒的人是做不好的。由于沪、深股市有"政策市、消息市"之称，这两个市场中的投资者非常爱打听"消息"。其实对于消息面的利好、利空应辩证看待，政策面、消息面的利好和利空都是相对的，唯有通过市场的检验，才能得出正确的判定结论。

（8）不进行无谓的交流，对于不可复制的所谓"成功模式"要放弃学习。交流应该在两个风格接近的人之间进行，泛泛而谈起不到任何作用。

（9）不要死捂股票。不少中小投资者有这样一种根深蒂固的观念：买入一只股票，套牢不要紧，只要不"割肉"，总有解套甚至获利的机会。这种想法或许在前几年牛市中不算错，但在当前这样的震荡市格局中，假如一味死捂股票，而不懂得及时止损，最终将导致自己被越套越深。

另外，还有一些原则，投资者在操作时也应该遵守。比如，对收益的期望，原则是保持获利的稳定性与持续性，而不是收益最大化。所以，投资者不应追求股神般的"百战百胜"，不要求精确到"分毫不差"，不企望完美的"正确无误"。股票是这样：你越想完美，就越感到受挫折。投资者要同时坚持双重策略，在盈利的头寸上做一个长线持股者，在相反的头寸上做一个短线交易者。不设定目标价位出入市，只服从市场走势，既不因价位太低而吸纳，也不因价位太高而沽空（卖出）。入市要等候机会，买卖不宜太频繁，既不因不耐烦而入市，也不因不耐烦而平仓。连战连败后，应减少入市头寸或停止交易。无恰当理由，不更改所持股票的买卖策略。

总之，当投资者的操作原则在日积月累中开始渐渐影响其交易想法时，投资者也就渐趋成熟了。还有一点要提醒的是，不要因循守旧。证券市场的发展、变化日新月异，经验只适用于当时股市规模较小的实际情况。如今证券市场的规模和特点与过去不同，投资者的分析方法、原则和投资理念亦应时时更新，这样才能适应市场的变化、获取收益。

3.3 搜选股票的策略：如何选好股票

如何选好股票这个问题相当于军事上的"多目标选择的困惑"问题，选股票在经济学意义上属于机会成本。选股票通常有两个方向：一种是根据基本面分析，自上而下（先宏观经济，后产业，再行业，最后到公司）初选中长线品种；另一种是根据技术面分析，自下而上初选短线品种。将初选的股票放入股票池中备用。做股票要精选个股，而且一定要规避风险股。

3.3.1 第一步：从形态上分析，注意规避风险股

进行中线操作的投资者应避免选择已跌破年线的个股，跌破年线往往意味着较大级别的调整浪正在展开，后市的下行空间、回调时间难以预测，此时应规避（见图 3-6）。

图 3-6 从形态上分析，注意规避阶段性风险

进行中线操作的投资者应避免选择股价刚刚上触年线，但年线仍持续下行的个股。这种形态往往意味着熊股在展开反弹，反弹高度难以确定。因此，投资者宜参与主升行情，避开反弹行情（见图 3-7）。

图3-7 要避免选择股价刚刚上触年线，但年线仍持续下行的个股

年度内已出现翻番行情的个股应避免买入。原则上，一年之内翻了一倍，一年之内不碰；一年之内翻了两番，两年之内不碰。以此类推，一波行情下来翻了 n 番的个股，n 年之内不碰。投资者应坚持这样的原则：宁可错过一千匹"黑马"，不可错买一头"黑熊"（见图3-8）。

图3-8 应避免买入短期内翻番暴涨的个股

进行中线操作的投资者应避免选择正处于下降通道的个股，而应选择上升趋势已明确的个股。

3.3.2　第二步：从质地上分析，注意规避问题股和股性不佳的股

中小投资者要注意避免问题股和股性不佳的股，如表 3-3 所示。

表 3-3　中小投资者要注意避免问题股和股性不佳的股

方法	质地类型	理由分析	案例说明
坚决不买	ST 股票和非正常停牌后复牌的股票	此类股票存在退市风险，在操作上，对抗性极强，不容易买入和卖出，经常出现"一字形跌停"	所有 ST 股票和问题股
坚决不买	出现主力资金走势特征的股票	此类股票的流动性差，成交"清淡"，有暴跌风险，并且容易形成"一字形跌停"，无法及时摆脱	2006 年的江苏吴中，更早些的金宇车城、金德发展、宏达股份，以及有类似走势特征的股票，此类股票在一年之内不要碰
建议不买	指标性超级大盘股（含指数型基金）	此类股票基本无法跑赢大盘同期涨幅	中国石油、中国石化、工商银行、建设银行、中国银行等盘子超重的股票（含总股本在排名前二十的股票）
建议不买	他人推荐的股票	股票是相互博弈的，天下没这么便宜的事情	媒体、咨询公司，以及朋友推荐的股票，并不适合其他投资者

为更好地说明表 3-3，以 002427ST 尤夫为例。究其股性，忽涨忽跌，高度投机，属于反技术走势的"妖股"。正常情况下，当一只股票 "一字形涨停"时，多半会有几个交易日继续上冲，在拐头出现前至少会有一个"放量滞涨"的过程。而 002427ST 尤夫相反，从"一字形涨停"到"一字形跌停"只隔了一个交易日，几乎是一气呵成，投资者被套牢，想出也出不来。因此，建议中小投资者对于所有 ST 股票和问题股都尽量不要碰（见图 3-9）。

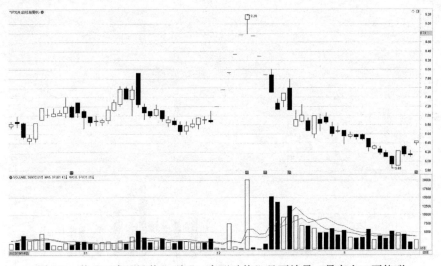

图 3-9　从"一字形涨停"到"一字形跌停"且不放量，最套人，不能碰

3.3.3　第三步：设法选出具有上涨潜力的股票

投资者可以采用如下方法选出具有上涨潜力的股票。

（1）板块指数共振法选股（短线）：可通过"板块监测"，根据走势强弱和多日换手率寻找热门股票。当大盘与板块都发出买入信号时（以行业板块为主），选择交易活跃的板块，再加上个股信号，此时做多成功的概率大。

（2）大小周期共振法选股（短线）：同一只股票，当大小周期都发出买入信号时，上涨的可能性就比较大。比如，周线、日线都在金叉之上，且小时线出现了金叉形态，此时投资者可积极做多。

（3）业绩增长与基金加仓交集法选股（中线）：中长线选股，可关注机构的研究成果和操作步调，以公开披露信息为据，注重股票的业绩及成长性。投资者可根据自己的风格，在"价值型"股票、"成长型"股票和"价值成长型"股票中进行选取。如果一只股票的业绩增长，且基金等机构跨季度持续增仓，则说明该股票质地优良、被众人看好，后面一般会出现主升行情。投资者对该股票需要重点加以关注，坚持不懈地进行长期跟踪，始终依据买卖信号，严格进行买卖操作（不换股），直至抓住主升浪后退出。

投资者可以选择板块创新高或近期创新高的个股，此类股票在未来 60 天的时间里再创新高的可能性达 70%以上。在市场大势向好时，投资者可以选择以涨停方式突破的个股，以捕捉主流热点中的"龙头"。比如，对于大博医疗，当医药板块的股价整体上涨时，医疗器械股的股价也随之上涨，在此情况下可以适当追涨（见图 3-10）。

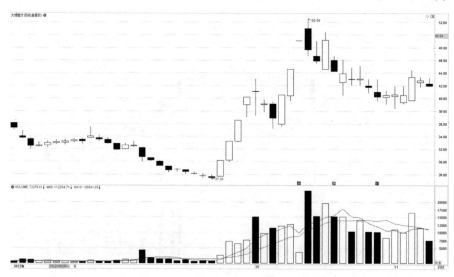

图 3-10　板块势头向好时应积极把握上升中的股票，必要时可进行追涨

买入股票时坚持做到 4 个优先：熊牛转换时期，大幅下调后的个股反弹优先；新股上市后第一次出现买入信号的个股优先；小盘股优先；低价股优先。

比如，以上述大小周期共振法选出中国重汽，等股价上触年线时，止盈退出（见图 3-11）。

图 3-11 实战操作案例

至于能否进一步深度挖掘并买入具有上冲潜力的"好股票"，可参考本书第 4 章。

3.4 选择时机策略：何时买卖股票好

选择时机策略是选择时间结构与选择进（出）场点的统称。如何选择时间结构（操作信号周期）？主要根据投资者的资金性质、个人性格，特别是风险承受范围而定。比如，一个风险承受能力强的人，可经得起大幅震荡，可承担大的风险，从而博取高的收益，那么他可以选择月线进行操作，忽略中间的一切中小波动。反之，就应选取小的时间结构。总的来说，选择时机策略可以划分为"袋鼠"战法、"狮子"战法和"蜗牛"战法 3 类。

3.4.1 "袋鼠"战法：N 日短线交易

N 日短线交易是指在数天之内，可以做很多来回，像袋鼠来回蹦蹦跳跳一样。其具体操作就是选择 30 分钟 K 线或 60 分钟 K 线，对当日的 K 线趋势进行画线并判断，然后根据趋势突破、量能配合、指标辅助来决定买卖操作（见图 3-12）。

尽管采用这样的操作单笔盈利有限，但可以靠大量交易保持赢多输少的格局。"袋鼠"战法对投资者的技术水平、交易能力、交易纪律甚至体力有很高的要求。

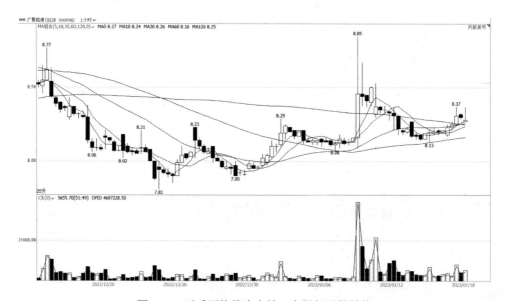

图 3-12　以重要均线为支撑，高抛低吸做差价

3.4.2 "狮子"战法：中级波段交易

中级波段交易的交易时间为 18～25 个交易日，投资者在进行操作时多选择日 K 线或周 K 线。在这个时间段内，行情一般会有较大波动。投资者可以像狮子一样，在趋势不明朗时离场观望，耐心等待时机，时机一旦出现便果断出击（见图 3-13）。

其具体操作就是，首先判断是否有单边行情、力度有多大、方向如何，看准行情的上涨方向，在合适时机进场做多，并设好止损位。如果买入后出现亏损，则到达止损位时应坚决止损。如果买入后股价继续上涨，脱离自己的成本位置，则应根据实际情况增加投资，或者持仓等待，直到行情出现转折，或者有调整迹象时平仓离场。

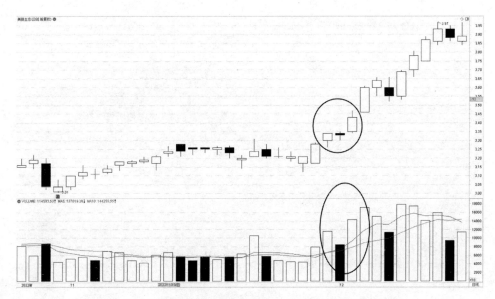

图 3-13　当量能放出并突破重要阻力关口时买入、做足波段

3.4.3　"蜗牛"战法：长期趋势交易

除了 N 日短线交易和中级波段交易，投资者还可以采用长期趋势交易战法。该战法适合使用周 K 线和月 K 线，类似于股票长期投资，可以理解成蜗牛长跑。但是此战法更适合进行基本面分析、投资指数型基金的投资者。如果投资者有较充裕的资金，对指数牛市大级别周期有比较好的研究心得，则可以采用长期趋势交易。比如，判断目前的沪深证券市场，如果其处于大牛市，中途会有调整，但不改变长期上扬的态势，则可以选择合适的价位做多（见图 3-14）。

操作完成后，一般不做平仓或加仓动作，只需要观察长期趋势是否结束。

当然，看盘时要多方面看才会有结果，利用多周期的走势来综合判断市场的整体状况，如利用月 K 线、周 K 线、日 K 线、60 分钟 K 线、30 分钟 K 线、15 分钟 K 线、5 分钟 K 线，甚至 1 分钟 K 线（权证适用），而不是死盯某一个周期的走势，不然就成了管中窥豹、盲人摸象。观察顺序，通常在选定个股后，先从大的方面（如周 K 线图、日 K 线图）观察其压力位、支撑位，然后从小的方面（如 60 分钟 K 线图、30 分钟 K 线图、分时图）寻找切入点，最后做出决定。至于哪个周期适合投资者，要根据市场的状况和投资者的风险承受能力及其性格来决定。一般来说，进行短线交易的投资者比较适合参考 30 分钟 K 线图和 60 分钟 K 线图，再短由于 "T+1" 的原因就不太适合了。对于可以 "T+0" 的权证来说，主要看的就是 5 分钟 K 线图和 1 分钟 K 线图，也可参考 15 分钟 K 线图和 30 分钟 K 线图。

图 3-14　买入后一路持有，像"蜗牛"上树一样

股谚说："选股不如选时。"好的进场时机，将起到事半功倍的作用。

判断买入点通常有 K 线切入和分时图切入两种方法。买入点又分为低吸买点、追涨买点。低吸买点是指在股价上升一段后自然回撤，等遇到支撑时，量先由大变小，再由小变大，股价开始拐头向上时买入。追涨买点在上升通道的下轨线上，即股价刚启动或刚创新高时（见图 3-15）。

图 3-15　追涨买点在上升通道的下轨线上

3.4.4　离场时机的把握

好的离场时机有 3 个:"止损""止平""止盈",运用起来各有利弊。

"止盈"是指在股价上触通道的上轨线,面临回调前先行卖出,或者在股价第一次上触重要的中长期移动平均线、前期的密集成交区、重要的技术关口等节点卖出(见图 3-16)。

图 3-16　股价上升至重要移动平均线处常常是良好的卖点

在"止盈"时离场的好处是能保住收益,缺点是容易踏空,适用于反弹或趋势尚未形成的牛市早期阶段。

"止平"是指买入后,股价先升后降,常见于短线专业炒手操作。为防止持仓头寸由盈变亏,就在股价跌落至买入价位时快刀斩乱麻,先退出来再说。此方法适用于权证等波动剧烈的品种。它的好处是永远不用担心被套牢,缺点是容易踏空,通常在大盘不稳或投资者心里没底时使用。

而"止损"有很多种方法(详见第 8 章,这里不再赘述),其概念人人都知道,关键是执行力,执行"止损"时不能心存幻想。对于成熟的投资者而言,不设"止损"就不进场,不能执行"止损"就不长期待在股市里。

3.5　资金管理策略:多少仓位合适

例如,在一个胜率为 60% 的游戏中,你有 1000 元,有 100 次下注的机会,赔率为 1:1。那么,你如何进行下注才能获得最大的收益呢? 在看下文前,建议大家先思考一下这个问题。据调查，一般人倾向于在不利的情况下下更多的赌注，而在有利的情况下下更少的赌注。实际上，反映到市场中，许多人在连续几次下跌之后总是会预期有一次上涨，或者在连续的几次上涨之后预期有一次下跌。但这只是赌徒的谬论，因为盈利的概率仍然只有 60%。此时，资金管理就极为重要了。

假定你以 1000 元开始这个游戏，结果连输 3 次，只剩下 700 元。多数人认为第四次会赢，于是你把第四次的赌注增加到 300 元（想挽回损失的 300 元），尽管连续 4 次输的概率不大，但是仍有可能。如果第四次也输了，那么你就只剩下 400 元。你要在这个游戏中挽回损失，就必须盈利 150%，机会不大。假设你把每次的赌注放大到 250 元，那么，很可能你在 4 次游戏后就破产了。

不管是哪一种情况，在这个简单的游戏中不能实现盈利，都是因为下注的人没有资金管理的概念，所冒的风险太大了，没有在风险和机会之间取得平衡。

本节将讲述什么是资金管理，以及资金管理的原则、资金管理的方法。数学空间概念比较弱的读者，或者资金量偏小的读者，可忽略本节。但对于"大资金"，或者立志在投资市场有所作为的读者来说，本节为应读内容。

3.5.1 什么是资金管理

资金管理是指在风险市场，通过限制单次投入资金的比例来控制风险。投资者的资金管理策略取决于其交易风格（是属于激进还是稳健）。资金管理影响了投资者的资金净值升、降曲线平滑的程度。常见的资金管理策略有金字塔型资金管理、等比例型资金管理。

什么是资金管理体系？资金管理体系指日常的仓位分布、交易的频率、交易仓位，以及仓位在特定情况下占总资金量的比例，以及加仓、减仓的规则和依据。仓位分布要依据机会区分不同情况下的仓位，而非简单依据投资者主观认为的所谓成功率。交易的频率和交易仓位，以及仓位在特定情况下占总资金量的比例，则依据最适合投资者的交易习惯而定。如果需要进行调整，则应进行客观的调整，而不能依据投资者主观的想法。制定加仓和减仓规则必须有依据，要求加仓和减仓，并不只依据行情分析，还应依据纪律，明确在什么情况下可以加仓、在什么情况下不能加仓。

3.5.2 资金管理的原则

资金管理适用的原则因人而异，只有相对合理或合适的，并非"放之四海而皆准"。笔者参照基金的评价方式，综合风险系数、波动率、收益期望，并结合笔者自己的操作习惯和心态特点，总结出以下资金管理的原则。

（1）安全进入法则：每个部位在建立过程中都必须调正。

（2）最少担心法则：操作之后以心情轻松为好。

（3）最小后悔法则：面对上、平、下 3 种可能皆不会后悔。

（4）减少波动法则：以收益稳定而权益净值的波动小为好。

（5）中庸发展法则：在收益与风险中求得平衡。

当然，投资者也可自行总结出不同的资金管理的原则。注意以上这些原则，并不是追求收益最大化或最快见成效，而是力求稳定发展。另外，有关原则还包括不与别人攀比"净值增长率"（承担风险不一样），以及"谁比谁更正确"（只有主力才知道）。

在交易操作中，仓位控制的原则通常包括以下几条。

（1）慎重满仓，始终保持一定比例的备用资金以保持机动性。

（2）市场出现无风险机会时，可以选择"大资金"操作。

（3）在市场出现波段操作机会时，可以重仓短线操作。

（4）在市场出现技术性机会时，可以轻仓短线操作。

（5）买、卖不过量，控制损失不超过本金的 1/10。

（6）当买、卖遭遇损失时，应出局，永不加码交易。

根据大盘风险系数来决定仓位，如果当前大盘风险系数是 70%，那么仓位就应该是 30%。仓位应与市场状态保持一致。当市场处于平衡状态时，应较少参与；当市场处于活跃状态时，应较多参与。另外，仓位还应与投资者自身的状态保持一致。一旦出现连续失手的情况，投资者就需要赶快警惕起来，减少仓位直至离场休息。

3.5.3　资金管理的方法

首先要明确一点，资金管理的方法既没有绝对的"好"，也没有绝对的"不好"，只有将资金管理与交易系统的胜率联系在一起时才有意义，才能进行评价。但是对于炒股，资金管理绝对不可以没有，因为资金管理决定着投资者的账户净值上升（或下降）的平滑程度。

1. 持仓比

一个账户的持仓比＝持仓市值/总权益。通过调整和控制持仓比，可以调控该账户的系统风险（有关系统风险的内容详见第 8 章）。

2. 分散度

分散度＝1/持仓个股只数。持仓个股只数是该账户中个股品种的数量，也就是存放"鸡蛋"的"篮子"数量。比如，你的账户里有 3 只股票："界龙实业""中国石油""太行水泥"，那么你的持仓个股只数为 3。通过调整分散度，可以控制账户的非系统风险。每只个股将占多少资金，取决于交易系统对每只个股所处位置的判断。如果同时运用多个策略、不同的系统，则还取决于每个系统的目标预期年均回报率。笔者倾向于不同时持有 5 只以上的个股，核心个股绝不超过 3 只（中线个股 2 只、短线个股 1 只）。

3．批次量

同一只个股买卖分段进行，基于趋势型策略的系统交易者，需要设立多个买点、卖点。批次量＝权重×已建仓次数/计划建仓次数，其反映的是建仓过程中风险值的大小。比如，你分两次满仓，每次一半，那么你的批次量就是 1/2。当你建首仓时，风险值为 0.5；而你当建仓完毕时，风险值为 1。该指标用于"T+0"操作对风险的提示。

4．手法值

手法值代表操作风格，笔者对激进风格取值 1、进取风格取值 0.75、稳健风格取值 0.5、保守风格取值 0.25。比如，追涨属于激进风格，低吸属于稳健风格，而抄底也属于激进风格等。手法值反映的是操盘手的风险取向，会影响净值波动率。

5．个股波动系数

个股波动系数是由于股票质地不同，以及交易手法不同所反映在盘面上的波动特点。笔者对 ST 类股票取值 1.8，题材股取值 1.4，绩优股取值 1，防御品种取值 0.6。

账户净值的波动率，由上述诸因素相乘而来。所以，如果资金管理得当，就可以控制账户净值的波动率，从而掌握交易的主动权。

资金管理要求"梯次进出，中短结合，平滑收益，降低风险"。在大盘牛市应持仓 70%～100%；在大盘平衡市应持仓 30%～50%，在大盘熊市应持仓 0～15%。

实例一，"大资金"实行"安全垫"制度。根据中、短周期两种投资模式来决定资金的划分模式，将总体资金划分为 60%和 40%两种。先期只投入短线资金，等积小胜后再投入重兵。

实例二，将整体投入资金划分为 6 等份，6 等份的资金分 3 个阶梯。第一阶梯为 1 个单位，即占总资金的 1/6；第二阶梯为 2 个单位，即占总资金的 1/3；第三阶梯为 3 个单位，即占总资金的 1/2。

实例三，可以根据行情的不同，以每个阶梯逐次递进或递退，组合使用资金。第一阶梯为 3 个单位，即占总资金的 1/2；第二阶梯为 2 个单位，即占总资金的 1/3；第三阶梯为 1 个单位，即占总资金的 1/6。

下面就实例三展开说明各梯次资金的使用方法。

第一阶梯资金的使用：在股价大势低迷时，即跌势末期，以短线操作为主，快进快出、高抛低吸。操作一些超跌或有启动迹象的个股，买入股票后，大势明朗可中线持有，否则短线获利了结。建仓后，如果发觉错误，则应立即止损；如果建仓后不能确定对错，则应持仓观望，但观望时间不能过长，在确定了第一阶梯资金已盈利后，持仓等待第二次买入机会。

第二阶梯资金的使用：当第一阶梯资金处于获利状态且已无风险可言时，可使用第二阶梯资金。此时，应选择明显底部放量的个股，中线持有。如果建仓后发觉错误，则应马上将第一阶梯资金止盈；同时，严守第二阶梯资金的止损位。

第三阶梯资金的使用：只有当前两份资金在获利状态下且大势明显向好时，这份资金才可投入，并应严格遵循：趋势理论、顺势而为、高抛低吸、短线操作、快进快出。

由此可见，不同的组合所产生的风险是不同的，对收益也有影响，这就是进行资金管理的意义。

3.6　程式化交易系统：获利方法可复制吗

程式化交易系统其实是一个数学模型，比较适合那些不太懂分析、研判和操作技巧，并且没有能力把握买卖点的投资者使用，也适合没有时间研究股市的人士使用。具体操作如下：张三先将一笔资金分成两份，用其中一份买入股票。如果股价上升了25%，就立即卖出持仓股票的 1/5，将这 25%的利润锁定，变成现金；如果股价下跌了 20%，就动用另一份资金，买入相当于目前市值的 20%的同一种股票。

举例说明：张三有 20 万元的本金，留下 10 万元，用剩下的 10 万元买入现价为10 元的某股 10 000 股。若该股的股价升至 12.50 元，即已赚取 25%的利润，就立即卖出 2000 股，即将 2.5 万元的利润变为现金。这时张三所持股票为 8000 股（现价为 12.50 元），持仓市值仍为 10 万元，现金为 12.5 万元。其后该股的股价跌至 10元，即损失了市值 20 000 元，这时张三应动用现金买入 2000 股，即增持 20 000 元的股票，这时持仓股票为 10 000 股（现价为 10 元），现金为 10.5 万元。一个来回下来张三的资金增加了 5000 元（见表 3-4）。

表 3-4　高抛低吸策略适用于震荡市，要优于常捂不动策略

股票现价（元）	总权益（万元）	持仓股数	市值（万元）	现金数（万元）	操作
10	20	10 000	10	10	—
12.5	22.5	10 000	12.5	10	卖出 2000 股

续表

股票现价(元)	总权益（万元）	持仓股数	市值（万元）	现金数（万元）	操作
12.5	22.5	8000	10	12.5	—
10	20.5	8000	12.5	12.5	买入 2000 股
10	20.5	10 000	10	10.5	—

李四采用的是"常捂不动"的做法。他在买入股票后不操作，升升跌跌之后，其所持股票仍为 10 000 股（现价为 10 元），现金仍为 10 万元。上上下下，坐了一回电梯，但他一无所获。可见，长此下去，张三将胜于李四。

所以，使用程式化交易系统的投资者应坚持下去，严格地按照这个程式进行买卖。经过长期实战验证，此法优于"捂股不放"的做法，使用此法的投资者的资本会越滚越大。

使用程式化交易系统的操作要点如下。

（1）前提是处于平衡市格局。此方法在大牛市使用会踏空，在大熊市使用会被套牢。

（2）能否赚钱的关键，在于能否长期、严格地按照程式化交易系统进行买卖。若长期坚持下去，则可以避免追涨杀跌的误判，降低风险，增加利润。

（3）现金与股票最初的比例是 1：1，慢慢地，现金的占比会越来越大。一年之后，你可以重新再建立 1：1 的比例，使资本增值得更快。

在上述例子中，上升 25%就卖出，下跌 20%就买入。在实战中，投资者可自行确定上升和下跌的幅度，如上升 20%时卖出、下跌 15%时买入。

运用程式化交易系统时，最好操作绩优股或基金重仓股。投资者可自行调整股票、现金的占比，如调整为股票占 60%、现金占 40%等。

而单边上升情况更加适合使用金字塔买卖系统。当买入的股票持续上升时，投资者希望获取更多的利润，就可以采取"金字塔买入法"，即"越升越买，越买越少，看对时才加码"。比如，在某股票现价为 10 元时买入 100 手，在该股票现价涨至 12 元时又买入 50 手，在该股票现价涨至 15 元时再买入 20 手。因为害怕追涨带来的风险，又想搏到尽头，所以只能涨得越高，买得越少。

卖出时采取"倒金字塔卖出法"。比如，在上述股票的现价涨至 20 元时卖出 2000 股，在上述股票的现价涨至 22 元时又卖出 5000 股。因为害怕过早地卖出，所以可以从少到多地卖，涨得越高，卖得越多。这样做的原因是涨得越高，见顶的危险就越大。

金字塔买卖系统不适合震荡市，因为在震荡市中往往会出现在高位追入后股价不升反跌的情况。这时低位买入的利润将全部消失，而高位买入的资金全部被套牢，十分危险。

3.7 形成交易风格：做最实在的你

交易风格通常包括交易方式和策略选取。交易方式可以包括短线交易、中线或波段交易、长线交易。投资者不要幻想把这 3 种交易方式同时用于同一只股票，从而把价格曲线拉直。把价格曲线拉直是一个无法实现的梦想，使许多投资者陷入亏损的泥潭。投资者应该根据自己的性格和交易品种的特性，来确定自己到底应该是以短线交易为主还是以中长线交易为主，一旦确定就不要轻易改变，否则投资者会不知所措。策略选取即在"竞博、激进、稳健、保守"中选取与投资者的性格、爱好相匹配的风格。交易风格为什么重要？炒股圈子里有这么一句话："炒股要有三只眼，一只观大盘，一只瞄个股，还有一只瞅自己。"瞅自己什么呢？就是自己的交易风格。因为风格会影响投资者炒股的成败。

市场上有这么一首炒股的歌，事关交易风格，在股民中流传甚广。

> 看好不买时一直涨！
> 追涨买后变成熊样。
> 气愤不过几天卖掉，卖后立即大涨。
> 两中选一个，必然选错，买的下跌，没买的大涨。
> 选错后改正错误，换股，又换错。
> 下决心不搞短线，长期持股，则长期不涨。
> 熬不过了，抛了长线，第二天涨停。
> 又去搞短线，立即被套。
> 总结了历史经验，用在下一次，肯定错了。
> 恢复到以前的投资风格，又亏了。

总的来看，问题出在风格不定、思维混乱。

第一，"看好不买时一直涨"。既然是看好的，就说明该股符合其交易规则，因此应立即操作，而不应光说不做。

第二，"追涨买后变成熊样"。追涨本身就是扩大风险的举动，应设置止损位作为保障。

第三，"气愤不过几天卖掉，卖后立即大涨"更不对了。无论是震荡，还是出货，只要符合"卖出"规则就坚决卖出，后面的情况与己无关。

第四，"两中选一个，必然选错"。这说明选股条件有问题。其实可能也有选择对的时候，只不过人们觉得不过瘾，所以就只记得失误的那次。

第五，"选错后改正错误，换股，又换错"。什么叫改正错误？错在哪儿？不清楚错误在哪又如何改正？

第六，"下决心不搞短线，长期持股，则长期不涨"。注意！这就是风格不固定的表现，如果真的是长线交易，那么不涨也没什么可抱怨的。

第七，"熬不过了，抛了长线，第二天涨停"。你看，既然是长线交易，就不能用短线交易的眼光期待股价立涨。如果是按规则抛出的，就不应在意次日是否涨停，仿佛这个涨停原本是属于他的，抓不到就不应该。

第八，"又去搞短线，立即被套"。不套才怪，沉不下心来，怎么能操作好呢？

第九，"总结了历史经验，用在下一次，肯定错了"。用错误的观点进行总结，始终找不到正确的道路。

第十，"恢复到以前的投资风格，又亏了"。画了一个圆，又回到起点。

投资者炒股形成风格，应注意把握如下三要素。

（1）风格定位要准确，要与投资者的性格相匹配。投资者要根据自身的资金情况、性格特点、工作环境等来确定自己的炒股风格。通常要明确自身长、中、短线交易的风格究竟是属于"激进"、"进取"、"稳健"，还是偏向于"保守"，只能选取一种。

（2）风格定位要清晰，不能模棱两可，必须有所取舍。如上所述，做短线交易，就不能指望长线利润；做长线交易，就不能幻想躲避短期调整的风险。不能两头好处都想得。

（3）操作风格要固定。很多投资者最大的问题，不是没有风格，而是风格多变、不定型。一次不如意，就改变风格，让自己无所适从。

回首 2022 年，股市由牛转熊，连续出现了超大幅度的下跌，途中几乎看不到反弹。风险骤然降临，令很多投资者猝不及防、很"受伤"。尤其是刚刚入市的新手，甚至还没享受到赚钱的快乐，就不幸变成了市场调整的"牺牲品"。很多新手都不曾体会过熊市的苦楚，所以还远远谈不上对风险的认识。而不经历熊市的洗礼，就算不上真正的投资赢家。在股市中，我们比的是"谁比谁活得更持久"。经历了 2007 至 2008 年年底，中国股市到目前为止最大的熊市，面对很多股票被"腰斩"甚至"脚斩"，许多人痛心不已，最终只有少数人"存活"下来。这里面有运气的因素，更重要的原因，就是他们已形成自己的操作风格和纪律。现略加整理，与投资者朋友共勉。

（1）亏损股票一定要砍仓。在操作纪律上，对于任何股票，原则上只要账面亏损超过 30%，就要考虑砍仓止损。这么操作，虽然可能经常会错过大牛股，有时很多股票仅仅是一次技术调整就被"震"出去了，但是，遵守纪律的最终目的是规避不确定性所带来的风险。

（2）亏损股票坚决不补仓。有时因为某些特殊原因，极有可能错过砍仓的时机，如突然利空造成的跌停等。这时在操作上，如果做不到砍仓退出或下不了手，那么退而求其次：坚决不补仓！很多人在操作上，一亏损就盲目补仓。其实在股价下跌后盲目补仓会使"雪球"越滚越大，亏损越来越严重。因此，亏损股票不补仓是避免亏损进一步扩大的次优选择。

（3）顺势而为尊重趋势。无论是对大盘还是对个股（除非你自己是"大资金"操纵），都一定要尊重趋势，即大的运行方向格局。这就是所谓"牛不言顶""熊不言底"。

第 4 章
技术分析外行入门

在股票市场中，技术分析是一个很宽广的领域，涉及各种知识，主要包括 K 线分析、量价分析、分时图分析、成交量分析等。

4.1　什么是技术分析

在股票市场中，分析预测价格走势的方法共有两种：一种是基本面分析方法，另一种是技术面分析方法。两种分析方法截然不同，它们的实际效用也不尽相同。

4.1.1　基本面分析方法与技术面分析方法的区别

基本面分析方法也称基本分析法，是指对宏观经济、行业前景、企业价值等决定着股票内在价值的基本因素进行分析，以此来分析股票的价值、衡量股价高低的分析方法。其中，企业的内在价值是基本面分析的核心要素。

基本面分析方法所依据的原理是"价格向价值靠拢"。但股价的中短期走势易受其他偶然性因素的影响，因此基本面分析方法只适用于分析、预测价格的中长期走势，而对于价格的短期走势无能为力，这是它的不足之处。

技术面分析方法（也称技术分析法）则正好相反，它直接关注市场交投行为本身，侧重于从多空双方力量的转变情况来分析并预测价格的走势，可以较为准确地预测股市及个股的中短期走势。

股票市场是一个资金驱动的市场，买盘资金多，则股市的整体行情或个股的价格会受其推动而上涨；卖盘资金多，则股市的整体行情或个股的价格就会下跌。技术面分析只关心股票市场、股价走向等市场行为本身的变化，而不考虑影响个股实际价值的各种要素（如行业发展前景、企业经营情况等）。

技术分析派认为，引发价格变动的各种因素都体现在市场交易行为本身上，这些因素既包括企业业绩的变化情况、发展前景等基本面因素，也包括投资者对于企业未来的希望、担心、恐惧等情绪因素。价格走势最终还是由参与具体买卖交易的投资者来决定的，因此研究价格如何变动比研究价格为什么变动更能了解未来股票市场中价格的变动方向。企业的基本面即使再好，若不能被市场认可，也是难以出现好的上涨行情的。基本面分析无助于我们把握买卖时机，但是技术面分析则不同，它专注于市场交易行为本身，可以帮助投资者了解市场动向，从而跟踪出击。

4.1.2　技术分析的前提假设

技术分析的理论基础是 3 个合理的假设：市场行为涵盖一切；价格走势依趋势运行；历史往往会重演。

"市场行为涵盖一切"构成了技术分析的基础，解释了为什么技术分析者不用关注个股基本面的变化。这一假设是指所有影响到价格走势的因素都将被反映到市场行为中。影响价格走势的基本因素多种多样，既有宏观经济的变化、行业政策的倾向、金融货币政策的调整，也有企业盈利能力的变化、管理层人员的变化等。但是，基本因素的变化并不是导致价格变化的直接原因，是投资者对这些因素、信息的反应促成了价格的变动。市场行为的外在表现形式就是各种盘面数据。其中，最为重要的盘面数据就是价格走势，其次是成交量。除此之外，还有盘口挂单信息、成交细节等。

"价格走势依趋势运行"是技术分析的核心理念。这一假设包含了 3 层含义：第一，在技术分析里，趋势被认为是存在的，可分为上升趋势、盘整趋势（也常常被称为无趋势）、下跌趋势。技术分析派在进行分析时，要对市场目前的趋势做出判断，判断的准确与否直接影响其操作结果。第二，价格将会沿着市场的趋势运动。第三，正在进行的趋势将会持续下去，直至发生反转；趋势之所以发生反转，既可能是政策性因素造成的，也可能是过度投机造成的。研究价格趋势的意义就是要在趋势发生、发展的早期，及时、准确地把它揭示出来，从而达到顺着趋势交易的目的。事实上，技术分析的本质就是顺应趋势，以判定和追随既有趋势为目的。

对于股票市场中的趋势运行规律，道氏理论最先、最完备地对其进行了论述。基于趋势运行规律在技术分析领域中的重要性，我们将结合道氏理论对其进行单独讲解。

"历史往往会重演"是指相似的盘面形态往往会演绎出相似的后期价格走势。这一假设是有深刻依据的。研究表明，价格走势、成交量等盘面形态可以很好地反映出投资者的心理倾向、做多或做空的预期。因而，盘面形态只是一种表象，它内在地体现了投资者的心理倾向。人类的心理有某些共通的性质，而市场本身的走势正好将这种共通的人类心理特性反映出来。投资者的心理倾向预示了价格后期的走势，因而，相似的盘面形态自然预示了相似的后期价格走势。

"历史往往会重演"这一假设就是指打开未来之门的钥匙隐藏在历史里，或者说将来是过去的翻版。

以这三大假设为前提，技术分析不再是无源之水，它有了自己的理论基础。第一条假设"市场行为涵盖一切"指出了技术分析的可行性；第二条假设"价格走势依趋势运行"指出了技术分析领域的核心内容；第三条假设"历史往往会重演"则为我们提供了开启技术分析大门的钥匙，为我们提供了行之有效的途径。

技术分析的实战价值无疑是极为重要的。很多企业没有业绩支撑，甚至屡屡亏损，但其在股票市场中的价格走势往往能"一鸣惊人"、上演黑马行情。此时，借助基本面分析方法来分析，我们显然是无能为力的，但是，若我们熟练地掌握了技术面分析方法，则这一切都可以迎刃而解。

4.2 技术分析的类别

"技术分析"是一个很宽广的领域，它的核心就是以"市场行为本身"为着手点，进而预测价格走势。市场交投行为可以通过很多不同的角度得以呈现，如股价走势（用K线来表示）、成交量变化、盘口分时图形态，也可以通过数字量化的技术指标来呈现。依据着手角度的不同，技术分析可以划分为许多种类。

4.2.1 经典理论分析法

自金融市场诞生之日起，就不乏一些杰出人士提出一些闪光的思想，这些思想让我们更好地理解了金融市场的运行规律，这些闪光的思想最终凝结成了经典理论。这些理论既有指导我们进行买卖操作的，也有阐明股市运行规律、揭示其内在机制的。就一般的情形来说，这些理论虽然不提供明确的买卖点，但它们对于我们深刻理解这个市场、宏观把握价格走势却有着莫大的帮助。对于广大投资者来说，要想对以股市为代表的金融市场有更好的感悟，学习经典理论是必不可少的一个环节。下面列出了常见经典理论及其主要思想，供读者参考。

（1）道氏理论：道氏理论堪称技术分析领域中最基础、最重要的一种理论，很多技术理论都是以它为基础的。道氏理论系统地阐述了股票市场中的趋势运行规律，为我们遨游于股市指明了方向。

（2）波浪理论：其地位仅次于道氏理论。道氏理论阐述了趋势运行规律，却没有指明趋势运行的细节。以道氏理论为基础，波浪理论阐述了趋势运行的具体方式。波浪理论认为，股市的运行特征具有波浪性，从局部走势来看，上升浪与下跌浪交替出现；从整体走势来看，上升趋势与下跌趋势交替出现，这构成了一个完整的循环，并且这个循环是以五升三降的八浪循环方式呈现出来的。五升三降的八浪循环方式可以说是波浪理论的核心思想。

（3）箱体理论：箱体理论是一种顺势而为的操作性理论，它侧重于指导投资者的买卖操作。箱体理论与我们惯有的"高抛低吸"思维完全不同，它要求我们在股价突破原有箱体时再买入，虽然看似有追涨的嫌疑，但成功率较高。而且，这是一种真正的顺势操作，与那种基于主观臆断而展开"逃顶抄底"交易的操作完全不同。

（4）江恩理论：江恩理论是由 20 世纪著名的投资大师威廉·江恩结合自己在股票和期货市场上的骄人成绩及宝贵经验提出的。江恩理论认为，股票、期货等证券交易市场中也存在着宇宙中的自然规则，市场中的价格运行趋势不是杂乱的。基于这一思想，威廉·江恩通过对数学、几何学、宗教、天文学的综合运用，建立起自己独特的分析方法和测市理论。此外，威廉·江恩基于自身的经验总结，还提出一套交易法则，这是江恩理论与其他技术理论最大的不同之处。因而，我们也可以认为江恩理论是一套关乎投资者买卖交易之道的理论。

（5）黄金分割率理论：黄金分割率是一个神秘的数字，它与自然界中的种种事物密切相关，人们把 0.618 及其倒数 1.618 称为黄金分割率。通过回顾金融市场的价格走势，人们发现，当价格涨幅或跌势接近黄金分割率时，极易出现较大的回调或反弹，这就是股票市场中的黄金分割率理论。

（6）量价理论：著名的证券大师格兰维尔总结、归纳了 8 种常见的量价配合关系，它们的适用范围广、基础性强，有助于我们通过量价配合来理解、把握价格走势。这 8 种量价配合关系就构成了经典的量价理论。在技术分析领域有量价分析方法，它便是以这 8 种量价配合关系为基础的，这是我们进一步学习量价分析之道的基础内容。

除此之外，还有很多较为经典的技术分析理论，如相反理论、季节理论、甘式理论等，这些量价理论的重要性与知名度较之前单独介绍的几种要差一些，但它们仍是供我们拓展思路的好内容，有兴趣的读者不妨查阅相关资料，学习一下。

4.2.2　形态分析法

形态分析法，也称 K 线形态分析法。在技术分析的三大前提假设中，有这样一条："历史往往会重演"，K线形态分析法正是以此为据的。特殊的K线形态有着特殊的市场含义，在结合价格的局部或整体运行情况的基础之上，这些形态或者能够反映短期内多空力量的转变，或者能够反映市场整体多空力量的对比情况。

形态分析法的核心要义就是通过特殊的K线形态来把握价格走势，在熟悉了这些特殊的K线形态之后，我们的买卖操作就有的放矢了。例如，能够预示价格短期走向的特殊K线形态有长上影线、长下影线、螺旋桨、抱线、孕线、红三兵、黑三鸦、多方炮、空方炮、希望之星、黄昏之星等；能够预示价格的中长期走向、帮助我们把握趋势循环中的顶部与底部的K线形态有双重顶、双重底、圆弧顶、圆弧底、头肩顶、头肩底、尖顶、V形底等。

图4-1所示为德赛电池走势图。此股在中长期走势的高位区出现了一波急速上涨，又急速反转下行的走势，这就形成了一个尖顶形态。当这种形态出现在高位区时，便呈现出一种经典的顶部反转形态，预示着顶部区的出现。在实盘中，它预示了趋势的反转，对我们的逃顶操作有着重要的指导意义。

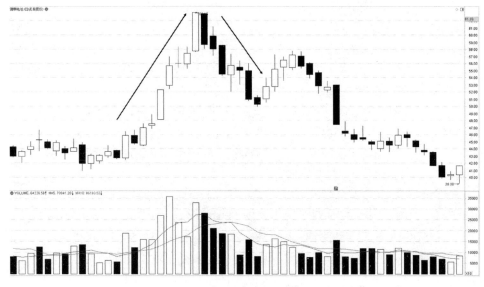

图4-1　德赛电池走势图

4.2.3　成交量分析法

股市中的成交量通俗地讲就是某只股票在一段时间内，买方买入了多少股（或者说卖方卖出了多少股），以单边的交易来计算。例如，某只股票当日成交量显示为10 000股=100手（1手=100股），这表示买卖双方达成协议共交易了10 000股，即买方买入了 10 000 股，同时卖方卖出了 10 000 股。在计算成交量时按 10 000 股来统计。（注：个股的成交量是以股票数量来表示的，大盘的成交量则是以成交金额来表示的，通常所说的大盘有多少亿的成交量就是指成交金额。）

成交量分析法，也称量价结合分析法、量价分析法。在结合价格走势的基础之上，成交量蕴含了丰富的市场信息。它可以呈现多空双方的交锋力度，可以反映价格上涨的原动力是否充足，可以体现主力的市场行为，可以对价格走势的转折起到预警作用。

美国著名的投资专家格兰维尔曾经说过："成交量是股票的元气，而股价是成交量的反映罢了。成交量的变化，是股价变化的前兆。"这句话可以说是量价分析法的核心内容。格兰维尔提出的 8 种量价配合关系（经典的量价理论）也是量价分析方法的奠基性内容。

在实战中，运用量价分析方法的关键就是要掌握一些较为常见的、典型的量价配合关系，明晰它们的市场含义，了解它们出现之后的价格走向。量价配合关系掌握得越好，投资者的实战能力越强。

图 4-2 所示为瑞可达走势图。如该图中所标注的，此股的价格在上涨，但这两日的成交量明显小于此前上涨时的均量，这是多方力量不足、买盘入场力度较小的标志，预示着这一波上涨走势难以持续。在实盘中，投资者最好卖股离场。通过量能形态的这种变化，再结合价格走势，投资者可以及时地了解到多方上推力度的不足，从而把握好阶段性高点。

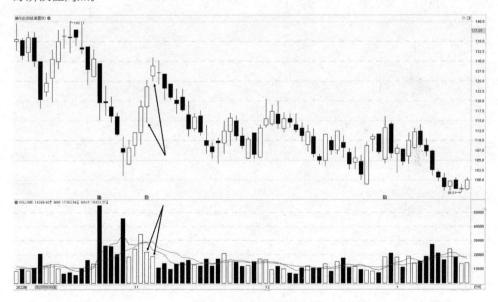

图 4-2　瑞可达走势图

4.2.4 技术指标分析法

技术指标分析，是以数学量化的方式来呈现市场状况的一种手段。每一个技术指标都相当于一个数学函数，它以开盘价、收盘价、最高价、最低价、成交量等基础的盘面数据为输入参数，利用基于某一市场原理而构造出来的数学公式进行运算，通过输出指标值并将指标值连接成指标线来反映市场状况。指标线的作用在于指示当前价格的运行方向，对价格是否到达重要的价格区域进行预报。通过计算所得到的指标值和指标值之间的相互关系，以及指标线之间的交叉穿越关系，可以解读市场某些方面的运行特征，对投资者做出买卖决策有很大的作用。

根据技术指标设计原理、功能的不同，技术指标大致可以分为以下几大类：趋势类指标、能量类指标、量价指标、超买超卖指标（也常称之为反趋向指标）、图表型指标、大盘指标、统计指标等。在实盘中，我们既可以单独使用某一指标来研判分析、做出买卖决策，也可以综合运用多类指标来把握战机。就准确率来说，综合运用各类指标所能取得的效果会更好。

图 4-3 所示为艾为电子走势图。该图最下方为 MACD（异同移动平均线）指标窗口。如该图中所标注的，此股在深幅下跌之后，MACD 指标出现了一个金叉形态（这一金叉形态体现为指标窗口中的 DIFF 线向上与 DEA 线交叉），而这种金叉形态就是一个明确的买股信号，它预示着一波反弹上涨走势将展开。在实盘中，依据此信号，投资者就可以实施中短线买卖操作了。

图 4-3 艾为电子走势图

4.2.5　主力动向分析法

在国内股票市场中，我们可以把投资者分为两大类：一类是资金实力相对较少、信息较为闭塞的散户；另一类是资金实力强大、信息渠道灵通的主力资金。散户是股票市场的参与者，他们追随着个股的走势；主力资金则是价格走势的引导者，他们制造着趋势。有主力资金强力入驻的个股，其走势总是特立独行的，远强于市场平均表现。无主力资金入驻的个股则往往表现平平、碌碌无为。在买卖股票时，如果我们能把握主力资金的动向与意图、追随主力资金的行踪，就可以分享主力资金拉升所带来的超额收益。

主力动向分析法是一种综合性较强的技术手段，很多盘面数据都可以反映主力行为。例如，量能的变化、分时图中的分时线形态、委买/委卖盘的挂单变化、盘中实时交易过程中的大笔成交单、资金流向、相应的技术指标等。除此之外，还有一个很特别的形态可以反映主力动向，即涨停板。若非出现重大的利好消息，个股出现的涨停板都或多或少源于主力的参与。涨停板给人的感觉是强势上涨，似有主力在强势拉升。主力动向分析法就是综合运用各种技术手段，依据多种盘面数据，来分析、辨识主力的市场行为，进而把握主力动向、预测价格走势。

4.2.6　盘口分析法

盘口在每个交易日中实时呈现着多空双方的交锋细节，如是多方正以连续的大单买入来推升个股，还是空方在小卖单频繁抛售。进行盘口分析，就是关注这些反映实时成交情况的盘面数据，如分时线、分时量、挂单情况、成交细节、委比、量比、内外盘等，以这些实时盘口数据为依托，来分析多空双方的交锋情况，从而预测个股之后的走势。

在盘口分析法涉及的所有实时盘口数据中，分时线与分时量这两种数据最为重要。通过分时线的波动形态、分时量的变化方式，我们不仅可以更好地把握个股在短期内是强势还是弱势，还可以实时地了解到是否有主力采取行动等信息，这可以说是量价配合在盘口中的一种应用。

图 4-4 所示为飞亚达分时图。此股当日处于中期低点，上一交易日收于涨停板，当日又收于小阳线，中短线有上涨空间，且日 K 线的形态不错，似乎仍有反弹空间。图 4-5 展示了此股在当日前后的日 K 线走势情况。

但是，当日的分时图很诡异，如图 4-5 中所标注的，盘中快速上扬后的 K 线在突破高点后连续大抛单离场，这种形态从日 K 线图中是无法察觉的。其实，这种分时图是主力先快速拉升，后突然下跌的一种惯用交易手法。而且，它是主力短期内出货意愿较强的标志。如果我们可以正确地识别这种分时形态、理解其市场含义，就不会追涨买入，提前买入而博取反弹行情的短线投资者也能够很好地保住短线收益。

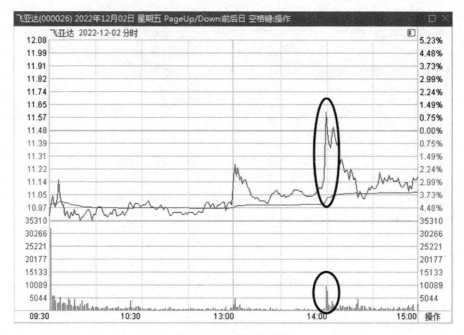

图 4-4 飞亚达分时图

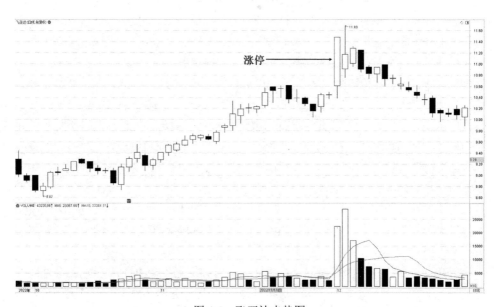

图 4-5 飞亚达走势图

从此股随后的走势来看，当日的分时图的确给出了一个准确的下跌信号，此股随后结合了反弹行情，继续向下运行。这就是盘口分析法的功能，它能够帮助投资者很好地把握个股的短期运行方向，避免出现误操作，是短线交易中必不可少的一种分析方法。

4.2.7　涨停板分析法

涨停板分析法是一种综合性较强、难度系数相对较高、实战效率极高的技术分析手段。在震荡市场或小牛市行情中，个股在涨停板之后的中短期内往往有着不错的表现。而且，那些中短期内能够实现凌厉飙升、快速翻倍的黑马股也多是以涨停板作为启动标志的。可以说，如果掌握了涨停板分析法，我们的中短线交易就增添了一种行之有效的途径。而且，如果运气稍佳的话，我们甚至可以骑上"翻倍大牛股"。

但是，涨停板分析法并不好掌握。如果想很好地理解、把握涨停股的后期走势，就一定要关注 K 线形态、盘口分时线形态、量价配合等因素，这也是为什么前文说涨停板是一种综合性较强的技术手段。

涨停板分析方法是一种偏门绝技，想要掌握它，不能过急，要有一个循序渐进的过程。我们将逐步深入、层层引导，帮读者构筑一个完善的涨停板技术交易系统。

图 4-6 所示为佛山照明走势图。此股在长期横向震荡之后，以一个涨停板实现了强势突破，无论是 K 线走势，还是当日的分时图，涨停板都向我们发出了明确的买入信号。如果我们懂得涨停板分析法，是完全有能力把握住这一波黑马飙升走势的。

图 4-6　佛山照明走势图

4.3　道氏理论与箱体理论

道氏理论在技术分析大厦中具有奠基性的作用，它最早、最为系统地阐明了股市中的趋势运行规律。通过道氏理论，我们可以全面、系统地了解股市中客观存在的趋势运行规律，这是我们在学习技术分析方法前必不可少的一个步骤。箱体理论则再接再厉，它以趋势运行为指导，有所不同的是，它侧重于实战交易，对于买卖点也有明确的标示。笔者认为，要想进一步理解技术分析、掌握其制胜之道，这两种经典理论是不能不学的。

4.3.1　道氏理论的由来

道琼斯公司的共同创立者查尔斯·道最早论述了道氏理论中的一些思想，这些内容散见于他本人所发表的各种社论中。1884 年，查尔斯·道与其合伙人组建公司，向投资者发布反映美国股市整体运行情况的道琼斯指数。最初的道琼斯股票价格平均指数是根据 11 种具有代表性的铁路公司的股票，采用算术平均法进行计算、编制而成的，发表在查尔斯·道自己编辑出版的《每日通讯》上。其计算公式为股票价格平均数=入选股票的价格之和/入选股票的数量。该指数涵盖金融、科技、娱乐、零售等多个行业，可以很好地反映美国股票市场的总体走势。自 1897 年起，道琼斯股票价格平均指数开始分成工业与运输业两大类，其中工业股票价格平均指数包括 12 种股票、运输业平均指数包括 20 种股票，并且开始在道琼斯公司出版的《华尔街日报》上公布。

当时，投资者普遍认为个股的走势具有独立性，它取决于消息面、基本面、投资者预期等。而且，由所有股票组合而成的股市整体的走向并没有规律可循，完全是随机的。在这种环境中，查尔斯·道通过研究道琼斯指标意识到了一种关于股票市场的全新理念——在股票市场中，个股的价格波动的背后，实际上隐藏着市场整体趋势的变化。

通过研究道琼斯指数，查尔斯·道发表了一系列社论，这些社论就是道氏理论的思想雏形，但查尔斯·道并没有对其进行系统化的总结。查尔斯·道去世以后，威廉·彼得·汉密尔顿和罗伯特·雷亚继承了道氏理论，他们所著的《股市晴雨表》《道氏理论》将这一理论思想推广开来，受到了世人的广泛关注。现在我们所看到的道氏理论正是威廉·彼得·汉密尔顿与罗伯特·雷亚共同的研究结果。道氏理论为技术分析派指明了方向，在道氏理论之后，很多实用的技术分析方法、技术分析理论也如雨后春笋般破土而出。

4.3.2　道氏理论的五大核心原则

今天我们接触的道氏理论，已经全面、系统地论述了股市中的趋势运行规律。道氏理论的五大核心原则如下所述。

1. 价格走势的 3 个级别：基本趋势、折返走势、短期波动

道氏理论将股市中的价格走势划分为 3 个级别：基本趋势、折返走势、短期波动。基本趋势也称主要趋势，也就是我们平常所说的"趋势"。它是大规模、中级以上的上下运动，通常持续一年或数年之久，并导致价格累计增值或贬值至少 20%以上（从实际表现来说，往往达 50%以上）。

基本趋势依据运行方向划分为具体的 3 种表现形式：上升趋势、下跌趋势、盘整趋势（也称横向震荡趋势、无趋势）。这 3 种基本趋势是我们学习趋势理论时的核心内容。在股市中，我们常听到这样的说法："永远顺着趋势交易""绝不可逆趋势而动"等，这里所说的"趋势"就是指这 3 种基本趋势。

折返走势穿插于基本趋势的行进过程中，它与原有的基本趋势的运行方向相反，是对基本趋势的一种调整，并对基本趋势产生一定的牵制作用。折返走势一般可持续几日到几周，对原有的基本趋势的修正幅度一般为股价一波上涨幅度的 1/3 或 2/3。例如，在上升趋势中出现的回调走势，或者在下跌趋势中出现的反弹走势，它们均属于折返走势。

短期波动，一般是指短短几个交易日内的价格波动，多由一些偶然因素决定。从道氏理论的角度来看，其本身并无多大的意义。

图 4-7 所示为道氏理论中的基本趋势、折返走势、短期波动。从图 4-7 中我们可以看到，基本趋势是指从"1"到"6"这个价格主要波动的大方向，次级走势则是指像从"2"到"3"或从"4"到"5"这样的过程，而像从"A"到"B"的这种小波动走势则属于短期波动。

2. 基本趋势有 3 种具体的表现形式

上升趋势是价格整体运行方向向上的一种运行过程，在上升趋势中，我们可以看到价格走势会呈现出"后上涨峰高于前上涨峰、后回调谷高于前回调谷"的运行形态，这正是上升趋势的典型运行特征。下跌趋势是价格整体运行方向向下的一种运行过程，在下跌趋势中，可以看到价格走势会呈现出"后下跌谷低于前下跌谷，后反弹峰低于前反弹峰"的运行形态。横向震荡趋势则是波峰与波峰交错、波谷与波谷交错的

一种横向运行过程，由于这种横向运行过程并没有明确的上升或下降方向，故也常被称为无趋势。

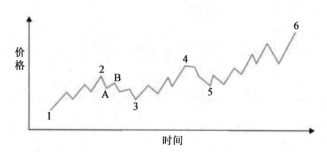

图 4-7　道氏理论中的基本趋势、折返走势、短期波动

图 4-8 所示为奥园美谷走势图。在此期间，可以看到个股的走势呈震荡下行状，股价重心不断下移，这正是下跌趋势的典型运行形态。在实盘中，在识别出这种趋势运行状态后，投资者就要实施正确的顺势操作，即只以低仓位参与并博取反弹收益，中长线则不宜持股。

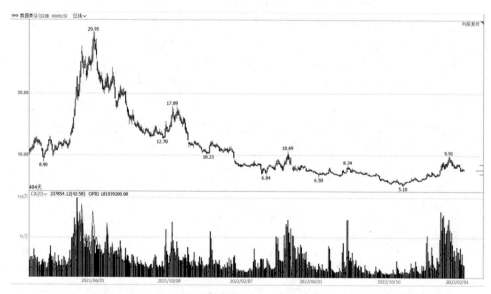

图 4-8　奥园美谷走势图

图 4-9 所示为兴蓉环境走势图。此股走势横向震荡，虽然上下波动幅度较大，但总体运行上并无明确的上升或下降方向，这就是横向震荡趋势。在这种趋势运行状态下，投资者更宜进行短线波段操作，否则的话，其将会"坐过山车"，无法实现利润

的增长。

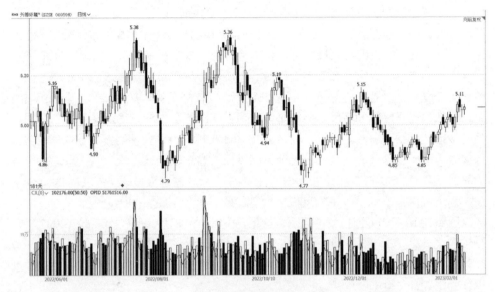

图 4-9　兴蓉环境走势图

3．上升趋势、下跌趋势各分 3 个阶段

为了更好地揭示趋势运行过程，通过不断的研究、总结，道氏理论将上升趋势与下跌趋势各划分为 3 个阶段，理解这种划分方法有助于我们深刻地了解趋势的运行过程及运行规律。

上升趋势的 3 个阶段分别为筑底阶段、上升阶段、探顶阶段。筑底阶段出现在中长期的低位区，是多方力量积聚、市场人气逐步恢复的一个阶段。在筑底阶段，多方力量会不断增强，突破、上升行情呼之欲出。上升阶段是多方力量完全占据主导地位、场外买盘加速入场的一个阶段，股价会加速上扬，且同期也会有宏观经济走势向好、企业盈利能力增强等利好因素的推波助澜。但股价的上涨归根结底源于资金的主要流向。可以说，促成上升趋势的根源是投资者的信心。探顶阶段出现在上升趋势末期，是股市见顶前的冲刺阶段，也是多方力量的最后一次集中释放。在这一阶段，所有的市场信息都令人乐观，投资者情绪高涨，很多不熟悉股市的场外人士也开始入场。但过高的估值状态使得专业人士及投资者不得不以透支企业未来 3 年或 5 年的高速成长为解释的依据。然而，随着指数或股价的屡创新高，成交量不增反减，这是买盘力量越来越弱的表现，也是股市见顶的明确信号。

下跌趋势的 3 个阶段分别是筑顶阶段、下降阶段、探底阶段。筑顶阶段出现在中长期高位区，是空方力量汇聚、市场人气开始涣散的一个阶段。在此阶段，有远见的投资者感到交易的利润已达至一个反常的高度，因而会逢反弹之机抛出所持股票。而场外资金面的匮乏使得股市无力在承接这些抛盘的情形下再度突破、上行。经顶部的不断震荡之后，越来越多的持股者、场外观望者意识到了多空力量的整体转变。空方力量不断增强，空方就会大量抛压，股市也将正式步入快速的下降阶段。在下降阶段，由于买方变少，因而卖方就变得更为急躁，价格跌势陡然加速。除此之外，往往还会伴随着宏观经济走势令人担忧、企业盈利能力下滑、失业人数上升等利空消息，这都加速了股市的下跌。探底阶段出现在下跌趋势末期，呈现股市见底前的最后一波或两波快速下跌走势。此时的股市累计跌幅巨大，处于明显的被低估状态。探底走势虽然也往往较为急落、迅速，似乎让人感觉跌势无止境，但这也正是空方力量最后集中释放的显著标志。与其说是充足的空方力量导致了探底时的急速下跌，还不如说是市场中少量的恐慌性抛盘促成了这种下跌。

图4-10所示为上证指数走势图，这是我国股市涨幅最高的一次牛市（2007年）。股市在这长达近3年的时间内完成了一轮牛熊交替的大循环。借助道氏理论对于升势3个阶段、跌势3个阶段的划分，我们可以更好地把握趋势运行，这对我们进行实盘操作的指导意义也十分重要。

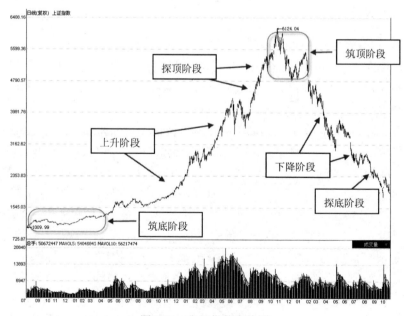

图4-10 上证指数走势图

4．交易量是验证基本趋势的辅助工具

交易量也就是我们所说的成交量，在技术分析领域，成交量被认为是仅次于价

格走势（K 线形态）的第二大盘面数据。道氏理论同样十分重视成交量的作用。道氏理论认为，在趋势运行过程中，成交量可以有效地帮助人们识别趋势、验证趋势。例如，在上升趋势中的量价齐升形态、下跌趋势中的持续缩量形态均可以直观、清晰地反映出当时的趋势运行状态。成交量虽然重要，但道氏理论仍然把价格走势当作第一要义。成交量仅仅是一种辅助性工具，是对价格运动变化的参照和验证，当量能形态无法支持、验证现有的趋势运行形态时，道氏理论告诉我们：还是要以价格走势为准绳。

5. 现行的趋势具有强持续力，直至反转信号出现

一轮趋势一旦形成并开始发展下去，就具有极强的持续力，在没有明显的反转信号出现前，基本趋势会沿着原有的方向持续运行下去。

这说明，我们不可主观臆断趋势的反转，而应遵循市场给出的反转信号。就股市运行的实际情况来说，预示着一轮趋势结束或即将结束的反转信号有很多种。例如，上升趋势末期的"量价背离"形态，顶部区的缩量滞涨、顶部区的头肩顶等反转形态，底部区的双重底等反转形态。

道氏理论的五大核心原则，全面、系统且不失深度地论述了股市的趋势运行规律。虽然道氏理论是以平均指数（大盘指数）为研究对象的，但这些结论同样适用于个股。可以说，趋势运行规律不仅适用于股市，也适用于个股。

4.3.3 箱体理论的由来

尼古拉斯·达瓦斯原是一名舞蹈演员，他入市时仅有 3000 美元，在 18 个月的时间内净赚 200 万美元。在《我如何在股市赚了 200 万》一书里，他将自己的成功归结为一种实战性极强的操作理论——箱体理论。

尼古拉斯·达瓦斯在进入股市之后，一边展开实战，一边广泛研究个股走势、翻阅大量投资书籍。在此基础之上，他发现了股价运行的规律。其实，这个规律我们都了解，但在实际运用时往往会忽略它，这就是趋势运行规律。

尼古拉斯·达瓦斯是这样表述的："我翻看各种书籍，分析股市行情，观察百张个股走势图。当我深入研究这些个股走势时，我开始了解以前从不知道的有关股价走势的一些知识。我开始认识到，股价走势并不是完全杂乱无章的。股票并不是像气球一样没有方向地乱飞。就像受到地球的吸引力一样，股价总是有一个明确的上涨或下跌趋势，这个趋势一旦确立就会持续。股价总是沿着这一趋势展开一系列波动，我将其称为'箱体'。股价会在高低点之间不断波动。围绕这一涨跌波动区间画出的区域就代表一个箱体。"

4.3.4 箱体理论的操作之道

箱体理论认为价格的走势是以箱体的方式呈现出来的，所谓的"箱体"就是指股票在运行过程中形成了一定的价格区域，即股价是在一定范围内波动的，这样就形成了一个股价运行的箱体。箱体理论指出，当股价滑落到箱体的底部时会受到买盘的支撑，当股价上升到箱体的顶部时会受到卖盘的压力，当股价持续在这样一个类似箱体的区域范围内运动时就构成箱体运动形态。

箱体理论指出，股票不可能总在一个箱体中运动，当股价有效突破原箱体的上沿或跌破原箱体的下沿时，股票就会进入一个新的箱体中运行，原箱体的上沿或下沿将转变成新箱体的支撑位或阻力位。因而，当股价有效突破箱体上沿后，投资者可以追涨买股。但是，若个股随后无法形成一个新的、位置更高的箱体，则投资者应设定好止损点，及时卖出。

对箱体理论的追涨买股操作方法，可能很多投资者并不理解。其实这种操作基于两个原理：一是顺应趋势发展方向，二是只操作强势股。箱体理论可以说是一种顺势而为的操作性理论，这一理论特别适用于震荡市及升市。此时，它是强势股启动时明确的买卖信号，而且利用箱体理论，我们可以避免被深度套牢，从而保证本金的安全。

图 4-11 所示为钒钛股份走势图。在经历了低位区的长期震荡之后，此股逐步上行，突破了此前震荡走势所构筑的箱体区域。依据箱体理论，这是多方力量经箱体震荡后力量明显增强且开始大力进攻的标志，预示着一轮突破行情的展开。在实盘中，投资者要顺应多空力量的这种转变，及时地买股入场布局，顺势而为进行操作。

在应用箱体理论时，投资者也应注意技巧。其中，最为重要的就是辨识突破后快速转向的风险。一般来说，如果个股的箱体区域上下震荡幅度较大，且在突破时无明确的大阳线或涨停板标志，则这种突破的真实性较差，不宜追涨买入。

图 4-12 所示为永安林业走势图。此股在高位区出现了宽幅震荡走势，同样构筑了一个箱体区域。随后，个股突破了箱体上沿，并立于箱体上沿之上。但有两点值得注意：一是个股此前的箱体震荡幅度巨大，且这一箱体位于中长期的高点，限制了个股的后期上涨空间；二是在突破箱体上沿时，并没有出现大阳线或涨停板等明确的突破信号。一般来说，这是多方力量不足的标志，并不是突破可靠的表现。在实盘中，对于这种突破箱体上沿的形态，不宜追涨买入。

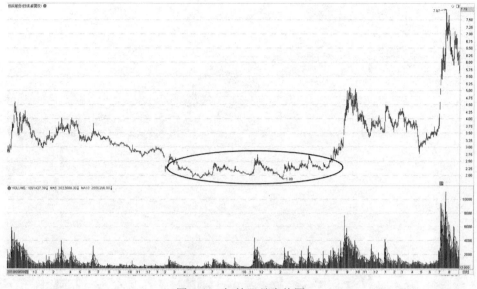

图 4-11 钒钛股份走势图

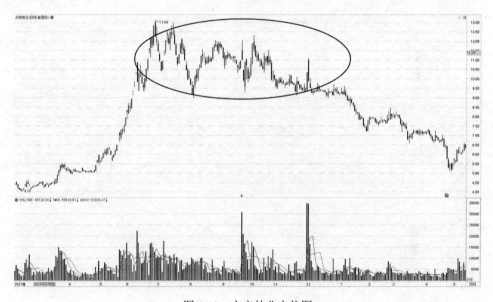

图 4-12 永安林业走势图

图 4-13 所示为中南股份走势图。此股在高位区出现了长时间的横向震荡走势，构筑出一个箱体区域。随后，个股以一个大阴线形式跌破了箱体下沿，这是空方力量得到明显增强且开始大力攻击的标志，预示着一轮急势破位行情的展开。在实盘中，如果投资者在震荡走势中买股入场，又没有及时地卖股离场，那么此时的这种箱体下

沿被快速跌破的形态就是明确的止损离场信号。

图 4-13　中南股份走势图

第 5 章
蜡烛图：古老的东方智慧

蜡烛图（又称 K 线图）是投资者必须掌握的基础知识，它以特有的内在含义及形象的名称在投资市场中发挥着非凡的作用。投资者在学习任何一种技术分析方法前，都必须先学习 K 线知识，以 K 线为基础，才能掌握和运用更多的技术分析方法。

5.1 蜡烛图概述

一个单位交易时间的 4 种基本要素都在蜡烛图中有所体现。所以我们打开任何一款技术分析软件，首先映入眼帘的必然是蜡烛图，配以移动平均线（Moving Average，MA）、成交量及摆动指标，只要涉及技术分析，大多数是以蜡烛图为基本分析工具的。但有些人秉承了西方的技术分析流派，他们会选择竹节图作为基本分析工具。那么这两种图孰优孰劣呢？我们可以做一下对比，如图 5-1 及图 5-2 所示。

通过图 5-1 和图 5-2 的对比，如果请你做出选择，估计你已经有了答案。蜡烛图在视觉方面，显得更加直观、饱满，开盘价和收盘价的位置更加明显，并且表示上涨与下跌的颜色不同（在本书中看不出），使人一眼便能知晓这一天的价格运行轨迹。

蜡烛图的颜色反映出了东方哲学的内涵。通常蜡烛图在分析软件中上涨多以红色或白色来表示，下跌多以绿色或黑色来表示，这使股价涨跌的变化非常直观明了，易于判断。

我们讲到有关蜡烛图的形态分析时，甚至会以蜡烛图的颜色来命名这些蜡烛图形态的名称，因为这类名称生动、形象地反映了市场上发生的变化。假如你现在对蜡烛图一无所知，请看一下这几幅蜡烛图的名称，是否能让你对股市的后势变化做出预测？例如，曙光初现、乌云盖顶、流星线、上吊线，等等。观其名，知其形。显然，曙光初现，带来朝气和希望，预示着后势将要上涨；乌云盖顶、流星线、上吊线等，充满了不祥的、压抑的征兆，预示着后势将要下跌。

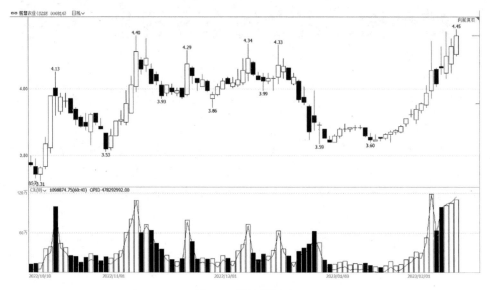

图 5-1　蜡烛图图示

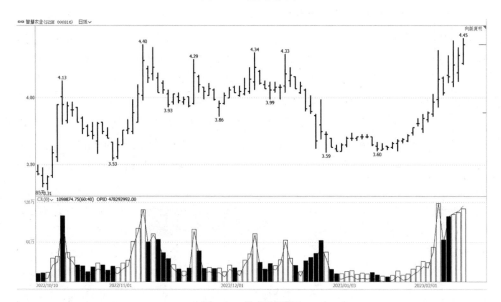

图 5-2　竹节图图示

5.2 上涨与下跌蜡烛图的画法

当一天的价格走势运行结束之后，如果收盘价高于开盘价，则代表股价在这个单位交易时间内是上涨的。那么，在这个单位交易时间内，股价达到的最高点被称为最高价，股价达到的最低点被称为最低价。开盘价和收盘价之间用矩形来表示，称为实体。最高价与最低价在矩形的中央，分别用两根线段来表示，叫作上影线和下影线。我们将这样的形态称为阳线。图 5-3 所示为阳线的内部走势与表示形态。

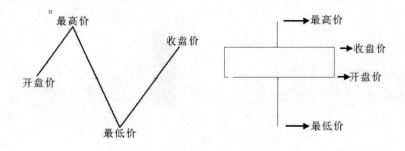

图 5-3 蜡烛阳线的内部走势与表示形态

相反，如在这个单位交易时间内，收盘价低于开盘价，则称之为阴线。开盘价和收盘价之间用矩形表示的为阴线实体，用黑颜色将它填实，表示在该单位交易时间内，股价是下跌的。图 5-4 所示为阴线的内部趋势与表示形态。

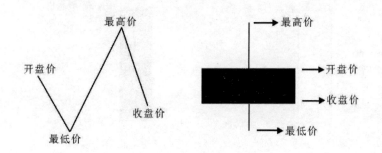

图 5-4 阴线的内部走势与表示形态

5.3　长实体阳线与阴线的意义

长实体阳线往往代表股价涨势强劲，说明市场情况比较乐观，但若股价上涨的尾声出现，也许会另有深意。例如，高位天量长阳，则隐喻市场可能见顶。这需要通过整体的技术分析与其他蜡烛图配合使用才能得出概率较大的结论，单独一根长实体阳线，只能说明在这一单位时间内的上涨动能很强。

长实体阴线与之相反，代表着极其疲弱的走势，若出现于下跌趋势的尾部，并且成交量极少，则有可能是下跌趋势的尾声（见图5-5）。

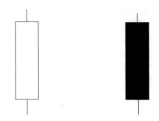

图5-5　长实体阳线和阴线

在极端情况下，这种涨势极强或跌势极强的交易时间内通常不会出现震荡走势，而是直接上涨，或者直接下跌。例如，阳线，开盘价便是最低价，收盘价也是最高价；而阴线，开盘价便是最高价，收盘价也是最低价。这种蜡烛图，被称为光头光脚阳线或阴线，其比长实体阳线或阴线有更大的上涨/下跌力度（见图5-6）。

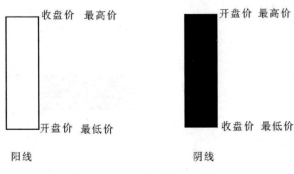

图5-6　光头光脚阳线和阴线

5.4　小实体 K 线的意义

小实体 K 线的实体部分较小，而上下影线也相对较短，我们将其称为星线（见图 5-7）。通常这类 K 线表示市场多空双方已暂时达成妥协，没有任何一方主动进攻，市场陷入暂时的休整状态。但是，如果这类 K 线与其他 K 线组合在一起，根据其出现的位置不同，则具有不同的意思。例如，黄昏之星是出现在市场顶部的反转形态，而启明星是出现在市场底部的反转形态。星线甚至可以与较长的阴线或阳线构成孕线形态。星线的用途很广泛，而蜡烛图分析的难点和重点也正是对星线的分析与使用。例如，在前进白色三兵形态中，如果出现星线，则代表了后势动能已经衰弱，市场极可能已陷入停顿状态。

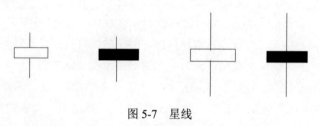

图 5-7　星线

较长的上下影线代表当日的交易情况比较激烈，若辅之以较大的成交量，则说明当日的交易已经处于白热化状态。小实体 K 线若出现在特殊的 K 线组合中，则具有极其重要的参考价值。

5.5　具有长上影线的 K 线的意义

长上影线代表着该日交易中多方首先将价格推高，但收盘前最终还是被空方压制住了。这说明了空方的力量要远远强于多方的力量。若长上影线出现在市场的顶端，则说明市场中看跌的意愿非常强烈。若长上影线出现在市场的底部，则具有向上反转的可能性。请注意，我们一直在说的是可能性，它需要在其他 K 线的辅助分析下才能定性。

例如，流星线形态便是出现在市场顶部的看跌反转形态。再如，倒锤子线便是出现在市场底部的看涨反转形态。此类形态出现在市场顶部的意义大于出现在市场底部的意义。因为此类形态的实体较小，所以实体的颜色无关紧要，也就是说，无论它是阴线还是阳线，都不影响其作用的发挥。在此类形态中，重点要研究的是它的长上影线（见图 5-8）。

图 5-8　具有长上影线的 K 线

5.6　具有长下影线的 K 线的意义

与具有长上影线的 K 线呈上下镜像的一种 K 线为具有长下影线的 K 线，如图 5-9 所示。在当日交易中，空方首先将价格拉低，但在最终收盘前，多方又将价格推回至开盘价附近的水平，这说明市场中买方的力量要强于卖方的力量。此类形态不论出现在市场的顶部还是底部，都具有比较强烈的反转意义。同样，此类形态的实体部分也很小，所以它的实体颜色也是无关紧要的，阴线或阳线在这里所代表的意义可以忽略，我们应将重点放在它的长下影线上。例如，上吊线是出现在市场顶部的看跌反转形态，锤子线是出现在市场底部的看涨反转形态。这类形态不论出现在市场的顶部还是底部，它们所具有的反转意义都是相同的。

图 5-9　具有长下影线的 K 线

5.7　无实体 K 线的意义

无实体 K 线在市场中，较其他 K 线形态是比较少见的。它的开盘价与收盘价处于同一价位，通常被称为十字线。它具有非凡的意义，比普通星线具有更强的反转意愿，这是这种 K 线的特质。当其出现在市场顶部时，其反转意义相较于星线更为强烈，它代表市场买卖双方处于胶着状态，不分胜负，保持着极度微妙的平衡。如果这类形态出现在市场顶部，则说明买方力量不足以继续推动股价上涨，而抛盘力量有所增强，一旦空方抛盘力度增强，股价将毫不犹豫地向下急泄。同样，如果此类形态出现在市场底部，那么一旦多方向上推动的力度增强，股价也将快速上扬。

　　由于价格自身重力的原因，此类形态出现在市场顶部时，反转力度要大于底部反转，如图 5-10 所示。

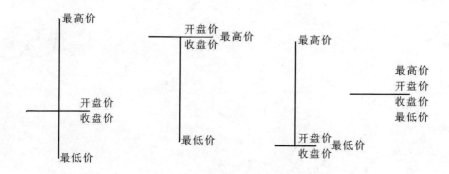

图 5-10　无实体 K 线

　　只有上影线而没有下影线的星线如果出现在市场顶部，则称之为"死亡墓碑"。它的名字本身便具有不祥的征兆，属于流星线一类的反转形态，同时具备了星线的意义，是更强烈的流星线形态。

　　只有上影线而没有下影线的 K 线，通常被称为丁字线。当它出现在市场顶部或底部时具有反转预期的作用，它兼有了锤子线、上吊线和十字星线的多重含义，不论是出现在市场顶部还是市场底部，都不可掉以轻心。

　　另外，前面所讲述的十字星线如果与之前的长阴线、长阳线组合出现，则被称为十字孕线。当其出现在市场顶部或底部时，同样具有重要的意义，相较于普通孕线有更大的反转力量。

　　蜡烛图或竹节图中的"一字线"，往往代表着市场中极端的表现，如涨停或跌停。

　　以上所讲的这些图形，几乎囊括了所有可能出现的 K 线形态，将它们排列组合，再根据其在市场出现的位置加以判断，便会对以后市场的研判产生重要的影响。市场是有语言的，而蜡烛图便是市场语言的具体表现，读懂了蜡烛图的变化，也就读懂了市场的变化。

5.8　K 线发出的买入信号

在各类分析工具中，K 线发出的信号往往要早于其他项，因此具有一定的超前性，这就为投资者实现低价买入、高价卖出的目标带来了便利。图 5-11 所示为顺鑫农业日 K 线图。在股价下跌的末期出现了一个看涨吞没的形态组合，根据此信号，投资者可以做出买入的决策。

图 5-11　顺鑫农业日 K 线图

5.8.1　阳锤子线

阳锤子线是在市场上不经常出现的一个反转信号，如图 5-12 所示。首先，它必须是一根阳线；其次，该阳锤子线的实体非常小，下影线很长（最少要达到实体的两倍），上影线不存在或非常短。当阳锤子线出现后，就标志着市场的底部已经到来，未来价格可能开始向上反转。因此，投资者可以在第二天开盘时少量买入股票，以实现低价买入的目标。

图 5-13 所示为湖北能源日 K 线图。图中标注的是一根阳锤子线。该阳锤子线出现在市场底部，因此具有很强的反转效力。未来股价开始向上反转，因此此时的阳锤子线就处于当前

图 5-12　阳锤子线

的最低点附近。如果在 K 线出现后，投资者做出了买入的决策，那么其就是以最低价买入的。

图 5-14 所示为张裕 A 日 K 线图。在此例中，阳锤子线出现在震荡行情的底部（这也具有一定的反转效率），说明在盘整行情的下边界附近遇到了多头的强烈回击，股价将会向上运行。因此，投资者可以在此时买入股票，进行短线操作，当股价运行至盘整行情的上边界时再卖出股票，获利了结。

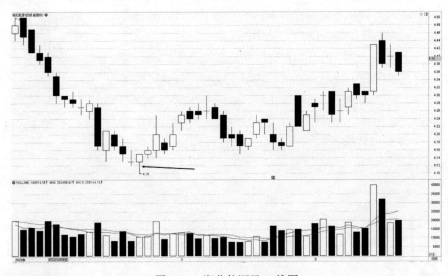

图 5-13　湖北能源日 K 线图

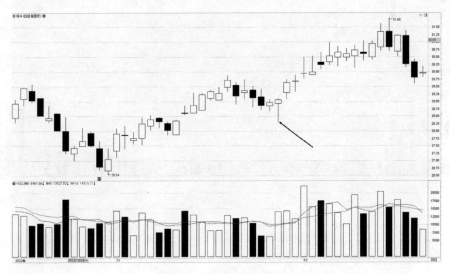

图 5-14　张裕 A 日 K 线图

5.8.2 阴锤子线

阴锤子线与阳锤子线类似，外观形态基本相同，都具有长长的下影线，实体较小，上影线不存在或很短，下影线的长度是实体的两倍以上。阴锤子线与阳锤子线最大的不同是它在当天会收成一根阴线，因此尽管阴锤子线也具有一定的反转效力，但其力量与阳锤子线相比稍微逊色。投资者在看到阴锤子线出现后，可以在第二天开盘后观察股价是否真的发生了反转，然后再决定是否买入股票。图 5-15 所示为阴锤子线。

图 5-16 所示为华联股份日 K 线图。在剧烈下跌的行情末期，出现了阴锤子线形态，这标志着下跌的趋势有可能发生变化。而第二天出现一根阳锤子线，说明多头已经占据了主动，因此短线投资者可以抓取反弹行情买入股票，而且在此时买入股票的投资者基本上是在此次暴跌行情的最低点附近买入的。

图 5-15　阴锤子线

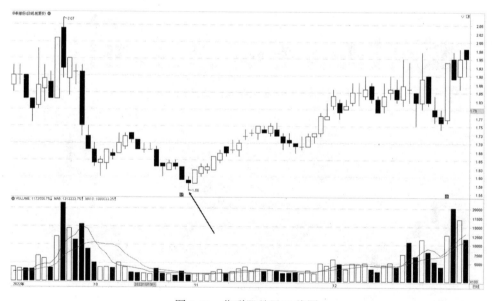

图 5-16　华联股份日 K 线图

图 5-17 所示为海信家电日 K 线图。股价在上升到阶段性高位时开始了回调，回调的末期正是由一根阴锤子线结束的。

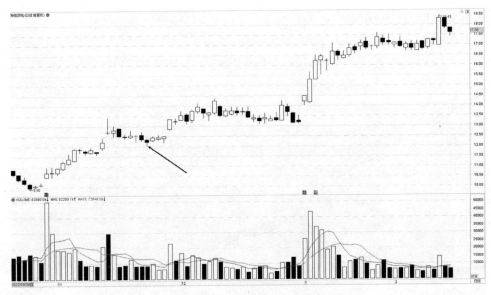

图 5-17　海信家电日 K 线图

5.8.3　穿越压迫线

当股价经过大规模的上涨之后，某一天空头开始反击，形成了一根大阴线，穿过了前一日的 K 线实体，这根大阴线被称为压迫线。穿越压迫线形态如图 5-18 所示。在压迫线出现后，如果股价没有暴跌，而是在小幅调整后继续上扬，则说明多头的力量仍然比较顽强，此次下跌只是一个短暂的休整过程。一根大阳线突破了覆盖线的最高点，就说明新的买入信号出现了，未来股价将在多头的推动下继续上涨。

图 5-19 所示为四川双马日 K 线图。该图中第一个箭头标注的 K 线是一根压迫线，当天大阴线吞没了之前的阳线实体，说明多头在此处受到了空头的阻击。但是此后股价并没有大幅下跌，而是横盘调整，在第二个箭头指向的位置出现了一根大阳线，而且依然保持着顽强的推动力。因此投资者可以在此时买入股票，而且该股的价格未来的上涨速度是十分迅速的。

图 5-18　穿越压迫线形态

股价在上升的走势中，往往会出现阶段性盘整。这时穿越压迫线形态就会经常出现在盘整行情中。图 5-20 所示为中国重汽日 K 线图。从图 5-20 中可以看到，在股价上涨的过程中，盘整环节经常出现穿越压迫线形态。当阳线突破了之前的压迫线时，就说明盘整即将结束，多头将继续推高股价。因此，没有入场的投资者可以利用股价刚刚突破覆盖线的时机立即入市，从较低的价位开始谋求后面的利润空间。

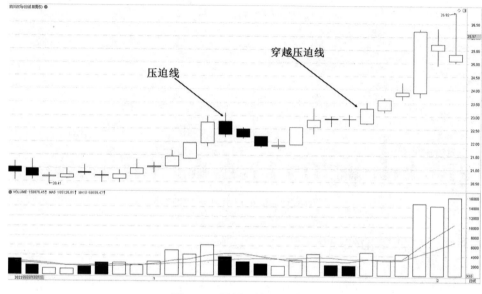

图 5-19　四川双马日 K 线图

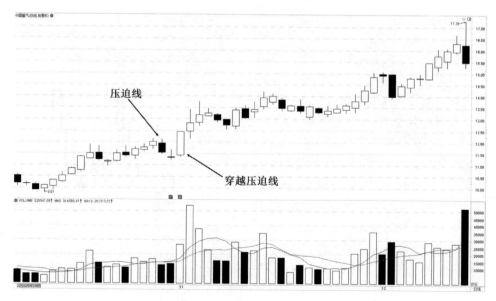

图 5-20　中国重汽日 K 线图

5.8.4　上升三法

　　图 5-21 所示为上升三法形态。该形态要求第一根 K 线是一根大阳线，代表了原有的上涨趋势，之后出现了连续 3 日的下跌行情，但是下跌的幅度非常小，整体上均在第一天的大阳线范围之内，也就是说连续 3 日的下跌都没有突破大阳线的范围，因此说明下跌的空间非常有限。当最后一天的一根大阳线向上突破时，说明多头继续占据市场的主动性，前 3 日的小幅下跌仅仅是多头的休整而已。因此在该形态出现后，投资者应该积极地进场做多。

　　需要注意的是，上升三法形态的前后两根大阳线之间的 K 线不一定是 3 根，可以是一根、两根、若干根，只要这些 K 线的波动幅度足够小，且不超出第一根大阳线的范围即可。另外，中间调整小 K 线的"阴阳"并不影响整体形态的指导意义。

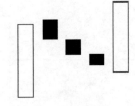

图 5-21　上升三法形态

　　图 5-22 所示为华东医药日 K 线图。股价在经历了市场的底部之后开始上扬，在上扬的前期就出现了两个上升三法形态。尽管两根大阳线之间夹杂了一到两根 K 线，但是其仍为上升三法形态，因为这些 K 线均运行在第一天的大阳线范围之内。因此，当最后一根大阳线出现后，就标志着股价将会继续上扬，投资者应该在此时积极购买股票博取后市的收益。

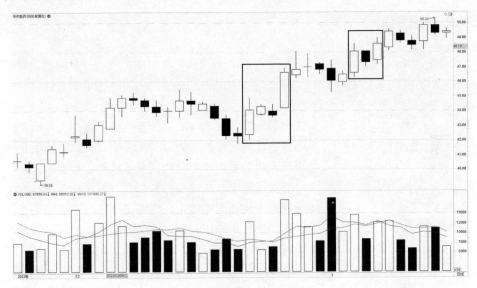

图 5-22　华东医药日 K 线图

图 5-23 所示为远望谷日 K 线图。在整个股价上扬的过程中，先后出现了多个上升三法形态，而且每个上升三法形态出现后，股价都被多头推动着向上攀升一个平台。整个股价的走势就是这样以攀升多个平台的方式稳步向上运行的。如果在每个上升三法形态出现后，投资者都能够积极地入市，则可以实现巨大的经济利益。

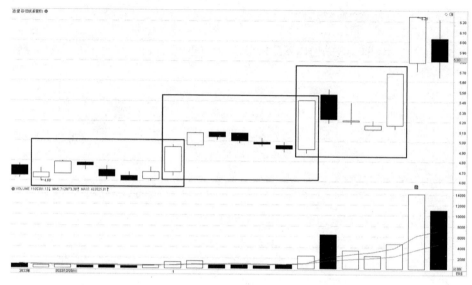

图 5-23　远望谷日 K 线图

5.8.5　启明星

图 5-24 所示为启明星形态，顾名思义，就是指在黑暗中出现的一颗星星，它预示着光明将要到来。在股市中，如果启明星出现了，就意味着下跌行情有可能将要结束，未来将会出现一轮上涨行情。

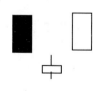

图 5-24　启明星形态

启明星形态由 3 根 K 线组合而成，第一根 K 线是一根阴线，说明原有的趋势为下跌趋势。第二根 K 线是一根星线，星线是阳线还是阴线并不重要，重要的是星线本身的实体较小。最后一根 K 线是一根阳线，阳线的实体深深刺入阴线的实体中，说明多头占据了市场的主动性。当启明星形态出现后，往往标志着股价的反转，因此投资者可以在此时买入股票。

图 5-25 所示为智光电气日 K 线图。该图中标注的就是启明星形态，该形态出现后，之前的下跌行情结束，股价开始了向上的反弹过程，因此一个阶段性的底部在此时出现了。当启明星形态的最后一根阳线出现后，投资者如果能够立刻入场，那么此时的

买入价离最低价还是很近的。

图 5-25　智光电气日 K 线图

　　图 5-26 所示为芭田股份日 K 线图。股价在连续下跌了多个交易日之后，出现了 3 根星线，此后一根大阳线出现，形成了一个启明星形态。大阴线经过了星线后形成了大阳线，说明在市场中多头已取代了空头的地位，投资者可以在此时买入股票。从后市的走势图中也可以看到，此时的买入价十分接近最低价。

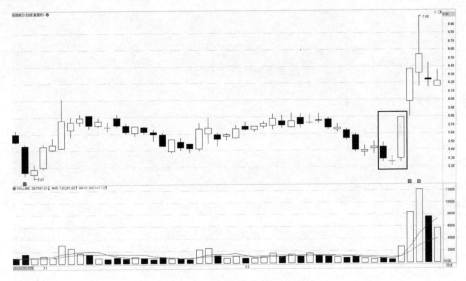

图 5-26　芭田股份日 K 线图

5.8.6　三个武士

图 5-27 所示为三个武士形态。该形态出现在上涨行情中，要求每根 K 线的开盘价都位于前一日 K 线的收盘价附近，而每一日的收盘价都在当天的最高点附近。连续 3 天的阳线表明多头能够稳步地向上推升股价，空头似乎没有还击的能力。尽管此形态出现在上涨行情中，已经不是市场的最低点，但是因为它标志着未来股价依然能够稳步向上，因此投资者可以在此时追高买入。

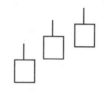

图 5-27　三个武士形态

图 5-28 所示为尚纬股份日 K 线图。股价在上涨行情中出现了三个武士形态，这说明股价经过中间的休息已经远离最低价，但是依然具有向上的动力，而且多头可以稳定地控制股价向上运行。投资者在此时可以积极入场，谋取后面的上涨利润。

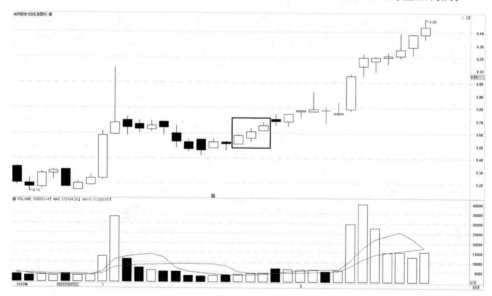

图 5-28　尚纬股份日 K 线图

图 5-29 所示为潍柴动力日 K 线图。股价在上涨的过程中，受到了移动平均线的

支撑，而且出现了三个武士形态。此形态出现后就标志着股价将要继续上行。因为三根 K 线的实体过大，因此投资者可以在股价稍微向下回调时买入股票，以寻找更低的价位入场。

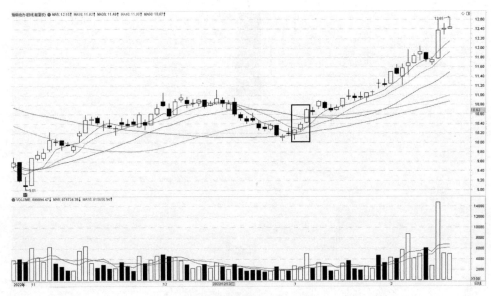

图 5-29　潍柴动力日 K 线图

5.8.7　看涨孕线形态

看涨孕线形态一般出现在市场底部或阶段性底部，该形态的出现往往意味着行情将要向上反转。图 5-30 所示为看涨孕线形态。在该形态出现之前有一段明显的下跌行情，该形态的第一根 K 线是一根阴线，代表原有的下跌趋势；后面一根 K 线是一根阳线，而且阳线的实体非常小，完全被第一根阴线的实体所包含。也就是说，第二根阳线的开盘价和收盘价都位于前一根阴线的实体范围之内。在暴跌的行情出现之后，小阳线取代了大阴线，这说明股价在底部遭到了一定的反击。因此，投资者可以在此时少量买入股票，一旦股价成功向上反转，则此时的买入价就是最低价。

图 5-31 所示为荣泰健康日 K 线图。股价在连续下跌之后，出现了一根孕线，阳线平开高走，尽管其最终的实体不大，但是已经说明原有的下跌趋势放慢了脚步。因此短线投资者可以在此时少量买入股票，寻求向上的反弹行情。从后市走势可以看到，尽管股价没有成功向上反转，但是这个看涨孕线形态的出现还是引发了一轮向上的反

弹行情，因此在此时买入的投资者还是可以获得一定利润的。另外，在看涨孕形态出现时买入股票，最大的优势就是买入价非常低，十分接近最低价。

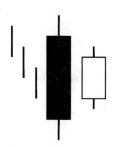

图 5-30　看涨孕线形态

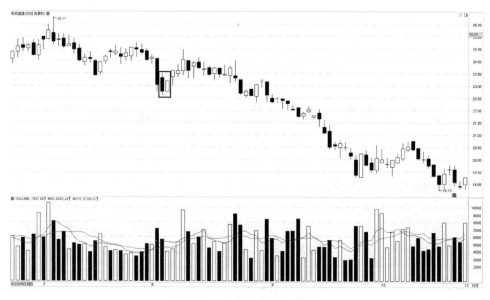

图 5-31　荣泰健康日 K 线图

图 5-32 所示为骏亚科技日 K 线图。股价在 9.64 元这个价位创出了新低，并在其后形成了一个看涨孕线形态。尽管阳线的实体非常小，似乎仅凭单一的一根阳线难以做出向上反转的决策，但是如果与之前的阴线结合在一起，这个看涨孕线形态就可以发挥出它的反转效力。此时，投资者可以用十分接近 9.64 元的低价买入股票，而且未来股价会大幅向上反弹，至少存在 20% 的利润空间。

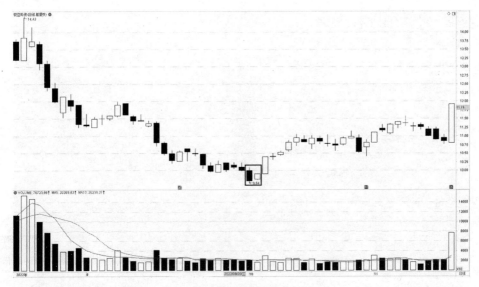

图 5-32　骏亚科技日 K 线图

5.8.8　上涨刺透形态

上涨刺透形态一般出现在市场的底部，具有很强的反转效力。如图 5-33 所示，该形态由两根 K 线组合而成，第一根 K 线是一根阴线，第二根 K 线是一根阳线，该阳线的开盘价低于前一根阴线的收盘价。也就是说，在开盘时出现了跳空低开的情况，但是当天形成了阳线，收盘价在前一根阴线的中心点以上，阳线实体深深刺入前一根阴线的实体中。这就说明在市场的低位，多头予以了充分的回击，空头的强力势头被多头所动摇。

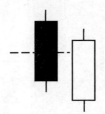

图 5-33　上涨刺透形态

图 5-34 所示为亚振家居日 K 线图。股价在上涨的过程中出现了一次短暂的回调，当股价受到长期移动平均线的支持时，出现了一个上涨刺透形态。这就说明股价将继续上涨，原有的回调行情即将宣告结束。因此，投资者应该在此时立刻入场，

这是此次回调的最低价。

图 5-34　亚振家居日 K 线图

　　图 5-35 所示为建霖家居日 K 线图。当股价达到 10.42 元时，创出了整个下跌行情的新低。但是此时一个上涨刺透形态出现了，这就说明股价很可能到达了一个阶段性底部。此时买入股票的投资者是以极低的价格来买入的，因此风险相对来说非常小，一旦股价成功向上反转，则其未来获取的收益巨大。

图 5-35　建霖家居日 K 线图

5.8.9 上涨插入形态

图 5-36 所示为上涨插入形态。从外观上看，上涨插入形态与上涨刺透形态非常相似，但是二者有本质的区别。由于上涨插入形态要求第二天的收盘价在前一日的收盘价附近，因此其反转效力不及上涨刺透形态强烈。但其依然不失为一种常见的见底信号，激进的投资者可以在看到上涨插入形态后寻找低点入场。

图 5-37 所示为韩建河山日 K 线图。前一日股价大幅下跌，形成了一根大阴线，一根阳线的出现标志着空头的能量被多头吞噬，因此股价很有可能会继续上涨。投资者可以在第二天观望股价是否成功向上反转，当后一个交易日出现一根阳线时，说明之前的上涨插入形态成立，投资者就可以在后面的交易日逢低进场做多了。

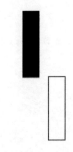

图 5-36 上涨插入形态

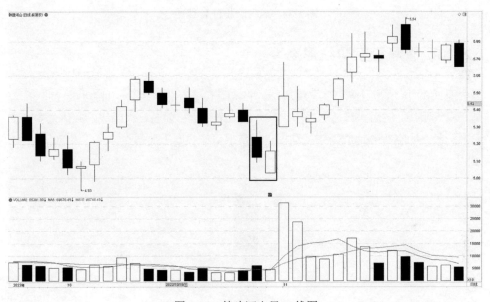

图 5-37 韩建河山日 K 线图

图 5-38 所示为东阿阿胶日 K 线图。在股价盘整的后期，出现了上涨插入形态，股价将受到盘整行情底部的支撑，继续向上反弹。短线投资者根据这个信号，可以做出买入的决策。此时的买入价在盘整行情的最低点附近，而获利价可以设定为盘整行情的上限。因此，此信号可以为投资者带来不小的收益。

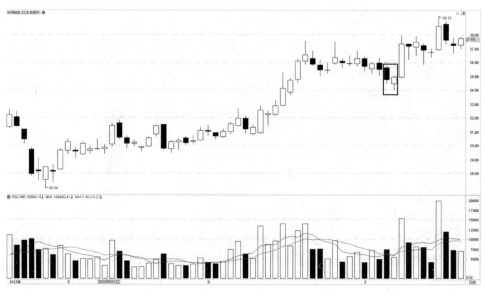

图 5-38　东阿阿胶日 K 线图

5.8.10　看涨十字孕线形态

图 5-39 所示为看涨十字孕线形态。它实际上是看涨孕线的一种变体，前一日也是一根大阴线，但后一日是一根十字线，且十字线位于前一日大阴线的实体之中。该形态一般表明空头的地位受到了动摇，后市很可能会向上反弹。

图 5-39　看涨十字孕线形态

图 5-40 所示为中兵红箭日 K 线图。在股价下跌末期，出现了一个看涨十字孕线形态，尽管该形态已有极小的实体存在，但是与其长长的上下影线相比，该实体可以忽略不计，因此可以认定其为看涨孕线的一种变体。该形态的出现结束了原有的暴跌行情，开启了股价向上反弹的过程。

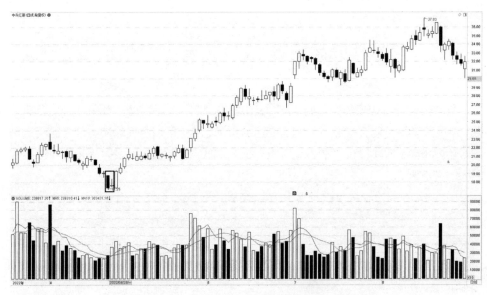

图 5-40　中兵红箭日 K 线图

图 5-41 所示为长虹美菱日 K 线图。在股价下跌末期，出现了一个看涨十字孕线形态。此后股价开始飙升，因此，在看涨十字孕线形态出现后买入股票的投资者可以抓住整个波段的收益。因为他们的买入价是十分低的，可以说已经买在了市场的低点上。

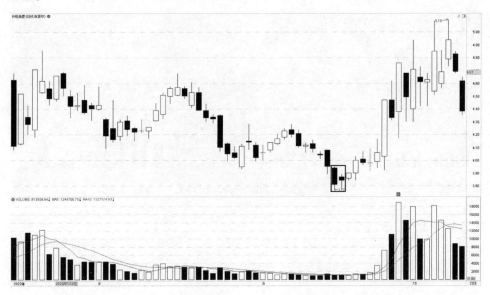

图 5-41　长虹美菱日 K 线图

5.9　股价高位K线最先发出卖出信号

当股价运行到市场的高位时，及时卖出股票才可以兑现利润。如果信号出现滞后性，则投资者很可能会把原有的利润交还给市场，因此早期出现的卖出信号比买入场信号还要重要。即使投资者在入场时没有抢到最低点，如果能够及时逃顶也可以拥有巨大的经济利润。

图5-42所示为岭南控股日K线图。当股价运行至4.57元附近时，达到了整个上涨行情的顶峰，此时移动平均线依然给出了多头排列状态。但是从图5-42中投资者可以发现危险的降临，因为长长的上影线往往标志着在上方有强大的空头压力，因此股价是否能够继续向上运行存在很大的未知数。有的投资者会在此时平仓离场。

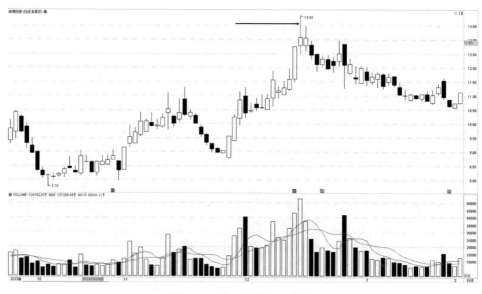

图5-42　岭南控股日K线图

5.9.1　阳上吊线

图5-43所示为阳上吊线形态。该形态由单一的一根K线构成，K线的实体非常小，上影线几乎不存在，下影线极长，最少要达到实体的两倍，而且当天要收成一根

阳线。这表明空头在盘中曾经占有极大的优势，尽管多头予以了充分的还击，但是一旦未来多头的能量不足，空头将大幅向下压股价。因此，阳上吊线形态的出现是并不常见的一个信号，是对投资者获利了结的提醒。

图 5-43　阳上吊线形态

图 5-44 所示为宝塔实业日 K 线图。股价最高点处出现了一个阳上吊线形态，这是危险到来的一个前期信号，投资者应该在此时获利了结、离场。后一个交易日跳空低开低走，当天收成长阴线，因此投资者在阳上吊线形态出现后及时获利了结、离场是十分明智的。

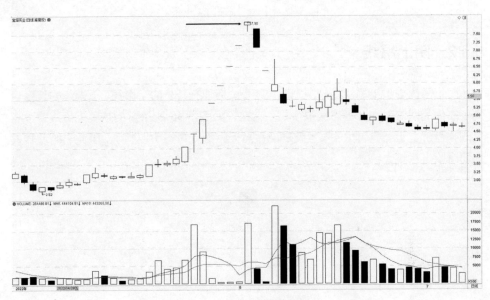

图 5-44　宝塔实业日 K 线图

图 5-45 所示为中油资本日 K 线图。股价在达到 8.5 元时创出了新高，但是由于当天空头在盘中发力，形成了一根长长的上影线。这是一个危险的信号，此时投资者如果没有卖出股票，那么在第二天看到阳上吊线形态时也应该迅速离场。

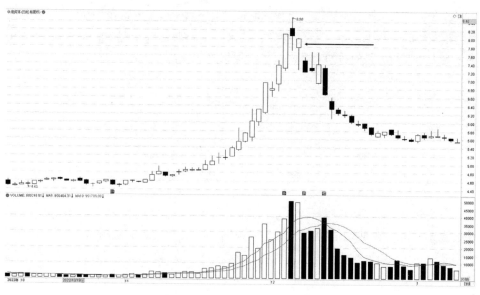

图 5-45　中油资本日 K 线图

5.9.2　阴上吊线

阴上吊线与阳上吊线在外观上比较相似，都具有长长的下影线，下影线的长度达到了实体的两倍以上，上影线很少或不存在，如图 5-46 所示。但是阴上吊线要求当天的收盘价位于开盘价之下，也就是说在当天股价就被空头控制了，因此它的反转效力要比阳上吊线大。

图 5-46　阴上吊线形态

图 5-47 所示为仁和药业日 K 线图。当股价达到阶段性高点，而且当天收成了一根中阳线时，没有出现任何离场的信号。但是股价在第二天出现了阴上吊线形态，这就给市场带来了几分"悲观"的色彩，投资者应该在下一个交易日前尽早离场。

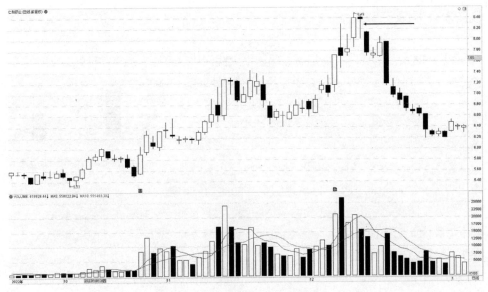

图 5-47　仁和药业日 K 线图

　　图 5-48 所示为聆达股份日 K 线图。从图 5-48 中可以看到，上吊线引发了回调的行情。因此，如果投资者想进行短线操作、实现波段利益、不被回调的行情吞没原有的利润，则应该在阴上吊线形态出现后尽快卖出手中的股票、及时离场。

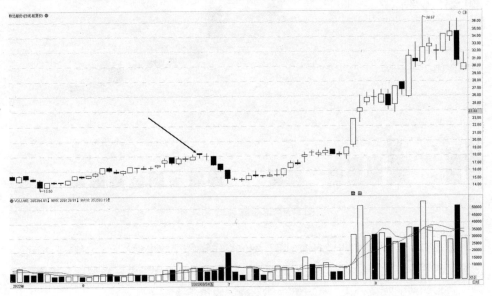

图 5-48　聆达股份日 K 线图

5.9.3 下降三法

图 5-49 所示为下降三法形态。第一根大阴线代表着原有的下跌行情，此后出现了连续 3 根小阳线，说明多头在予以反击。但是阳线的实体较小，连续 3 日的上涨空间都没有超过最初的下跌而去，说明上涨的势头不大。最后一根阴线指明了方向，继续下跌。

图 5-49　下降三法形态

图 5-50 所示为鹭燕医药日 K 线图。股价在下跌过程中出现了一个向下的跳空缺口，说明空头的实力非常强劲。在跳空阴线之后出现了连续两根小阳线，但是没能突破阴线的范围，最后，一根向下暴跌的大阴线使行情继续下跌。至此，一个略为简单的下降三法的变体形态就出现了，尽管两根阴线之间的阳线只有两根，但是同标准的下降三法形态一样，都具有卖出的警告含义。如果此时没有获利离场，则投资者将被带向"无底深渊"。

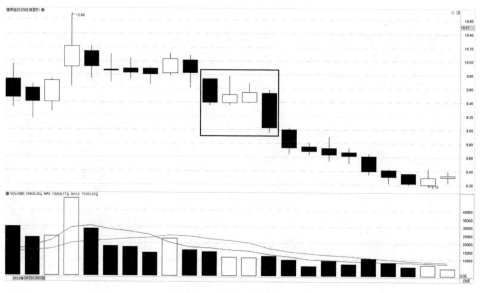

图 5-50　鹭燕医药日 K 线图

图 5-51 所示为濮阳惠成日 K 线图。股价在市场的顶部出现了一个下降三法形态。一根大阴线之后的连续两根 K 线都没能向上突破阴线的开盘价。当最后一根阴线突破第一根阴线的收盘价后，标志着顶部形成，股价将大幅下跌。

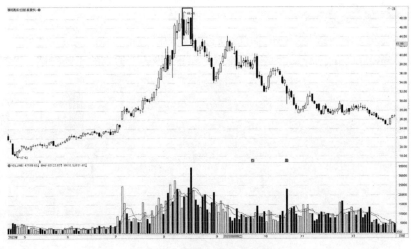

图 5-51　濮阳惠成日 K 线图

5.9.4　高位大阳线

高位大阳线是指在高价位出现了一根大阳线。投资者此时一般不能根据大阳线来进行追涨，因此获利离场是最明智的选择。

图 5-52 所示为中化国际日 K 线图。从该图中可以看到，在高价位时出现了一根光头光脚大阳线，而在此之前股价已经有了不小的涨幅，因此在这根大阳线出现后，警觉的投资者不会根据此阳线来买入股票，相反还会据此做出获利离场的决策。如果投资者真能够做到在此时离场，则其是在最高价附近卖出的。

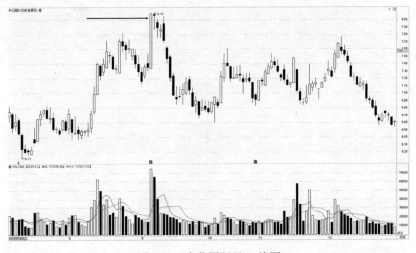

图 5-52　中化国际日 K 线图

图 5-53 所示为中恒电气的日 K 线图。股价在经历了一轮暴涨的行情之后，以一根向上跳空的大阳线触及市场的顶部区域。警觉的投资者应意识到这根大阳线并不是股价继续向上运行的信号，而是一种危险来临的信号。

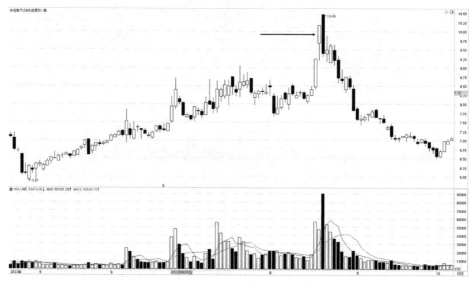

图 5-53　中恒电气日 K 线图

5.9.5　倒锤子阳线

倒锤子阳线是将阳锤子线旋转 180°得到的一种 K 线形态，如图 5-54 所示。倒锤子阳线的实体非常小且没有下影线；上影线极长，远远超过了实体的两倍。该形态说明在市场顶部，多头被空头的强大压力所击败，尽管当天收成阳线，但是多头的实力已经不再十分明显，因此投资者应该做出离场的决策。

图 5-54　倒锤子阳线形态

图 5-55 所示为中国能建日 K 线图。该图中箭头标注的 K 线为倒锤子阳线，它结束了之前短暂的上涨过程。至此，股价开始暴跌，没有在此处卖出股票的投资者会有

不小的损失。

　　图 5-56 所示为中海达日 K 线图。从该图中可以看到，该股的阶段性顶部就是这根倒锤子阳线造成的。

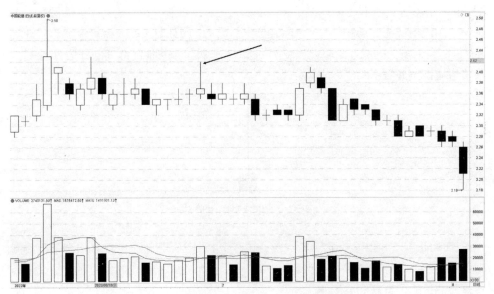

图 5-55　中国能建日 K 线图

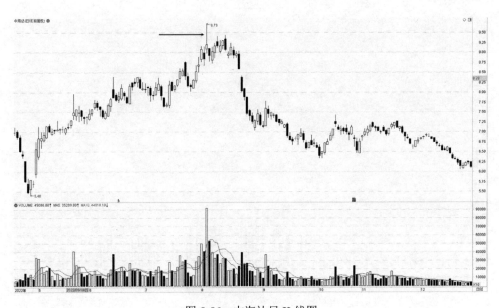

图 5-56　中海达日 K 线图

5.9.6　倒锤子阴线

倒锤子阴线是由阴锤子线旋转 180°得到的 K 线形态，如图 5-57 所示。倒锤子阴线的实体较小，没有下影线或下影线极短，上影线很长，最少达到实体的两倍。当倒锤子阴线出现在市场底部时，说明股价上涨乏力，而且当天的收盘价位于开盘价之下，说明当天多头的战斗成果就被空头吞噬，未来股价很可能会继续向下运行。因此，投资者应该据此做出卖出的决策。

图 5-57　倒锤子阴线形态

图 5-58 所示为中国黄金日 K 线图。该图中的两个阶段性顶部都是倒锤子阴线创造的，这两个顶部形成了一个双重顶。据此 K 线形态卖出股票的投资者，是以十分接近最高价的价位获利离场的。

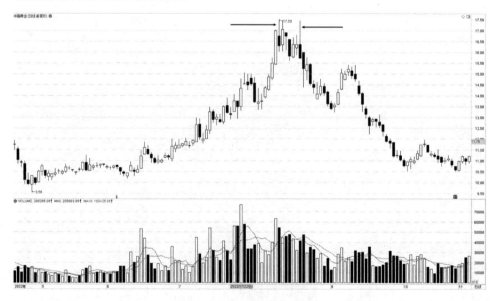

图 5-58　中国黄金日 K 线图

5.9.7　黑三兵

黑三兵与三个武士是一组相反的 K 线形态。它一般以连续出现 3 根阴线的形态，出现在股价暴跌的行情之中，每一根阴线的开盘价都位于前一日收盘价的附近，而且收盘价都位于当天最低价的附近，似乎多头没有还手之力。因此，投资者需要尽快卖出手中的股票，因为未来的下跌之路漫漫无期。图 5-59 所示为黑三兵形态。

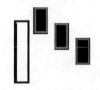

图 5-59　黑三兵形态

图 5-60 所示为中国电研日 K 线图。股价在下跌的中期出现了一个黑三兵形态，该形态本身就具有稳步向下的含义，因此投资者在此时应该毫不犹豫地选择离场。尽管投资者此时有可能已经出现亏损，但在此时离场可以避免更大的亏损。

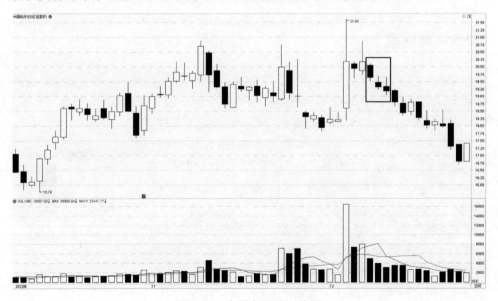

图 5-60　中国电研日 K 线图

图 5-61 所示为中国船舶日 K 线图。此次黑三兵形态出现在下跌初期，此时的股价还没有远离最高价。因此，投资者在此时卖出股票还是可以在很大程度上规避风

险的。

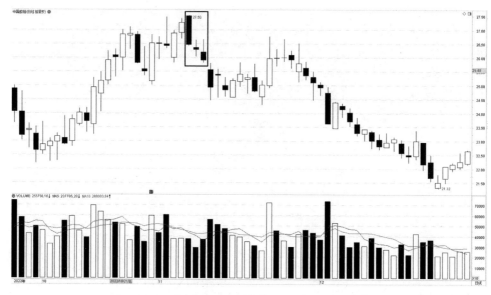

图 5-61　中国船舶日 K 线图

5.9.8　黄昏星

黄昏星是与启明星相反的一组 K 线形态，出现在上涨趋势的尽头，意味着行情将由光明走向黑暗。图 5-62 所示为黄昏星形态。因此，投资者应该在此时尽快离场。

黄昏星形态由三根 K 线组合而成，第一根 K 线为阳线，代表着原有的上涨趋势；第二根 K 线为星线，星线的实体较小，因此其阴阳属性并不重要；第三根 K 线为阴线，阴线实体深深地刺入第一根 K 线的实体中，这表明多头的实力已经衰竭，空头的实力开始显现。

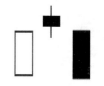

图 5-62　黄昏星形态

图 5-63 所示为川能动力日 K 线图。在股价盘整的顶部出现了一个黄昏星形态，尽管阳线的实体不是很大，但依然具有较强的反转效力。阳线的实体逐步变小，经过星线，最后变成一根大阴线，完成了多头向空头的转变。此时一个顶部应运而生，不仅如此，后市股价几次在触及黄昏星的位置时都未能有效地突破，从而形成多个顶部。因此，投资者在此时获利了结是十分正确的选择。

图 5-64 所示为常山北明日 K 线图。股价在反弹的末期出现了一个黄昏星形态。其中，星线是以十字线形式出现的，而且最后一根 K 线是以向下跳空的形式出现的

一根阴线，因此反转效力更强。自此股价开始一路暴跌，尽管出现了一次短暂的向上反弹行情，但是反弹高度在没有达到黄昏星的位置时就出现了暴跌走势。因此，在黄昏星形态出现后及时离场是十分必要的。

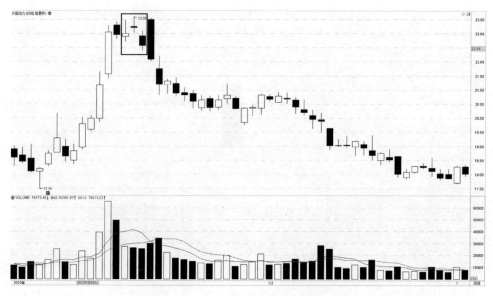

图 5-63　川能动力日 K 线图

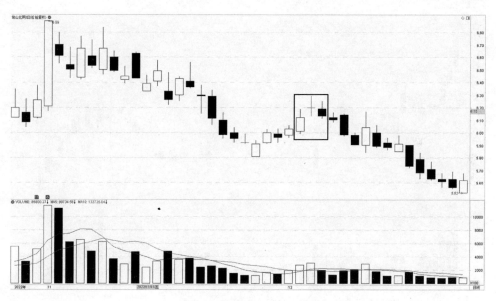

图 5-64　常山北明日 K 线图

5.9.9 看跌吞没

图 5-65 所示为看跌吞没形态。该形态由两根 K 线组成，第一根 K 线为一根阳线，第二根 K 线是一根阴线，而且阴线的实体要明显大于阳线的实体。前一日阳线的实体要完全被后一日阴线的实体所包含，将之前多头的胜利成果完全吞噬。因此，当此形态出现在市场顶部时，投资者应该及时出逃。

图 5-65　看跌吞没形态

图 5-66 所示为天健集团日 K 线图。在一个阶段性的反弹顶部出现了一根类似于十字线的小阳线，该阳线的实体非常小，而且具有较长的上影线。这说明多头的能量已经开始有所衰竭，长长的上影线代表遭到了空头顽强的打击。后一日的大阴线吞没了之前的阳线实体，形成了一个看跌吞没形态，这更增加了行情反转的可能性。因此投资者应该在此时获利离场，从后市的走势来判断，此时离场是在一个近似于最高价的价位获利平仓的。

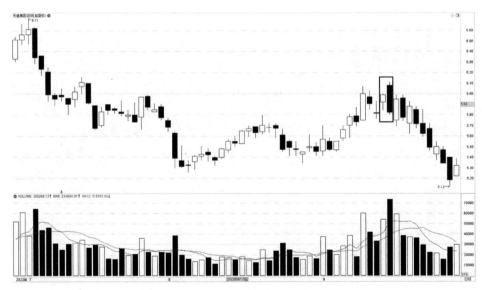

图 5-66　天健集团日 K 线图

图 5-67 所示为中成股份日 K 线图。从图 5-67 中可以看到，股价在 22.5 元达到了顶峰，但是当天也遭受到了空头的强烈反击。第二个交易日的阴线吞没了前一日的阳线实体，形成了一个看跌吞没形态。不仅如此，该阴线还吞没了前一根阴线的实体，说明空头的动力非常强劲，因此反转的意味更加强烈。据此，多头应该平仓离场，否则股价会下跌至 10 元以下。

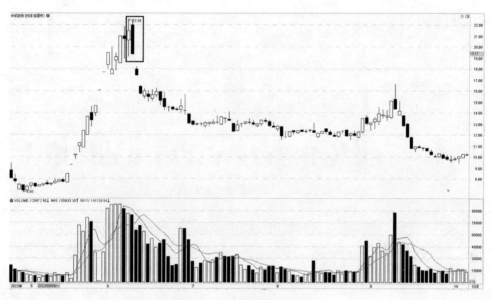

图 5-67　中成股份日 K 线图

5.9.10　乌云盖顶

图 5-68 所示为乌云盖顶形态。该形态也是在市场顶部常常出现的一种反转组合，第一根 K 线是阳线，后一根 K 线是阴线。在开盘时，阴线向上跳空高开，但是出现了高开低走的行情。在收盘时，阴线实体没有完全吞没前一日的阳线，而是深深刺入阳线实体的中心点以下，因此其反转效力与看跌吞没相比稍弱。

图 5-68　乌云盖顶形态

图 5-69 所示为国际实业日 K 线图。股价在达到 10 元之时创出了新高，但也形成了一个乌云盖顶形态，而且此形态与看跌吞没形态十分相似。阴线的收盘价与前一日阳线的开盘价相差不大，因此反转的意味更加强烈。从后市的走势图中可以发现，如果在此时卖出股票，那么投资者是以近似最高点的价位获利离场的。

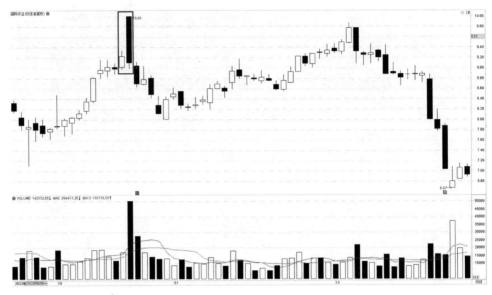

图 5-69　国际实业日 K 线图

图 5-70 所示为东旭光电日 K 线图。该图中用箭头标出的 K 线与前一日的 K 线形成了一个乌云盖顶形态，此后股价开始回落，不久后出现的反弹行情也没有超过乌云盖顶形态。因此，投资者在此时卖出股票的风险极低，卖出价比较高。

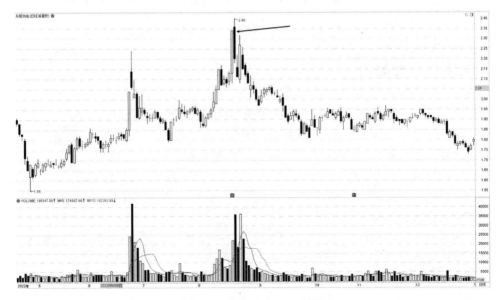

图 5-70　东旭光电日 K 线图

第 6 章
量价分析：助推的动力

"量是价的先行指标""量比价先行"，成交价和成交量是市场提供的最基本、最原始的数据，量价关系的研究、趋势判断是一切技术分析的基础和核心。股价的涨跌来自多空双方的力量对比，某一时点的量、价就是对该时点多空双方市场行为的充分反映。投资者可以根据价格涨跌和成交量变化来分析多空双方的态度及意图，从而预测、判断股价后期的走势。

6.1　什么是成交量

在进行股票交易时，成交量与股价有非常密切的关系。股价无论是涨还是跌都存在买卖双方，而股票市场的规律就来源于买卖的波动。既然是市场规律，那么就有涨有跌，而股价的涨跌与成交量的多少，即买入和卖出股票的多少有直接关系。通过对两者的研究，可以掌握股价上涨和下跌的规律，从而使投资者在股市中获利。本节先讲解一下成交量的基础知识，为后面的量价分析打下基础。

6.1.1　K 线中的成交量

成交量是股票市场买卖的表现，当买卖成交频繁时，成交量上升，股票价格也随之上涨。当买卖成交冷淡时，成交量就会下降，并且可能连带股价下跌、市场表现不活跃（见图 6-1）。

成交量与股价的关系犹如汽车的"油门"和"刹车"，成交量的上升能让股价上涨，成交量的"缩水"也能让股价回落，所以说股价的涨跌和成交量是分不开的。

股价的涨跌离不开资金的进出，而成交量则可以反映进入资金的多少，所以大家一定要通过成交量来分析和预测股价的走势（见图 6-2）。

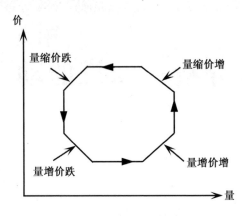

图 6-1　量价关系

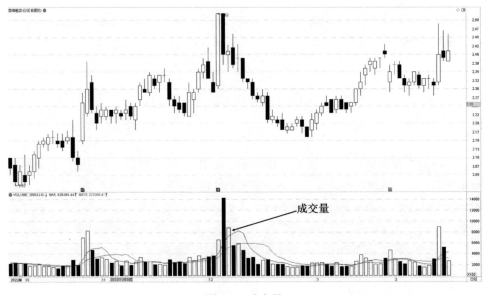

图 6-2　成交量

6.1.2　分时图中的成交量

成交量在走势图中以条形的方式来表现，代表股票买卖的数量和成交金额。在分时图中，成交量不是单一的颜色。成交量在股价上涨过程中显示为红色，在股价下跌过程中显示为绿色，白色则表示股价不变时的成交量（见图 6-3，打印效果为黑色，本书其余图片的打印效果均为黑色）。

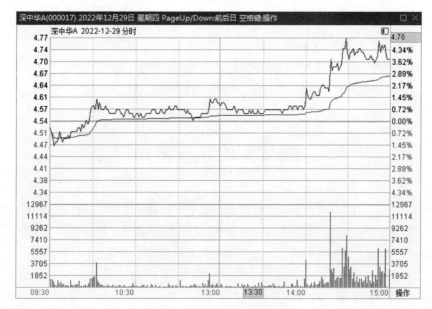

图 6-3 分时图中的成交量

　　股票价格走势的轨迹和成交量都是通过分时图来表现的。

　　在分时图中，大家需要关注以下几个数据：开盘价、分时线、均价线、成交量柱、成交盘口，如图 6-4 所示。在图 6-4 中可以看到深科技在左上方有两根线，上面那根为分时线，下面那根为均价线。投资者应注意开盘价（因为开盘价是交易者的第一动作区），并且结合分时线和均价线的位置关系。图 6-4 左下方的柱形为成交量柱，此时应该注意成交量有没有放大或缩小的迹象；右下方是成交盘口，记录了成交单的情况。

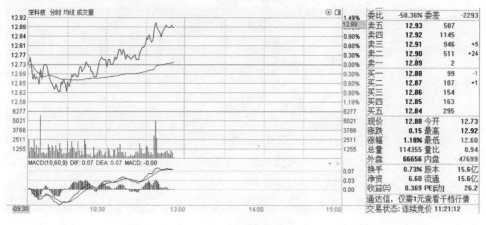

图 6-4 分时图

在图 6-4 中还可以看到，"买一"的位置显示的价格是 12.88 元，代表该股当前卖出的最低价格为 12.88 元。绿色代表主卖是以从"买一"到"买五"的价格卖出的（跌停板价成交一律计入外盘）。在此要注意，"大资金"进场买货或离场卖单必定是大笔买入或大笔卖出的，因此股价会快速上拉和快速下跌。

6.2 成交量的 3 种常见形态

股市再怎么千变万化，最终还是表现在成交量这种实买实卖的资料中。成交量就是反映股市力量的指标，可以引导投资者借助股市中的强势力量达到获利的目的。下面为大家介绍成交量的 3 种常见形态：温和放量、巨量、地量。

6.2.1 温和放量

温和放量通常出现在股价的底部，多发生在调整行情和下跌行情之后，出现温和放量形态的原因是随着吸筹的延续，股价会慢慢向上爬升。

在温和放量的形态中，线路不会出现非常明显的拐点，成交量柱状线像一座座小山般逐步堆积起来，如图 6-5 所示。

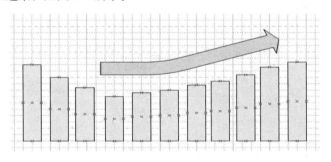

图 6-5 温和放量

图 6-6 所示为国药一致走势图。从该图能看出该股通过一波下跌调整后，在底部横盘走势调整的同时，价位也在调整，成交量出现低迷的状态，盘中的买卖冷清。股价经过横盘整理后，便出现了温和放量形态，股价也随之缓慢拉升。

图 6-7 所示为海王生物走势图。该股经过一段时间的下跌调整后，成交量也持续低迷了一段时期，然后才出现了温和放量形态。

图 6-6　国药一致走势图

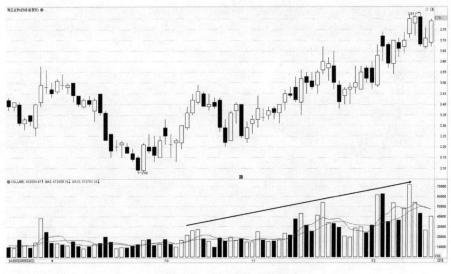

图 6-7　海王生物走势图

温和放量形态在不同行情和股价位置上有不同的表达意思。在股价相对较低的时候出现温和放量形态，是股价即将缓慢上涨的信号。

6.2.2　巨量

巨量就是指某只股票成交了很多笔数目惊人的单子，成交量柱状线像一座座平房般紧挨着，然后突然一栋楼房竖立起来了，如图 6-8 所示。

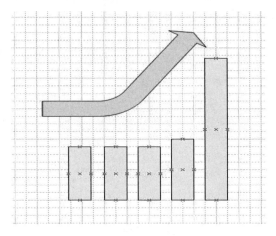

图 6-8 巨量

巨量下跌就是暴跌，说明下跌意向明显，一般出现在重大利空消息发布后。

图 6-9 所示为天健集团走势图。该股在跳空高开后直线向下，并且放出巨量。市场上人心恐慌，市场多头很谨慎。

图 6-9 天健集团走势图

图 6-10 所示为中成股份走势图。该股在一路缩量下跌后，巨量涨停，预示着后市的一波涨势。

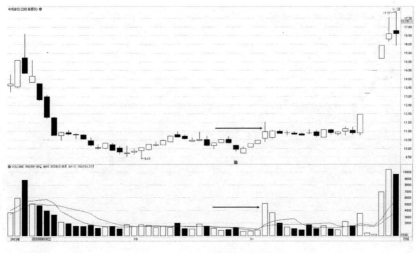

图 6-10　中成股份走势图

6.2.3　地量

地量是衡量下跌行情是否见底的标准。

（1）地量通常出现在股票行情"清淡"时，此时市场买卖表现不积极，因为基本上没有利润可谈。手中有股票的投资者没有卖出的理由，有资金的投资者也不愿入场买股。在出现地量时，股价也在相当小的价格范围内进行波动。图 6-11 所示为丰原药业走势图。该股由于长时期处于成交量低迷状态，股价基本上在小范围内上下波动，因此出现持续地量形态。

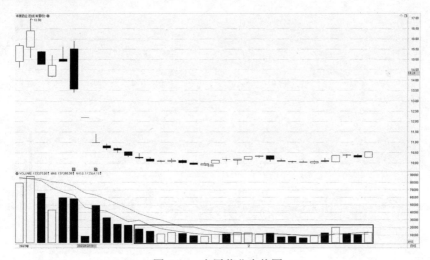

图 6-11　丰原药业走势图

（2）有些股票会出现地量放量下跌的现象，如图 6-12 所示。

图 6-12 中联重科走势图

（3）当股价趋势向上时，这很明显是标志性的地量上涨信号，如图 6-13 所示。

图 6-13 云鼎科技走势图

6.3　6 种量价关系及其市场含义

股价的涨跌与成交量有着紧密的关系。假设市场上现有 100 个人进行股票买卖，某股在价格为 5 元时有 70 个人看好，认为该股会出现更高的价格，而当这 70 个人都买入后，该股的价格得到拉升。当该股的价格达到 20 元时，之前买入的人中有 40 个人认定该股的价格不会继续上升了，所以卖出股票，而最初看跌的 30 个人又改变了立场，认为该股的价格还会继续上升。这时该股的价格产生了瞬间不平衡，卖出的有 40 人，买入的只有 30 人，因此该股的价格下跌。看好、看淡的人数会重新组合并决定股价的下一步走势。

股票成交量的大小，是股票被市场关注程度的表现。当投资者看好股票时，他们就会投入资金购买股票，被购买的股票的价格便会上涨。当大多数投资者不看好股票时，通常会抛出股票，被抛出的股票的价格便会下跌。

下面分析几种经常出现的量价关系，希望大家在实盘操作中能够用到。

6.3.1　量增价平

量增价平是指，在某一个时间段内的成交量明显比之前那个时间段的成交量有所增加，但是股票市场的指数或个股价格仍维持着在一个小范围内进行波动的现象，如图 6-14 所示。

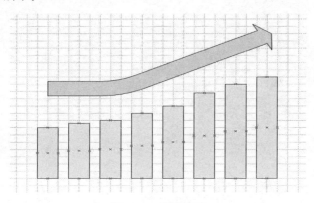

图 6-14　量增价平

量增价平现象可以出现在市场走势的任何一个阶段。

（1）出现量增价平现象，多数是由于新的主力资金正在建仓，如果市场有掉头向上的动作，那么表示底部已经形成，此时投资者应密切关注大盘。图 6-15 所示为中兵红箭走势图。在 6 个交易日中，K 线图中均为小实体 K 线或星线，收盘价在极窄的空间内波动，而此时的成交量节节走高。这预示着有资金进入，后市一波上涨可期。

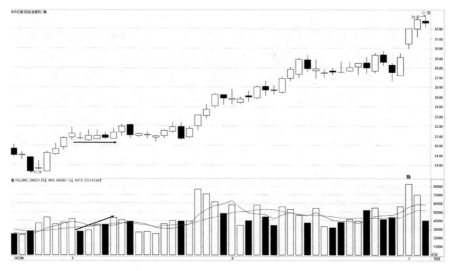

图 6-15　中兵红箭走势图

（2）当股票处在相当高的价位时，出现量增价平现象是由于大多数投资者获利后开始悄然出货，如果市场和个股有掉头向下的动作，那么表示顶部已经形成，此时投资者应密切关注大盘。图 6-16 所示为本钢板材走势图。

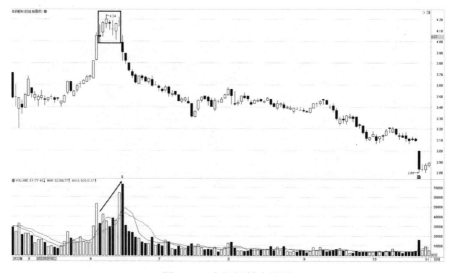

图 6-16　本钢板材走势图

6.3.2 量增价涨

量增价涨是指由于成交量的增长，个股的价格或指数也顺势上涨，市场将迎来一波好行情，如图 6-17 所示。

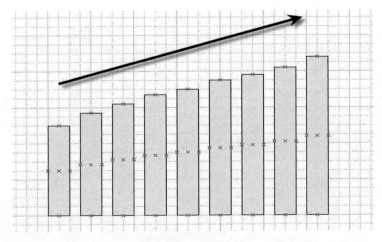

图 6-17 量增价涨

图 6-18 所示为水晶光电走势图，该股明显出现量增价涨的走势。

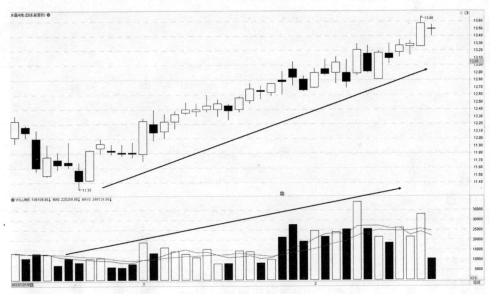

图 6-18 水晶光电走势图

6.3.3　量缩价涨

量缩价涨是指在成交量缩小的情况下，个股的价格和市场指数反而上涨的一种现象，如图 6-19 所示。

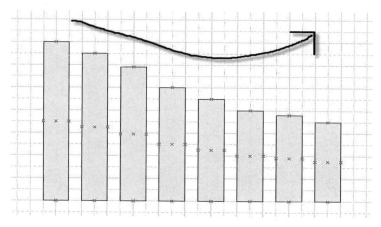

图 6-19　量缩价涨

在上升行情中出现量缩价涨现象，说明很有可能是机构锁住了大量的筹码，股票行情将出现上升的走势。图 6-20 所示为万科 A 走势图。该股在股价上升行情中出现量缩价涨形态，其股价随后就走出了一波上涨行情。

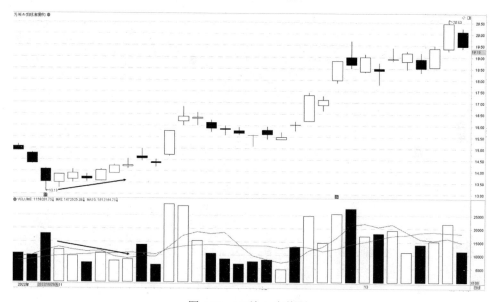

图 6-20　万科 A 走势图

6.3.4 量增价跌

量增价跌是指在成交量增大的情况下，个股的价格和市场指数反而下跌的一种现象，如图 6-21 所示。

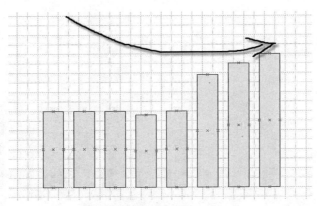

图 6-21 量增价跌

如果量增价跌现象出现在股价即将结束下跌时，通常是机构为了吸取更低的筹码，用下跌的方式来吸筹。这样很容易使股价出现量增价跌现象，这正是底部买入的信号。如图 6-22 所示，万科 A 的股价经过长期下跌后，跌势得到缓解，成交量也慢慢增大。这种较长时间的放量是主力资金入场引起的，该股的价格随后持续走高，如图 6-23 所示。

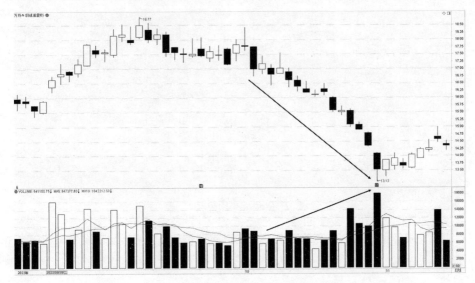

图 6-22 出现在万科 A 的股价结束下跌时的量增价跌现象

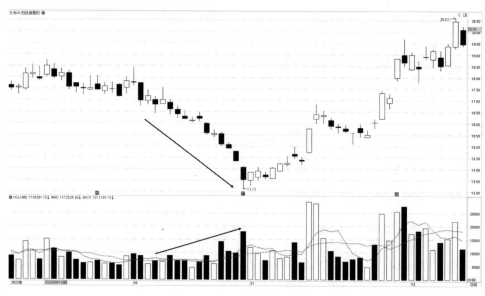

图 6-23　万科 A 的股价持续走高

6.3.5　量缩价跌

量缩价跌是指在成交量减少的同时，股价和市场指数也下跌的一种现象，如图 6-24 所示。

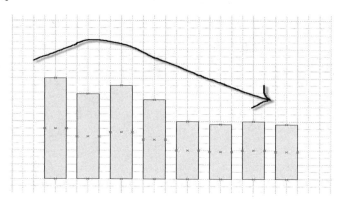

图 6-24　量缩价跌

（1）当量缩价跌现象在股价底部出现时，通常卖家会急于找到买家交易离场，而买家多以观察为主，很少进场与卖家交易。所以在这种行情下出现量缩价跌现象是非常自然的，如图 6-25 所示。

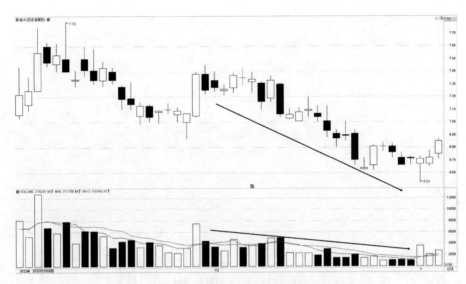

图 6-25　南玻 A 的股价底部出现量缩价跌现象

（2）当股价处于顶部时，如果出现量缩价跌现象，则说明此时的主力不想继续持有股票，而急于找买家接盘。在主力找不到买家的情况下，主力只能以"见一个卖一个"的态度来卖一点筹码，如图 6-26 所示。

图 6-26　深康佳 A 走势图

（3）当量缩价跌现象所出现的位置不是股份顶部，并且股价出现调整中的阶段性向下行为时，在股市中的筹码被新的买入者接盘后，股价会持续上升，如图 6-27 所示。

图 6-27　深科技走势图

6.3.6　天量天价

　　天量天价是指当天出现近段时间内最大的成交量，通常是平时的几倍。有了天价才会出现天量，这是很明显的见顶信号，如图 6-28 所示。

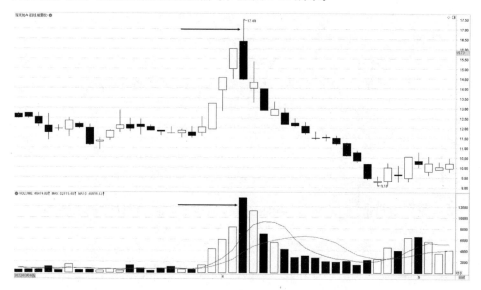

图 6-28　深天地 A 走势图中出现了天量天价现象

出现天量天价现象时的成交量非常高，与之对应的价格同样很高。这种现象的出现是股价见顶和出货的信号。

6.4　成交量减少意味着什么

缩量是指股票近期的成交量与前期相比有减少的趋势。它是通过比较得出的一个增减概念，包含横向缩量、纵向缩量、单日缩量和阶段性缩量的概念。持续缩量表明市场上的成交情况极为"清淡"，在这一时期，大部分投资者对市场后期走势的意见趋于一致。

6.4.1　缩量上涨有没有风险

缩量一般是指当日成交量低于前一日成交量的 10% 以上，而且，在实际操作中，只有日换手率在 3% 以下才有意义。当大多数投资者都对后市看好，只有人买，没有人卖，就必然会使成交量持续萎缩、股价上涨。一般情况下，如果是缩量涨停，可放心持有；如果不是缩量涨停，则可以分以下几种情况进行讨论。

（1）如果股票的价位偏低，则说明空方惜售，后期上涨的空间很大。

（2）如果股票的价位偏高，则说明多方做多的意愿不足，回调的可能性很大，尤其是在放量上涨之后再缩量上涨，说明行情可能反转向下。这时短线投资者就可以出货了，彻底出局或过段时间再抢进。

（3）上升途中缩量上攻、天天涨。股价在上涨的过程中不放量，因为大部分筹码已被主力锁定，在没有抛压的情况下，股价上涨是不需要成交量支撑的。

（4）下跌途中缩量阴跌、天天跌。股价在下跌过程中不放量也是正常现象，一是没有人接盘根本抛不出去，二是没有人肯"割肉"。实战中往往会出现无量阴跌、天天跌的现象，只有出现恐慌性抛盘之后，再次放量才能企稳。

6.4.2　底部无量涨停是很好的机会

底部无量涨停是指，股价在底部涨停时会出现无量的情况。在思考底部无量涨停这种情况之前，我们首先要明白一个概念，即"底部"是有相对性的。

假设大盘并没有出现大的波动，并且个股也没有出现利好的消息面，而股价在底部整理一段时间后突然涨停，那么基本上可以断定是主力所为。但是，在实际操作中可能会出现各种不同的现象，下面分析几种无量涨停的现象。

1. 下跌放量、底部有量而涨停无量

在下跌的过程中放出了很大的量，表明有主力出逃；等到达底部之后又出现了放量现象，应该是有新主力进入。当新主力在底部拿到一定的浮动筹码之后股价就会开始拉升。由于新主力的成本在底部，因此希望能够尽量地拉高股价，常常会"拉出"涨停，而且总觉得现在还没有到出货的时候，这样就会出现涨停无量现象。

2. 下跌无量、底部无量、涨停也无量

下跌无量、底部无量，说明在这两个阶段都没有主力参与，但接下来出现了无量涨停现象，说明有主力参与。一般来讲，既然涨停也没有量，就表明主力没有减仓意愿，而且愿意再增加仓位，老主力的筹码还在。从逻辑上说，因为没有看到建仓过程，所以即使是新主力也应该没有完成建仓。因此，投资者应该进一步观察主力建仓的情况。通常来讲，当出现这种情况时，投资者应毫不犹豫地买入。

6.4.3 如何通过地量看股价走势

在股市的技术分析中，骗钱、骗量、骗指标的事情无处不在，但是，在众多的技术指标中，有一种没有欺骗性的、最简单的、最有价值的指标就是地量。地量是缩量的一种极端表现，指市场人气十分低迷、交投极为"清淡"，而且成交量创下了很长一段时间内的最低水平。这表明绝大多数投资者对后市走势高度认同。

地量可以分为近期地量、历史地量、阶段性地量，一般出现于股价中长期的底部。出现地量往往意味着中长线买入时机的来临，如果投资者能够在出现地量时结合该公司基本面的分析在这一价位买入，并能忍受住时间的考验，一般会有所斩获。同时，在实际操作中，只有在日换手率 0.5%以下，以及周换手率在 2%以下的地量才有意义。

例如，大悦城的股价在经过漫长的下跌后，成交量已萎缩至极，其股价也在此形势下迅速止跌回升，形成中期底部，如图 6-29 所示。

但是，地量具有低量之后还有更低量的特点，因此，通过地量看股价走势还必须结合其他方面的因素进行综合分析。

1. 地量分析必须结合市场趋势

在上升趋势中，投资者要确认是否多次出现地量，然后可以在有温和放量伴随的股价上涨过程中择机买入；在下降趋势中，即使能够暂时确认地量，也无法肯定在今后的行情中是否会出现更低的地量，因此投资者最好不要轻易买入。在盘整趋势中，

对地量的运用要结合技术分析的方法，通过技术形态和技术指标进行具体分析。

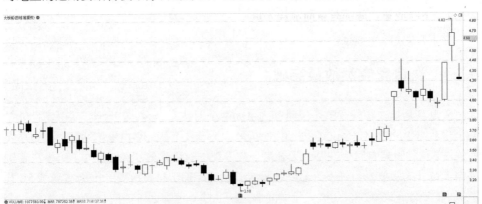

图 6-29　大悦城走势图

2．地量分析必须结合个股的基本面

在选择股票的时候，除了进行地量分析，还要考虑公司的基本面，分析出现地量的具体原因。如果是因为股价暴跌，则市场中将几乎没有获利盘产生的地量。投资者根据不同地量产生的原因，要采用不同的投资方法。

3．地量分析必须结合资金动向

在实际操作中，地量能否止跌，并不取决于地量本身，而取决于地量出现之后的放量。当其他资金及时买入时，就会出现股价反转上涨的情况；当其他资金买入缓慢时，地量将无法停止下跌的趋势，可能导致更深的下跌、更低的地量。

6.5　成交量的陷阱

传统的炒股理论认为,成交量往往是不会骗人的,而股价容易受主力或大户操纵；成交量的大小与股价的上涨或下跌成正比关系，趋势需要通过成交量来确认。例如，成交量增加。股价才能上涨、缩量跌不深、天量之后有天价等观点在一般情况下是正确的，但有其片面性，甚至有时候是错误的。在实战操作中，主力机构不仅会利用操纵股价来骗钱,还会利用成交量来设置陷阱,让许多喜欢进行技术分析的投资者上当、受骗。下面简单介绍一些主力利用成交量设置陷阱的方法,使投资者能够知己知彼、提高警惕。

6.5.1 久盘整突然放量突破

久盘整是指在相当长的一段时间内（如两个月、3 个月,甚至半年等）,股价在一个相对窄小的价格区间进行波动,上行无力,下跌无量,交投极不活跃,不为众人所关注。这种股票有时会在某一天开盘后被发现挂有大量的买单或卖单,给投资者一种向上拉升的假象。当许多人看到该股突破盘局而追涨时,该股的价格在涨了 5%～7%时会突然掉头下跌,并被大量抛向那些早上挂单追涨而未能成交又没有撤单的中小散户。虽然随后该股票的价格还会反复拉升,但往上的主动买单减少,而往下的抛单不断,股价逐渐走低,到收市前半小时甚至会跌到前天的收盘价以下。随后的日子,该股成交量萎缩,股价很快跌破前次的起涨点,并一路阴跌不止。如果投资者不及时止损,则股价还会加速下跌,跌到让人难以置信的程度,使投资者被深度套牢。

那么,为什么该股会在突然放量往上突破时又掉头直转向下呢? 其实,这是主力资金利用量增价涨这一普遍被认可的原则设置的陷阱。图 6-30 所示为泛海控股走势图,该股的成交量迅速放大,股价几乎拉到涨停,随后却阴跌不止,显然当天主力资金是在拉升出货。一旦股价跌破带量上攻的那一天的开盘价,投资者就应该止损离场,以防后面被深度套牢。

图 6-30　泛海控股走势图

6.5.2　逆市放量上涨

　　逆势放量上涨是指在大盘放量下跌的时候，有些股票却逆势飘红，放量上攻，非常引人注目。一般来讲，逆势上扬的股票要么有潜在的利好，要么有"大资金"买入，于是，有些散户会放心跟入。其实该股往往只出现一两天的短暂逆势上扬行情，随后会加速下跌，致使许多在放量上攻当日跟进的人被套牢。在这里，主力资金利用了反向操作的战术，在大盘下跌时逆势而为，吸引市场上的广泛关注，然后在拉抬之中达到出货的目的。

　　图 6-31 所示为岭南控股走势图。在大盘大跌的情况下（2022 年 9 月 16 日），该股"逆市飘红"，成交放量，吸引了许多投资者追涨。随后，该股却缩量下跌，使许多追涨的投资者被深度套牢。

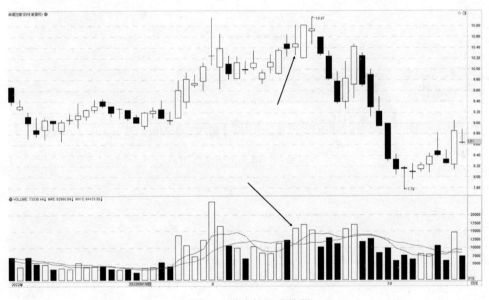

图 6-31　岭南控股走势图

6.5.3　高送配除权后的填权

　　一般来讲，在个股有大比例送红股、用公积金转送和配股消息公布之前，主力都会将股价炒得较高。一旦消息公布，股票大幅除权，股价马上会下跌很多。比如，价格为 30 元的股票，"买 10 送 10"就只有 15 元了。这时，主力资金再利用预期填权行情和广大中小投资者喜欢追涨的心理，在除权后开始大幅拉抬股价，造成大量投资者踊跃买入的假象，然后趁机大肆出货。因此，对于除权的个股必须复权，让股价波动保持一种连续性，以免掉入陷阱。

如图 6-32 所示，中集集团的股价一路上涨。该股高送转，除权后，主力资金在开盘后有明显的滚打行为，成交量放大，许多人跟进，使得主力资金获得绝好的出货机会。第二天，该股继续出货，随后进入盘整阶段。

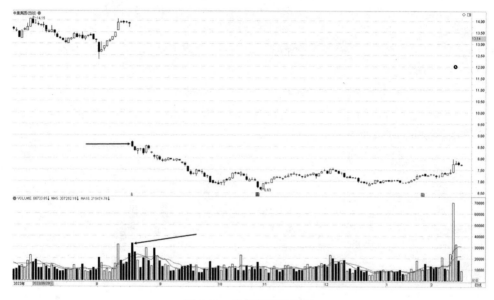

图 6-32　中集集团走势图

第 7 章
技术指标：助攻后卫

技术指标是依据某一技术分析原理，对行情数据进行数学处理的产物。它可以从定量的角度告诉我们股市当前的状态如何：是处于短期超买状态，还是处于短期超卖状态？是多方的力量更强，还是空方的力量更强？我们所讲的移动平均线、MACD都是技术指标。在学习它们的过程中我们知道，这些指标最大的优点就在于它们可以发出较为明确的买卖信号。对于我们来说，只需依信号进行操作，就可以取得不错的战绩。本章将再接再厉，继续介绍其他常用的技术指标。

7.1　大盘路在何方——ADR 指标

股市的整体运行情况往往直接牵动着个股的走势：当大盘处于持续涨多跌少的强势状态时，个股就会有充分表现的空间，完全可以凭借主力的推动、消息题材的刺激而出现飙升的走势；当大盘处于跌多涨少的弱势状态时，由于投资者人心涣散，因此难以出现强势的上涨走势。如何识别大盘的真实涨跌情况？是处于强势状态，还是处于弱势状态？涨跌比率（Advance Decline Ratio，ADR）指标就是一个专门用于分析大盘强弱的指标。

7.1.1　什么是 ADR 指标

ADR 指标又称上升下降比指标、腾落指数，是一种专门用于研究股票市场价格指数走势的中长期技术分析工具。ADR 指标的基本思想是观察股票上涨数量与下降数量的比率，以看出股市目前所处的大环境。一般来说，当市场总体的买盘力度大于卖盘力度时，上涨的股票数量会大于下跌的股票数量。当市场总体的卖盘力度大于买盘力度时，下跌的股票数量会大于上涨的股票数量。

ADR 指标的计算公式为 ADR（N）= N 日内股票上涨家数的合计/N 日内股票下跌家数的合计。其中，N 为 ADR 指标的时间周期，一般设定为 10。当 ADR>1 时，表示在包括当前交易日在内的前 10 日内的上涨股票数量大于下跌股票数量。反之，当 ADR<1 时，则表示在包括当前交易日在内的前 10 日内的下跌股票数量大于上涨股票数量。ADR 指标主要用于研判股市的中长期走势，尤其体现在它对趋势反转的预示上。下面我们就来看看如何利用 ADR 指标进行分析。

7.1.2　上升趋势中的 ADR 指标线运行形态

股价处于上升趋势意味着出现了一种涨多跌少的市况，此时市场上的做多力量强劲，大多数个股均处于持续上涨的状态，体现在 ADR 指标线运行形态上就是 ADR 指标线会持续地运行于"数值 1"的上方。此外，如果 ADR 指标线能够随着指数的逐波上升而同步呈现出逐波上扬的形态，则说明市场上的做多力量不仅完全占据了主导地位，而且多方力量正在逐步增强，这预示着股市后期还有很大的上升空间。

图 7-1 所示为上证指数上升趋势中的 ADR 指标线运行形态。ADR 指标窗口中用虚线标注了 ADR=1 的位置。股市在此期间处于上升趋势，体现在 ADR 指标线运行形态上就是 ADR 指标线持续、稳健地运行于"数值 1"的上方，而通过 ADR 指标线与"数值 1"的位置关系，我们也可以从中长线的角度来更好地把握股市的趋势走向。

图 7-1　上证指数上升趋势中的 ADR 指标线运行形态

图 7-2 所示为上证指数上升途中的 ADR 逐波上扬形态。股市在此期间处于上升途中，从图 7-2 中可以看到 ADR 指标线呈现出逐波上扬形态。这是市场多方力量在逐步增强的体现，预示着股市后期仍有较大的上升空间，是投资者应坚定持股待涨的明确信号。

图 7-2　上证指数上升途中的 ADR 逐波上扬形态

7.1.3　下跌趋势中的 ADR 指标线运行形态

股价处于下跌趋势意味着出现了跌多涨少的市况，此时市场上的做空力量强劲，大多数个股均处于持续下跌的状态，体现在 ADR 指标线运行形态上就是 ADR 指标线会持续地运行于"数值 1"的下方。

图 7-3 所示为上证指数下跌趋势中的 ADR 指标线运行形态。ADR 指标窗口中用虚线标注了 ADR=1 的位置。当股市由顶部区步入下跌趋势后，除了偶尔出现的短暂反弹走势，ADR 指标线几乎持续地运行于"数值 1"的下方，这就是 ADR 指标对于下跌趋势的直观反映。

7.1.4　盘整突破时的 ADR 指标线运行形态

ADR 指标通过市场的股票涨跌比率来间接地反映市场上的做多力量是否充足。股价在上升途中出现盘整走势后，若在突破盘整走势时出现 ADR 指标线快速上升的现象，且创出阶段性新高的运行形态，多表明市场上的做多力量仍然充足，是突破行情成功的标志，也是新一波涨势即将开始的信号。

图 7-3 　上证指数下跌趋势中的 ADR 指标线运行形态

图 7-4 所示为沪深 300 指数上升途中盘整突破时的 ADR 指标线运行形态。该股在上升途中出现两次明显的盘整走势，但是在每一次盘整走势被突破时都出现了 ADR 指标线快速上升的现象，且创出阶段性新高的运行形态。这预示着突破有效，新一波的涨势即将开始。

图 7-4 　沪深 300 指数上升途中盘整突破时的 ADR 指标线运行形态

7.1.5 　ADR 指标如何预测牛市行情的出现

ADR 指标的另一个作用是预测牛市行情的出现。当股价经历了深幅下跌之后，若在低位区出现了明显的止跌企稳走势，则往往意味着底部的出现。但是底部出现并不等于随后就有牛市行情出现，因为只有多方有强烈的入场意愿时，才会在筑底之后出现持续上涨的牛市行情。此时，通过 ADR 指标线的波动形态，就可以很好地判断出多方的入场意愿是否强烈。如果 ADR 指标线在低位区的止跌企稳走势中，随着一波上涨走势的出现而创出了近几个月的新高，则多意味着多方的入场意愿强烈，新一轮的牛市行情呼之欲出。

图 7-5 所示为上证指数底部区的 ADR 指标线快速攀升形态，这是为数不多的牛市（2015 年）。在图 7-5 中，股价在深幅下跌后出现了止跌企稳走势，虽然指数的走势波澜不惊，但是 ADR 指标线却随着同期的一波小幅上涨走势而呈现出快速攀升形态。这使得 ADR 指标线创出了几个月以来的新高，这是多方的入场意愿极为强烈的表现。当这一形态出现在股价深幅下跌后的止跌企稳区域时，多代表着底部区的构筑时间较为短暂、新一轮的升势较为可观。

图 7-5 上证指数底部区的 ADR 指标线快速攀升形态

7.2 趋势为王——TRIX 指标

TRIX 指标的英文全称为 Triple Exponentially Smoothed Average，意思是三重指数平滑移动平均，是一种用于分析价格中期走势的趋势类指标，基于移动平均线理论而产生。它通过对一根移动平均线进行 3 次平滑处理，再根据这根移动平均线的变动情况来预测股价的中期走势。TRIX 指标可以较好地屏蔽掉主力的"骗钱行为"，使我们更清晰地看到股市或个股的中期走势。（注：TRIX 指标既可用于分析指数的走势，也可用于分析个股的走势。）

7.2.1 什么是 TRIX 指标

在运用移动平均线分析价格走势时，我们可以看到移动平均线往往会因价格的短期快速回调走势、反弹走势等频繁出现交叉形态，且移动平均线的运行形态较为"突兀"。为了使移动平均线的运行形态更为平滑、更能直观且清晰地体现出股价的中期走势，TRIX 指标应运而生。

TRIX 指标通过对一根移动平均线进行 3 次平滑处理，然后利用所得出曲线的变化率来分析股价的中期走势。这使得 TRIX 指标可以很好地过滤掉股价的短期波动所带来的干扰，从而使我们能从中期的角度更好地把握股价的走势，以避免频繁操作带来的失误和损失。另外，TRIX 指标很好地保留了移动平均线所具有的呈现价格总体运行趋势这一特点，降低了投资者被深度套牢和跑丢"黑马"的风险。

7.2.2 上升趋势中的 TRIX 指标线运行形态

TRIX 指标基于移动平均线而产生，在上升趋势中，周期较短的移动平均线会运行于周期相对较长的移动平均线上方。这是移动平均线系统的多头排列形态，这种排列形态使得 TRIX>0。因此，在上升趋势中，我们可以看到 TRIX 指标线持续地运行于零轴上方。这就是 TRIX 指标对于上升趋势的直观反映。

图 7-6 所示为顺鑫农业上升趋势中的 TRIX 指标线运行形态。该图中用虚线标注了 TRIX=0 的位置。在 TRIX 指标窗口中有两根指标线，一根为 TRIX 指标线（细线），另一根为 TRIX 指标的移动平均值曲线 TRMA（粗线）。此股在经历了底部区震荡开始步入上升趋势后，其 TRIX 指标线就持续、稳健地运行于零轴上方，这是 TRIX 指标对于上升趋势的直观反映。

7.2.3 下跌趋势中的 TRIX 指标线运行形态

在下跌趋势中，周期较短的移动平均线会运行于周期相对较长的移动平均线下方，这是移动平均线系统的空头排列形态。这种排列形态会使 TRIX<0。因此，在下跌趋势中，我们可以看到 TRIX 指标线持续地运行于零轴下方，这是 TRIX 指标对于

下跌趋势的直观反映。

图 7-6 顺鑫农业上升趋势中的 TRIX 指标线运行形态

图 7-7 所示为中国宝安下跌趋势中的 TRIX 指标线运行形态。该图中用虚线标注了 TRIX=0 的位置。此股在经历顶部区的震荡后开始步入下跌趋势，其 TRIX 指标线就持续地运行于零轴下方。

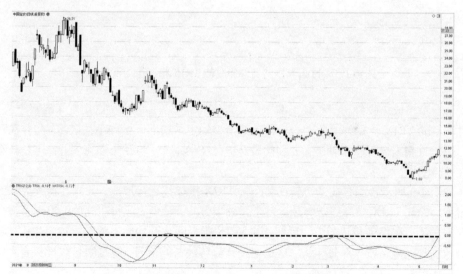

图 7-7 中国宝安下跌趋势中的 TRIX 指标线运行形态

7.2.4　趋势反转时的 TRIX 指标线运行形态

当股市或个股经历了深幅下跌之后，若深幅下跌后的低位区出现了止跌企稳走势，且同期的 TRIX 指标线由前期的持续运行于零轴下方转而开始向上突破零轴，并在随后较长时间内稳稳地运行于零轴上方，则代表跌势已经结束，一轮升势即将展开。这是跌势转升势的信号。

图 7-8 所示为深物业 A 跌势转升势时的 TRIX 指标线运行形态。此股在持续下跌的过程中，其 TRIX 指标线始终是运行于零轴下方的。随着此股出现了止跌企稳走势，同期的 TRIX 指标线也开始向上突破零轴，并且在随后较长时间内稳稳地运行于零轴上方。这是个股跌势转升势的信号，也是中长线投资者买股布局的信号。

图 7-8　深物业 A 跌势转升势时的 TRIX 指标线运行形态

当股市或个股经历了持续上涨之后，若在大幅上涨后的高位区出现了滞涨走势，且同期的 TRIX 指标线由前期的持续运行于零轴上方转而开始向下跌破零轴，并在随后较长时间内运行于零轴下方，则代表升势已经结束，一轮跌势即将展开。这是升势转跌势的信号。

图 7-9 所示为深科技升势转跌势时的 TRIX 指标线运行形态。此股在持续上涨的过程中，其 TRIX 指标线始终是运行于零轴上方的。随后，此股在高位区出现了震荡滞涨走势，在震荡滞涨走势的后期，其 TRIX 指标线也开始向下跌破零轴，并且在随后较长时间内运行于零轴下方。这是个股升势转跌势的信号，也是中长线投资者卖股离场的信号。

除了利用 TRIX 指标线与零轴之间位置关系的变化来判断价格趋势的反转，我们还可以结合价格的波动形态与 TRIX 指标线的波动形态来判断价格趋势的反转。当股市或个股在持续上涨后处于高位区间时，若同期的价格呈现出一峰高于一峰的上涨走势，而同期的 TRIX 指标线却呈现出一峰低于一峰的走势，这种形态被称为 TRIX 指标线的顶背离形态，它预示着顶部区的出现。反之，当股市或个股在持续下跌后处于低位区间时，若同期的价格呈现出一谷低于一谷的下跌走势，而同期的 TRIX 指标线却呈现出一谷高于一谷的走势，这种形态被称为 TRIX 指标线的底背离形态，它预示着底部区的出现。

图 7-10 所示为深科技 TRIX 指标线的顶背离形态。在此股持续上涨后的高位区出现了 TRIX 指标线的顶背离形态，这一形态直观、清晰地表示此股正步入顶部区。

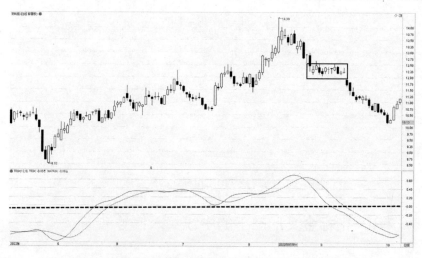

图 7-9　深科技升势转跌势时的 TRIX 指标线运行形态

图 7-10　深科技 TRIX 指标线的顶背离形态

图 7-11 所示为深科技 TRIX 指标线的底背离形态。此股在持续下跌后的低位区出现了 TRIX 指标线的底背离形态，这一形态直观、清晰地表示此股正步入底部区。

图 7-11　深科技 TRIX 指标线的底背离形态

7.2.5　TRIX 指标金叉形态下的中线买入信号

TRIX 指标金叉形态是指 TRIX 指标线由下向上交叉并穿越 TRMA 线。一般来说，金叉形态代表着中线买入时机的出现，但是在实盘操作中，我们还要结合价格的前期走势情况来做决断。当金叉形态出现在深幅下跌后的低位震荡走势中，或者上升途中的回调走势之后，或者上升途中的盘整走势之后，是极好的中线买入时机，因为这代表着一轮上涨行情即将出现。

图 7-12 所示为飞亚达 TRIX 指标在上升途中经历盘整走势后呈现金叉形态。此股在上升途中经历盘整走势后出现了一个 TRIX 指标线向上交叉并穿越 TRMA 线的金叉形态，这是个股升势将再度展开的信号，也是投资者持续待涨或中线买入的信号。

7.2.6　TRIX 指标死叉形态下的中线卖出信号

TRIX 指标死叉形态是指，TRIX 指标线由上向下交叉并穿越 TRMA 线。一般来说，死叉形态代表着中线卖出时机的出现，但是在实盘操作中，我们还要结合股价的前期走势情况来做决断。当死叉形态出现在持续上涨后的高位震荡走势中，或者下跌途中的反弹走势后，或者下跌途中的盘整走势后，多预示着新一轮下跌行情即将展开。此时，投资者不宜恋战，而应尽早抛出手中的股票。

图 7-13 所示为大悦城 TRIX 指标在下跌途中经历盘整走势之后呈现死叉形态。此股在下跌途中的两次盘整走势后均出现了 TRIX 指标线向下交叉并穿越 TRMA 线死叉形态，这是个股新一轮跌势将再度展开的信号，也是投资者持股观望的信号。

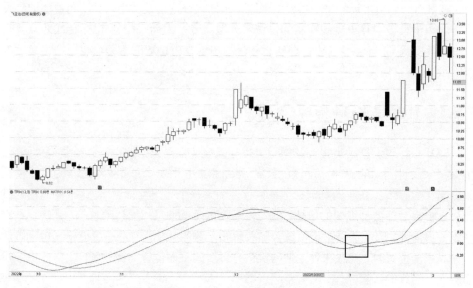

图 7-12　飞亚达在上升途中的盘整走势之后呈现金叉形态

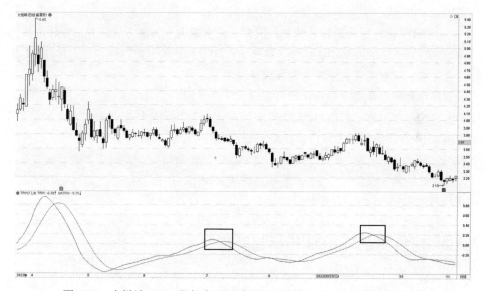

图 7-13　大悦城 TRIX 指标在下跌途中经历盘整走势之后呈现死叉形态

7.3 钟摆左右——KDJ 指标

KDJ 指标又称随机摆动指标，主要用于市场短期内的超买超卖情况，进而揭示价格波动过程中的阶段性高点与低点。它是一个纯粹的短线指标，由乔治·蓝恩博士提出，最早用于期货市场的分析，后由于这一指标的普遍性及实用性，从而被移植到股市中。由于股市中从事短线买卖的投资者人数众多，因而，KDJ 指标也成为众多指标中普及度较高的一个。（注：KDJ 指标既可用于分析指数的走势，也可用于分析个股的走势。）

7.3.1 什么是 KDJ 指标

KDJ 指标属于摆动类指标。摆动类指标以统计学理论中的正态分布假设为基础，根据某一段时间内的价格波动区间及某一时间点处于这一价格波动区间的位置情况来做出买卖判断。在摆动类指标中，往往要引入一个"平衡位置"，这个平衡位置就是衡量价格短期波动情况的依据，但是由于股市及个股是持续运动着的，且往往具有一定的方向性，因此这个平衡位置会随着价格走势的变化而变化。当价格在短期内明显偏离平衡位置时，就意味着短期内价格有再度向平衡位置靠拢的倾向，以此提示投资者展开短线的买卖操作。

KDJ 指标主要研究最高价、最低价和收盘价之间的关系，同时融合了动量观念、强弱指标和移动平均线的一些优点，用来考查当前价格脱离正常价格波动范围的程度。由于 KDJ 指标的波动较为频繁，因此，它更适用于震荡行情研究。在较为凌厉的升势或较为迅猛的跌势中，由于价格向上或向下推进的速度过快，此时的 KDJ 指标线会失真，从而失去它应有的短线指导作用。

KDJ 指标窗口中有 3 根指标线（K 线、D 线、J 线），其中 K 线与 D 线主要用于反映价格短期内偏离平衡位置的情况，即反映市场短线内的超买超卖状态，而 J 线用于反映 K 值和 D 值的乖离程度，从而领先 KD 指标中的 K 线和 D 线，找出阶段性的高点与低点。KDJ 指标的计算过程较为复杂，对于普通投资者来说，只需要了解其基本原理，重点是学会如何利用 KDJ 展开短线买卖操作。下面我们结合实例来讲解一下KDJ 指标的实际用法。

7.3.2 短线买点与 KDJ 指标超卖值

K 值与 D 值都在 0～100 的区间内波动，并且以"数值 50"为多空实力的平衡点，这一位置也称 KDJ 指标的中轴。在利用 KDJ 指标分析价格短期内的波动情况时，我们可以关注 K 值与 D 值偏离中轴的情况。当 K 值与 D 值在 25～75 区间内时，表示市场处于常态，多空双方的交锋较为缓和，价格走势也将延续原有的路线。

当一波快速下跌走势出现，使得 K 值与 D 值都低于 20 时，表明市场短期内处于超卖状态。这是空方力量释放过度、多方可能展开阶段性反击的信号，可以作为投资者短线买入的信号。

图 7-14 所示为中集集团短期超卖状态下的 KDJ 指标线运行形态。KDJ 指标窗口中用虚线标注了"数值 20"所在的位置，其中由细到粗的 3 根线分别为 J 线、K 线、D 线。一波快速下跌走势后，K 值与 D 值都进入了超卖状态区，而同期的个股正处于一波快速下跌之后的相对低位区。这说明市场短期内处于超卖状态，是投资者短线买入的信号。

图 7-14　中集集团短期超卖状态下的 KDJ 指标线运行形态

7.3.3　短线卖点与 KDJ 指标超买值

当一波快速上涨走势出现，使得 K 值与 D 值都高于 70 时，表明市场短期内处于超买状态，是多方力量释放过度、空方可能展开阶段性反击的信号，可以作为投资者短线卖出的信号。

图 7-15 所示为东旭蓝天短期超买状态下的 KDJ 指标线运行形态。KDJ 指标窗口中用虚线标注了"数值 70"所在的位置。一波快速上涨走势后，K 值与 D 值都进入了超买状态区，而同期的个股正处于一波快速上涨之后的相对高位区。这说明市场短

期内处于超买状态，是投资者短线卖出的信号。

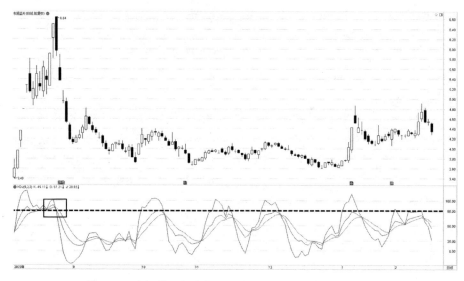

图 7-15　东旭蓝天短期超买状态下的 KDJ 指标线运行形态

7.3.4　KDJ 指标金叉形态下的短线买入信号

KDJ 指标金叉形态是指 J 线向上交叉穿越 K 线与 D 线，它是 KDJ 指标所给出的短线买入信号。但是，由于 KDJ 指标线的波动较为频繁，因此投资者还应结合价格的走势特征来判断这一金叉形态是否可以作为短线买入的信号。一般来说，个股在低位区的震荡走势中、上升途中的回调走势后、上升途中的盘整震荡走势中所出现的 KDJ 指标金叉形态，往往是较为准确的短线买入信号。若这一金叉形态出现在震荡走势中的相对低位点，则这一金叉形态的买入信号会更准确。

图 7-16 所示为中成股份 KDJ 指标金叉形态。如该图所标注的，此股在震荡走势中的相对低位点所出现的 KDJ 指标金叉形态，可靠地预示了一波反弹上涨走势的出现，这是投资者短线买入的明确信号。

7.3.5　KDJ 指标死叉形态下的短线卖出信号

KDJ 指标死叉形态是指 J 线由上向下交叉并穿越 K 线与 D 线，它是 KDJ 指标所发出的短线卖出信号。但是，由于 KDJ 指标线的波动较为频繁，因此投资者应结合价格的走势特征来判断这一死叉形态是否可以作为短线卖出的信号。一般来说，个股在高位区的震荡走势中、下跌途中的反弹走势后、下跌途中的盘整震荡走势中所出现的 KDJ 指标死叉形态，往往是较为准确的短线卖出信号。若这一死叉形态出现在震荡走势中的相对高位点，则这一死叉形态的卖股信号会更准确。

图 7-17 所示为冀东水泥 KDJ 指标死叉形态。如该图中所标注的，此股在震荡走势中的相对高位点所出现的 KDJ 指标死叉形态，可靠地预示了一波下跌走势的出现，这是投资者短线卖出的信号。

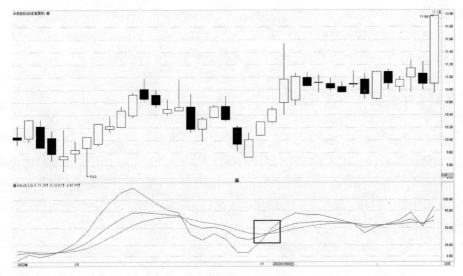

图 7-16　中成股份 KDJ 指标金叉形态

图 7-17　冀东水泥 KDJ 指标死叉形态

7.4　游龙戏水——DMA 指标

平均线差（Different of Moving Average，DMA）指标是一种建立在移动平均线理论上的趋势类指标。DMA 指标利用两根不同周期的移动平均线，直观地呈现出移动平均线之间的位置偏离程度，以此来判断当前买卖能量的大小和未来价格趋势。(注：DMA 指标既可用于分析指数的走势，也可用于分析个股的走势。)

7.4.1　什么是 DMA 指标

DMA 指标是基于移动平均线在运行过程中的一些特性而提出的，不同周期的移动平均线体现了这一时间周期下市场平均持仓成本的变化情况。中期及中长期的平均持仓成本是大多数投资者更为认可的价格，因此当价格短期内出现快速上涨或下跌走势，从而使得短期移动平均线明显远离中长期移动平均线时，短期移动平均线会有再度向中长期移动平均线靠拢的强烈倾向。此外，由于趋势具有强大的持续力，当短期移动平均线向中长期移动平均线靠拢后，又会在多方推动下再一次远离中长期移动平均线。

这就是短期移动平均线与中长期移动平均线之间的"分离、聚合、再分离"特性，即在一波价格上涨或下跌的趋势中，周期较短的移动平均线往往迅速远离周期较长的移动平均线，随后在价格走势趋缓时，二者又会逐渐聚合。

基于这一特性，反映短期移动平均线与中长期均移动平线之间分离程度的 DMA 指标应运而生。DMA 指标通过计算两根周期不同的移动平均线的差值，来观察两根移动平均线之间的偏离程度，进而预测价格走势。此外，由于 DMA 指标是基于移动平均线产生的，因此它也很好地继承了移动平均线所具有的反映趋势运行状态的特性。可以说，DMA 指标是一个长短兼顾的指标。

DMA 指标在计算时，以 10 日均线为短期移动平均线，以 50 日均线为中长期移动平均线。在 DMA 指标窗口中有两根曲线，即 DDD 指标线与 AMA 指标线。其中，DDD 指标线的数值反映了短期移动平均线与中长期移动平均线之间的差值，DDD=短期平均值-长期平均值=MA10-MA50。AMA 指标线为 DDD 指标线的移动平均值曲线，一般以 10 日作为平滑周期，即 AMA（10）=DDD 的 9 日移动平均值。在实盘操作中，我们可以利用 DDD 指标线的运行形态，以及 DDD 指标与 AMA 指标线的交叉关系来分析价格走势。

7.4.2　上升趋势中的 DMA 指标线运行形态

在上升趋势中，短期移动平均线会持续地运行于中长期移动平均线上方，这使得 DDD 指标值持续地运行于零轴上方。因此，在上升趋势中，我们可以看到 DDD 指标线与 AMA 指标线持续地运行于零轴上方。

图 7-18 所示为英特集团上升趋势中的 DMA 指标线运行形态。DMA 指标窗口中用虚线标注了零轴所在位置。我们可以看到，随着此股步入上升趋势，DMA 指标线也开始稳健地运行于零轴上方，这是 DMA 指标对于上升趋势的直观反映。

图 7-18　英特集团上升趋势中的 DMA 指标线运行形态

7.4.3　下跌趋势中的 DMA 指标线运行形态

在上升趋势中，短期移动平均线会持续地运行于中长期移动平均线上方，这使得 DDD 指标值持续地运行于零轴下方。因此，在上升趋势中，我们可以看到 DDD 指标线与 AMA 指标线持续地运行于零轴下方。

图 7-19 所示为湖北宜化下跌趋势中的 DMA 指标线运行形态。DMA 指标窗口中用虚线标注了零轴所在位置。我们可以看到，随着此股步入下跌趋势，DMA 指标线也开始稳健地运行于零轴下方，这是 DMA 指标对于下跌趋势的直观反映。

图 7-19　湖北宜化下跌趋势中的 DMA 指标线运行形态

7.4.4　趋势反转时的 DMA 指标线运行形态

在股市或个股持续上涨进入高位区后，若这时的 DMA 指标线已无法稳健地运行于零轴上方，转而向下跌破零轴，并且在随后较长时间内停留于零轴下方，或者 DMA 指标线开始与零轴长时间地缠绕在一起，则说明多方已无力再度推升股价，这是升势见顶的信号，也是趋势即将反转下行的信号。

图 7-20 所示为渝三峡 A 升势转跌势时的 DMA 指标线运行形态。此股在持续上涨后的高位区出现震荡滞涨走势，同期的 DMA 指标线开始与零轴缠绕在一起，这是升势结束的信号，也是一轮跌势即将展开的信号。

在股市或个股持续下跌进入低位区后，若这时的 DMA 指标线开始向上突破零轴且随后稳健地运行于零轴上方，且同期的价格走势也呈现出止跌企稳形态，说明空方已无力再度向下，这是跌势见底的信号，也是趋势即将反转上行的信号。

图 7-21 所示为平潭发展跌势转升势时的 DMA 指标线运行形态。此股在经历了长期下跌走势后，于低位区出现震荡止跌走势。随后，DMA 指标线开始向上突破零轴，并且稳健地运行于零轴上方，这是下跌趋势结束的信号，也是一轮上升行情即将展开的信号。

图 7-20　渝三峡 A 升势转跌势时的 DMA 指标线运行形态

图 7-21　平潭发展跌势转升势时的 DMA 指标线运行形态

7.4.5　DMA 指标金叉形态下的短线买入信号

DMA 指标金叉形态可以帮助投资者展开短线买入操作。DMA 指标金叉形态是指

DDD 指标线由下向上交叉并穿越 AMA 指标线。当这种金叉形态出现在低位区的震荡走势中、上升途中的盘整走势后、上升途中的一波回调走势后、下跌途中的一波短期快速下跌走势后，就是极佳的短线买入时机，因为它意味着一波上涨走势即将展开。

图 7-22 所示为宝塔实业上升途中的 DMA 指标金叉形态。此股在上升途中出现了一波回调走势。在回调走势后出现的 DMA 指标金叉形态预示着这一波回调走势的结束及新一波上涨走势的开始，这是投资者在回调走势中逢低买入的信号。

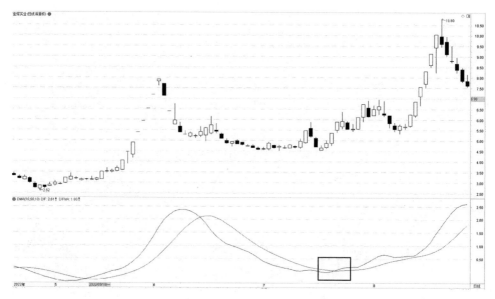

图 7-22　宝塔实业上升途中的 DMA 指标金叉形态

7.4.6　DMA 指标死叉形态下的短线卖出信号

DMA 指标死叉形态可以帮助投资者展开短线卖出操作。DMA 指标死叉形态是指 DDD 指标线由上向下交叉并穿越 AMA 指标线。当这种死叉形态出现在高位区的震荡走势中、下跌途中的盘整走势后、下跌途中的一波反弹走势后、上升途中的一波快速上涨走势后，就是极佳的短线卖出时机，因为它意味着一波下跌走势即将展开。

图 7-23 所示为 ST 顺利下跌途中的 DMA 指标死叉形态。此股在下跌途中经历了一段时间的盘整走势。随着盘整走势的持续，我们可以看到 DMA 指标开始呈现出死叉形态，这预示着盘整走势的结束、新一波下跌走势的开始。

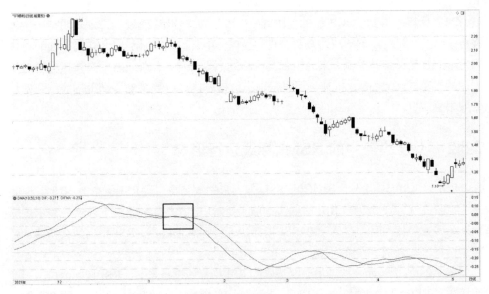

图 7-23　ST 顺利下跌途中的 DMA 指标死叉形态

7.5　探底神针——RSI 指标

相对强弱指标（Relative Strength Index，RSI），又称相对强弱指数、力度指标，由技术分析大师威尔斯·威尔德在其著作《技术交易系统新概念》中提出。相对强弱指标通过比较一段时期内的平均收盘涨数和平均收盘跌数来分析市场买卖盘的意向和实力，从而分析价格的后期走势，进而做出未来市场的走势判断。（注：RSI 既可用于分析指数的走势，也可用于分析个股的走势，按照行业习惯本书称之为 RSI 指标。）

7.5.1　什么是 RSI 指标

相对强弱指标，顾名思义，是用于指示股市或个股当前的相对强弱状态的指标。其原理就是通过计算股价涨跌的幅度来推测市场运行趋势的强弱度，并据此预测价格走向。当价格的上涨幅度较为明显时，表明多方力量较强，价格在短期内仍有可能继续上升。当价格的下跌幅度较为明显时，表明空方力量较强，价格在短期内仍有可能继续下跌。

RSI 指标通过计算股价涨跌的幅度来分析相对强弱情况，RSI =（N 日内收盘价上涨幅度总和）/（上涨、下跌幅度总和）×100。其中，N 为时间周期，一般取 6、

12、24；计算所得到的 RSI 值的范围为 0～100。如果 RSI 值较高，则表明市场较为强势，反之，则表明市场较为弱势。在实盘操作中，我们可以利用 RSI 指标线的总体运行形态、交叉穿越关系，来分析预测价格的后期走势。此外，由于 RSI 指标更适用于短期走势的研判，因此将其与可以呈现出价格总体运行趋势的移动平均线结合使用的效果会更好。

7.5.2　上升趋势中的 RSI 指标线运行形态

RSI 以 RSI=50 这一位置作为多空双方力量的均衡点。当 RSI 值超过 50 时，说明多方力量占优；反之，当 RSI 值低于 50 时，说明空方力量占优。上升趋势表示市场状况为多方总体占优，这体现在 RSI 指标线运行形态上就是，RSI 指标线会持续、稳健地运行于"数值 50"的上方。

图 7-24 所示为西安旅游上升趋势中的 RSI 指标线运行形态。RSI 指标窗口中用虚线标注了 RSI=50 的位置。在此期间，此股处于稳健的上升趋势中，而同期的 RSI 指标线则是持续、稳健地运行于"数值 50"的上方，清晰地反映出了这一趋势运行状态。

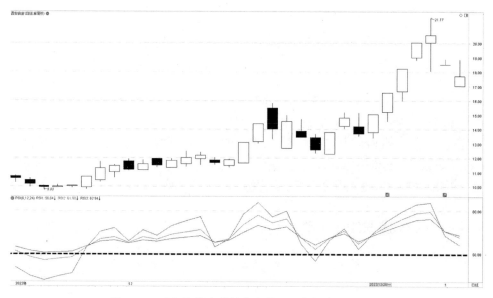

图 7-24　西安旅游上升趋势中的 RSI 指标线运行形态

7.5.3　下跌趋势中的 RSI 指标线运行形态

下跌趋势表示市场状况为空方总体占优，这体现在 RSI 指标线运行形态上就是，

RSI 指标线会持续地运行于"数值 50"的下方。

图 7-25 所示为万科 A 下跌趋势中的 RSI 指标线运行形态。RSI 指标窗口中用虚线注出了 RSI=50 的位置。在此期间，此股处于下跌趋势中，同期的 RSI 指标线持续地运行于"数值 50"的下方，清晰地反映出这一趋势运行状态。

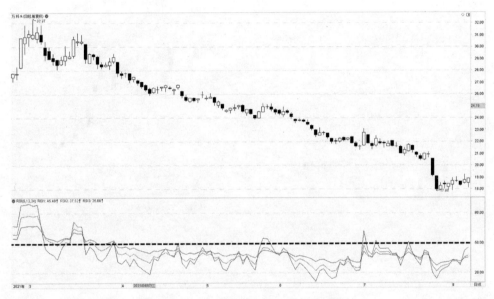

图 7-25 万科 A 下跌趋势中的 RSI 指标线运行形态

7.5.4 短线卖点与 RSI 指标超买值

RSI 值都在 0～100 的区间内波动，并且以"数值 50"为多空实力的平衡点，这一位置也称为 RSI 的中轴。在利用 RSI 分析价格短期内的波动情况时，我们可以关注 RSI 值偏离中轴的情况。当 RSI 值在 20～70 的区间内波动时，表示市场处于常态下，多空双方的交锋较为缓和，价格走势也将延续原有的路线。

当一波快速上涨走势出现，使得 RSI6 值大于 70 时，则表明市场短期内处于超买状态，是多方力量释放过度、空方可能展开阶段性反击的信号，可以作为我们短线卖出的信号。由于 RSI6 指标线的波动较为快速，并且当 RSI6 值大于 70 时，价格往往仍然会继续上涨。因而，在实盘操作中，我们可以等 RSI6 指标线从超买区回落至"数值 70"的下方时，再择机卖出。（注：在 RSI 指标窗口中，我们用周期最短、反应最为灵敏的 RSI6 来分析市场短期内的超买超卖情况。）

图 7-26 所示为美丽生态短期超买状态下的 RSI 指标线运行形态。RSI 指标窗口中用虚线标注了"数值 70"所在的位置。此股短期内的一波快速上涨使得 RSI6 指标线跃升至"数值 70"的上方，这是市场短期内处于超买状态的表现。随后，当 RSI6 指标线回落至"数值 70"的下方，而个股也出现震荡滞涨时，就是投资者短线卖出的最好时机。

图 7-26　美丽生态短期超买状态下的 RSI 指标线运行形态

7.5.5　短线买点与 RSI 指标超卖值

当一波快速下跌走势出现，使得 RSI 值小于 20 时，则表明市场短期内处于超卖状态，是空方力量释放过度、多方可能展开阶段性反击的信号，可以作为我们短线买入的信号。由于 RSI 指标线的波动较为快速，并且当 RSI 指标线跌至"数值 20"的下方时，价格往往仍然会继续下跌。因而，在实盘操作中，投资者可以等 RSI6 指标线从超卖区回升至"数值 20"的上方时，再择机买入。（注：在 RSI 指标窗口中，我们用周期最短、反应最为灵敏的 RSI6 来分析市场短期内的超买超卖情况。）

图 7-27 所示为深华发 A 短期超卖状态下的 RSI 指标线运行形态。RSI 指标窗口中用虚线标注了"数值 20"所在的位置。此股在上升途中出现了一波快速的下跌走势，这一波幅度较大、速度较快的下跌走势使得 RSI6 指标线跌至"数值 20"的下方，这是市场短期内处于超卖状态的表现。随后，当 RSI6 指标线回升至"数值 20"的上

方，而个股也出现止跌迹象时，就是投资者短线买入的最好时机。

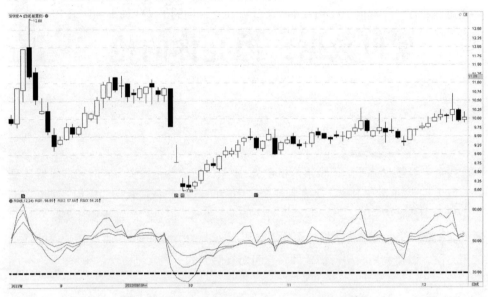

图 7-27　深华发 A 短期超卖状态下的 RSI 指标线运行形态

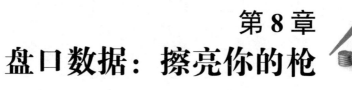

第 8 章
盘口数据：擦亮你的枪

投资者炒股时需要解读股票价格走势，股票行情软件是投资者实时获取股票信息的重要工具，"工欲善其事，必先利其器"。快速学会股票行情软件的使用，是投资者炒股过程中的重要一步。虽然股票行情软件种类繁多，但它们的基本操作方法却是一致的。本章将结合股票行情软件中的看盘界面，全面地讲解一下股票行情软件的基本使用方法，以及利用股票行情软件看盘时所接触到的一些常见概念、图形。

8.1 基本认识

对一个股票投资者而言，看盘水平的高低会直接影响其操作效果，即使是中线投资者也不能忽视盘口数据的价值。通过盘中的股票价格指数及个股走势，可以研判出多空双方力量的强弱，把握股票的操作节奏，从而实现盈利的目标。

8.1.1 为什么要看盘

要想把握市场的动向，就要学会看大盘。看盘俗称"盯盘"，是股票投资者主要的日常工作。许多证券公司都在其营业大厅的墙上挂有大型彩色显示屏幕，显示的内容主要有前一天的收盘价、开盘价、最高价、最低价、最新价、买入价、卖出价、买盘、卖盘、涨跌、买手、卖手、现手、成交量和总额等，而投资者在看盘时主要看的也是这些内容。另外，大盘除了显示各只上市股票的行情，还显示整个市场行情的股票价格指数，也就是常说的上证指数和深证成指等。

投资者看盘应主要着眼于股票价格指数及个股的未来趋向的判断，通常从以下 3 个方面来思考。

（1）股指与个股方面选择的研判：观察股票指数与大部分个股运行趋向是否一致。

（2）盘面的股票指数走弱或走强的背后隐性信息。

（3）掌握市场节奏，高抛低吸，降低持仓成本。

8.1.2　盘口最重要的 6 条信息

了解了什么是看盘之后，还要掌握看盘时应重点关注的几条信息，如下所述。

1. 开盘时集合竞价的股价和成交额

开盘时首先要看今日大盘是高开还是低开，即与昨天的收盘价相比价格是高了还是低了。大盘高开和低开能够表现出市场的意愿：是多头占主导地位还是绝大多数是空头。成交量的大小则表示参与买卖的投资者的多少，它往往对一天之内成交的活跃程度有很大的影响。

2. 关注开盘价

在看盘时，开盘价是非常关键的信息。对于一只股票来讲，低开、高开和平开都是有一定含义的。一般来讲，开盘价预示这只股票一天的整体走势，大幅高开预示整体走势会不错，平开预示没有太大风险，低开则要引起注意了。一只正处于升势的股票，在其价格上涨了一定的幅度之后，一个大幅低开可能就是"致命"的。

3. 开盘后半小时内股价变动的方向

经过上一个交易日后多个小时的思考，投资者所做的投资决策会较为坚决且理性，因此开盘后半个小时内股价变动的方向最能反映出投资者的多空力量对比，投资者可以据此判断出全天的大致走势。一般来说，如果股价开得太高，在半小时内可能就会回落；如果股价开得太低，在半小时内可能就会回升。这时要看成交量的大小，如果高开又不回落，而且成交量放大，那么这只股票很可能要上涨。

4. 关注现手和总手数

现手说明股市中刚刚成交的一次成交量的大小。如果某只股票连续出现大量成交，则表示有很多投资者在买卖该股，成交非常活跃，很有可能创出新高。如果某只股票半天也没人买，则其不太可能成为活跃股。总手数也称成交量，就是指现手的累计数。有时总手数是比股价更为重要的指标。总手数与流通股数的比称为换手率，换手率高，说明该股交易活跃，容易上涨。这样的个股的股性特别活跃，并可能成为目前热门题材个股。

5. 注意买盘的变化

比如某只股票冲高回落，买一有 300 手（30 000 股）接盘，瞬间变成了 220 手（减少了 80 手），随后又变为 290 手（增加了 70 手），接着又减少、又增加等。但在经过了若干次的变动以后这一价位上的接盘数量与原来的差不多。在几十秒的时间里几乎有相同的单子既出又进，这绝非市场所为，一定是有人故意为之。那么他们这样做的目的是什么呢？一个价位上的接单数量一般是由几张单子组成的，而成交的原则是时间优先，因此排在前面的单子将先成交。将前面的单子撤下来，后面的单子就会往前移，成交的将是后面的单子。因此，这样做的目的是让后面的单子成交。那么，为什么又重新将单子挂上去呢？肯定是因为有人希望在此处利用其他人的买单阻挡一下股价下跌的势头，但又不愿意股价回落得过多，因此增加一些接盘以壮声势。同理，股价在涨停板上，买盘如有类似的变化，就要注意了，一种可能是主力资金利用其他人的买单承接在涨停板处的买单，另一种可能是主力资金自己本身想出货。

6. 开盘后股票涨、跌停板情况

开盘后涨、跌停板的情况会对大盘产生直接的影响。在实行涨、跌停板制度后，可以发现涨、跌停板的股票会对与其有可比性、同类型的股票产生助涨或助跌的作用。

例如，大盘开盘后某只黄金股涨停，在其做多示范效应的影响下，其他与其相近的或有可比性的股票会有走强的趋势。投资者通过自己的观察，可以找出一些经常联动的股票，在某只股票的价格大幅攀升时，可以跟踪其联动股票从而获取收益。

8.1.3 如何利用通达信软件看盘

看"行情"窗口显示的信息的方式有很多。例如，在证券营业部显示的大屏幕、股票分析软件中的"行情"窗口查看信息，查看部分报价机、手机和电视上所显示的滚动报价等。这种盘面信息的最大特点是，只有各种各样的数据，没有走势图。通过"行情"窗口看盘比较简单，只要明白那些数据的含义就可以了，如现价、涨幅、日涨跌、开盘、收盘、最高价、最低价、成交量、成交金额、委买与委卖、成交笔数、每笔手数等，如图 8-1 所示。

"图形"窗口不仅显示交易信息数据，还显示走势图，使得投资分析更加形象、深入。投资者应该先学些形态分析和均线分析的基础知识，然后在日常交易的过程中不断对照分析、摸索规律，时间长了，就能看明白图形背后的真实含义了。"图形"窗口如图 8-2 所示。

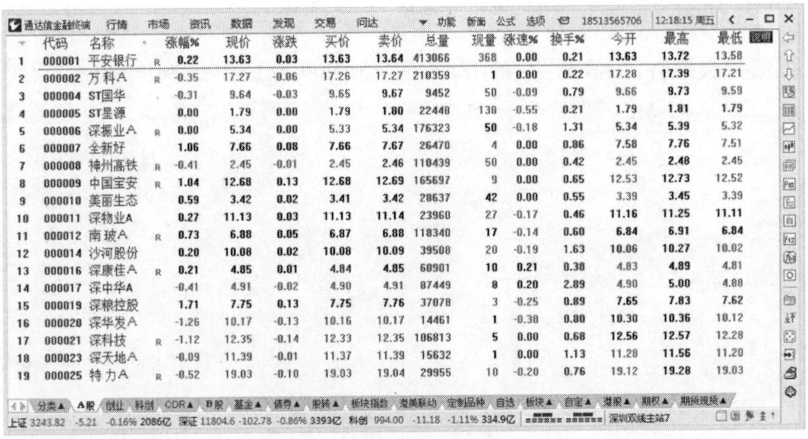

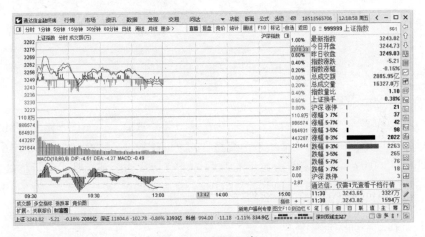

图 8-1　"行情"窗口

图 8-2　"图形"窗口

8.1.4　大盘指数的意义和操作

大盘 K 线技术走势图（简称 K 线图）按照周期可以分为 5 分钟 K 线图、15 分钟 K 线图、30 分钟 K 线图、60 分钟 K 线图、日 K 线图、周 K 线图、月 K 线图。由于所取的时间段不同，各种 K 线图所代表的意义也是不同的。不过，各种 K 线图所采用的绘制方法有相同之处，只要能够看懂其中一种，其余的就可触类旁通了。下面以比较常用的日 K 线图为例来介绍怎样看大盘 K 线图。

1. 大盘 K 线图的基本内容

一般的股票分析软件所显示的大盘 K 线图是由 3 个画面组成的，其中最上面的画面是日 K 线图，中间的画面是成交量图形，最下面的画面是某个技术指标图形（技术指标可任意选择）。图 8-3 所示为上证指数日 K 线图。

图 8-3　上证指数日 K 线图

（1）移动平均线采样显示栏。

本栏可以显示不同周期的移动平均线在某一天的数值。例如，本栏的"MA5：3270.16"表明该图所显示的最后一个交易日的上证指数 5 日均线位于 3270.16 点；"MA10：3260.07"表明该图所显示的最后一个交易日的上证指数 10 日均线位于3260.07 点。同理，MA20、MA30、MA60，分别表示的是 20 日均线、30 日均线、60 日均线所处的位置。

（2）移动平均线走势图。

移动平均线分别用不同颜色表示。图 8-3 所示的这 6 根移动平均线分别是 5 日均线、10 日均线、20 日均线、30 日均线、60 日均线和 120 日均线，其表示颜色在移动平均线采样显示栏有明确提示（本书为黑白印刷，无法显示具体颜色）。

（3）均量线。

均量线是根据一定时期成交量的算术平均值在图形中形成的曲线。它是参照移动平均线的原理，以成交量平均数来研判行情趋势的一种技术指标，又称成交量均线指标。

（4）成交量柱体。

绿色（黑色）柱体表示大盘指数收阴时每日或每周、每月的成交量，红色（白色）柱体表示大盘指数收阳时每日或每周、每月的成交量，一根柱状线就表示一天的成交量。

（5）常用技术指标图形显示栏。

本栏可以根据每个用户的需要任意选择技术指标，如 MACD、DMI、RSI、KDJ、SAR 等。

2. 大盘 K 线图的基本操作

进入 K 线图界面后，用户可以进行查看历史时点数据、查看财务、查看短线，以及查看成分等基本操作。下面以大智慧软件为例进行介绍，其他软件的操作类似。

（1）查看历史时点数据。

如图 8-4 所示，在大盘 K 线图中可以查看历史时点数据。在大盘 K 线图中，按键盘上的←键和→键可以分别向前和向后查看大盘的历史数据信息。左侧浮动窗口中显示的历史数据信息为横竖两根线交点处的 K 线数据，此时用户也可以单击某根 K 线来查看其数据信息，按 Esc 键，可以取消显示。

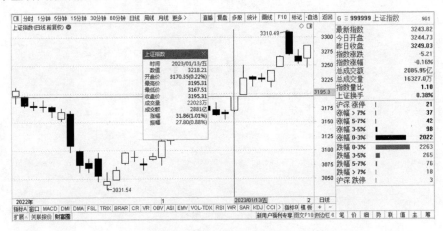

图 8-4 查看历史时点数据

（2）切换 K 线图的分析周期。

在默认情况下，K 线图的分析周期按日线显示，即每一根 K 线表示一个交易日的情况。如果需要分析其他周期的情况，则可以在 K 线窗口上方选择不同的分析周期，如图 8-5 所示。

（3）画面组合。

在默认情况下，大盘 K 线技术走势图中除了显示 K 线图，还显示了成交量和一个技术指标 KDJ。如果想只查看 K 线图，则可隐藏其他两个子窗口。如果想增加一些技术指标来辅助分析，则可以使用画面组合功能。右击，在弹出的菜单中选择"指标窗口个数"命令，然后选择所需的窗口个数，如图 8-6 所示。从中选择 N 图组合，本例选择 4 图组合，大盘 K 线窗口将出现 4 个窗口，如图 8-7 所示。

图 8-5　选择不同的分析周期

图 8-6　画面组合

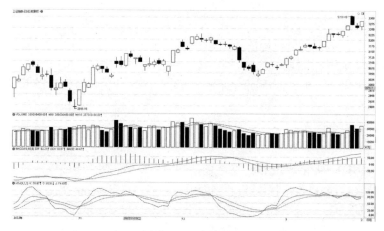

图 8-7　4 图组合

（4）多周期分析。

在通达信中，同时按 Ctrl 键和 M 键，可出现 9 周期同列的界面，可以同时查看不同周期的走势图，如图 8-8 所示。

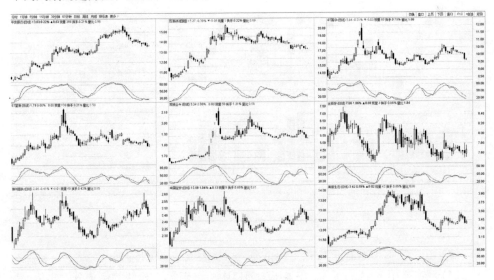

图 8-8　多周期分析

8.1.5　如何看个股

个股 K 线图按照周期也可以分为 5 分钟 K 线图、15 分钟 K 线图、30 分钟 K 线图、60 分钟 K 线图、日 K 线图、周 K 线图及月 K 线图。图 8-9 所示为上港集团日 K 线图。

1．进入个股 K 线图

用户进入个股 K 线图有以下几种不同的方法。

（1）在看盘软件中，直接输入个股代码或个股名称拼音首字母，然后按 Enter 键，即可进入"分时走势图"窗口；再次按 Enter 键，则会进入"个股动态 K 线图"窗口。

（2）在各类行情报价表界面双击某个选定的个股，也可进入"个股动态 K 线图"窗口。

2．个股动态 K 线图的主要操作

（1）按 Enter 键循环切换个股分时走势图、个股 K 线图，以及行情报价列表。

（2）在个股 K 线图画面中直接输入指标名称，即可更换原有的指标显示，如"KDJ""MACD""RSI"等。按数字键盘中的/键或*键，可依次快速切换分析指标。

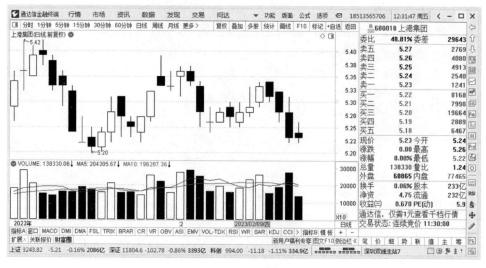

图 8-9　上港集团日 K 线图

（3）在个股 K 线图画面中按↑或↓键，可放大或缩小图形。

（4）双击某根 K 线的实体，在弹出的窗口中可以查看该 K 线的历史分时走势（需要保存当日的历史数据）。

（5）在指标线过多的情况下，如果想去掉某根指标线，则可以在该指标线上单击，再按 Delete 键即可去掉选中的指标线；也可以在 K 线窗口空白处右击，在弹出的快捷菜单中选择"删除指标"选项即可去掉主图上的该指标线。若要重新显示该指标线，则输入该指标的缩写名称即可。

（6）在 K 线图中右击，在弹出的快捷菜单中选择"加入自选股"选项，可把该股选入"自选股"栏。

8.1.6　如何看板块

在股票投资中，根据市场的不同热点，不同板块的股票会出现不同的涨势。例如，在美国金融危机期间，受国际局势的影响，黄金板块出现了不小的涨势，几乎所有的黄金股都有或大或小的涨幅。因此，适当地关注板块，通常会有一些令人惊喜的发现。

下面以通达信软件为例，介绍如何看板块的涨幅情况，具体的操作步骤如下。

步骤 1：打开通达信软件，进入"上海 A 股行情"页面，如图 8-10 所示。

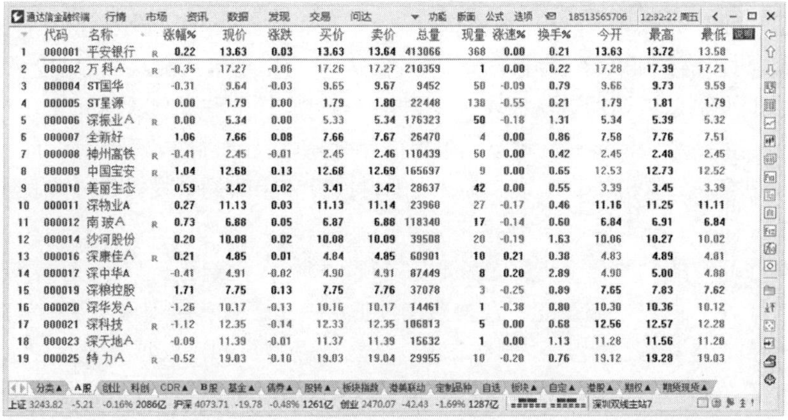

图 8-10 "上海 A 股行情"页面

步骤 2：在该页面下方单击一排板块选项卡中的"板块指数"选项卡，即可进行切换，在弹出的菜单中选择所需要的板块。如图 8-11 所示，左侧显示的是不同的板块指数，右侧显示的是左侧所选板块"日用化工"的成分股票。

图 8-11 板块指数与成分股

8.1.7 盯盘与复盘

看盘中有两个概念：盯盘与复盘。盯盘指的是在正常的交易时间对盘面进行分析，而复盘指的是对当天的走势等内容进行回顾和总结。

此处主要说明一下复盘的步骤和技巧。复盘是为了回顾当天的盘面，从而确定下一步的操作策略。

复盘可以从热点和风险板块的挖掘开始。在大智慧 Level-2 股票分析软件中输入81或83，可以看到沪深 A 股中的股票排名，从中可以逆推到涨跌幅靠前的板块，看股票池中的股票是否属于这些板块，以及是否与这些板块联动。这样可以根据板块的趋势来制定手头个股的操作策略。如果板块处于高风险期，则投资者手头的个股可以出局等待机会；如果板块处于发力期，则即便投资者手头的个股暂时没有表现，也要耐心持有。

对板块研究的同时，需要对大盘走势进行回顾。大盘走势是整体趋势，要查看大盘目前处于什么位置、与量能配合关系是否正常、是否有背离现象出现，等等。

回顾完大盘和板块后，再转入个股分析。个股分析的对象首先是投资者持仓的股票，接着分析股票池中的个股。投资者当天感兴趣的股票可以放在持仓股中一起分析。

进行个股研判时首先要看分时线，此处可参考大智慧的分时分笔成交功能，看当天是否有异常情况出现，多空双方的动能如何，以及股价走势是否与前期制定的策略相符。

大智慧提供的分时分笔成交功能对个股分时复盘的帮助非常大。投资者可以通过此功能了解某一天的买卖单处于什么价位和数量，从中可以看出是否有主力资金参与；通过挂单及撤销功能可以看出主力是否在做假盘。

除了对当天股价走势进行分时分析，大智慧提供的多日分时线功能也是非常有用的复盘工具。通过对多日分时线的观察和总结，投资者可以掌握股票操盘手的交易习惯及规律，从而制定短线的操作策略，如做 T+0。如果股价的分时走势不符合平时的交易习惯，就会出现较大的波动。另外，多日分时线也会反映出主力做拉升或出货的习惯，投资者从中可以看出股票是台阶式拉升、先整理后拉升、逐步上扬，还是脉冲式爆发等。

对分时分笔走势做出判断之后，需要转到日线和周线进行分析。日线对中短线投资者比较有用，但对中长线投资者来说，周线甚至月线的准确率会更高。对日线、周线、月线的研判主要是看股价走势中是否出现重要的突破。比如，是否突破了支撑线、压力线等，股价走势是否在正常的通道中运行，量价是否配合，是否出现背离，是否出现重要的买卖点，等等。

8.2　盘口的 9 个核心概念

在看盘软件中，盘口往往会透露出很多秘密。本节旨在通过对盘口语言的分析，指导读者正确地理解盘口信息的真正含义，从而快速判断主力的交易意图，准确分析股价的未来趋势，及时制定出正确的交易策略，更好地把握买卖的时机。

8.2.1　换手率

换手率是指单位时间内，某只股票的累计成交量与其流通股本之间的比率，一般以日为单位，平常我们所说的换手率就是指日换手率。换手率是我们衡量一只股票的流通筹码换手情况的指标，既可以帮助我们判断一只股票的换手情况，也可以帮助我们分析它的股性是否活跃。

1. 低换手率与高换手率

由于大股东所持有的流通股数量不同，不同类型的股票的换手率的高低标准并不在一个水平线上。上市公司的控股股东所持有的流通股一般不会在市场上卖出。如果控股股东持有大量的流通股，则这类股票的换手率自然较低；反之，那些控股股东持股比例较低、多路资金买入的个股，其换手率就会相对高一些。

在实盘操作中，对于那些控股股东持股比例相对较低的个股，我们可以重点关注其中换手率（默认指日换手率）较低或较高的个股。那么，什么标准属于低，什么标准属于高？一般来说，日换手率小于 2%属于低，大于 5%属于高。较低的换手率往往说明主力资金大量持仓、市场浮筹较少，这类个股极有可能是主力资金入驻股，也是有望成为中长线大黑马的潜力股。较高的换手率说明市场交易活跃、换手充分。那么，在这充分换手的背后，是否有主力的进出呢？这是我们应注意的内容。

图 8-12 所示为云海金属走势图。此股公布了定增并购消息，但是在公布消息当天的涨停板出现了 10.84%的换手率。因此，涨停后的巨额换手是应引起投资者警示的风险信号，因为它极有可能是主力资金正大规模派发离场的标志。退一步来说，即使当日有主力入驻，主力也应该是在短炒此股，此股在随后几日的走势仍应是快速飙升。只有这样，短线主力才能保证其本金的安全性，也才能最大限度地激发市场上做多的热情，从而实现获利出局。然而，短线主力并没再度强势拉升此股，这是否意味着主力短期内做多的意愿不强烈呢？通过以上分析得出结论：高换手率是投资者可以逢高出局的信号。

图 8-13 所示为东北制药走势图。此股在一波深幅调整后的阶段性低位区出现盘整震荡走势。查看此股的公开信息得知，此股为全流通股票，其控股股东总持股比例不到 30%，其余 70%的流通筹码分布在证券公司、投资机构、个人等买卖行为比较频繁的投资者手中，但此股在这一低位盘整震荡走势中每日的平均换手率居然不到 1%。一般来说，这是有主力资金入驻且积极锁仓的标志，也是个股后期将有好行情出现的标志。

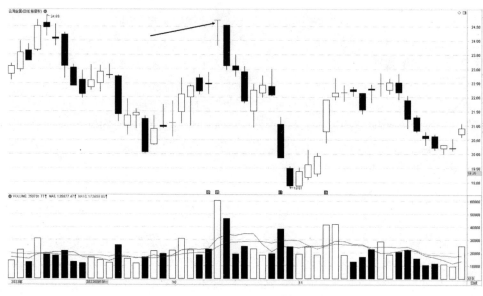

图 8-12 云海金属高换手率

图 8-13 东北制药低换手率

2. 区间换手率

虽然换手率常常以日为时间单位进行解读，但计算个股在某一时间段（多个交易日）内的累计换手率也具有重要的实战意义，可以称之为区间换手率。当个股处于横盘震荡走势中时，运用区间换手率就可以进一步揣测主力的市场行为。

一般来说，区间换手率更多地用于分析主力的建仓行为。在低位区，如果个股有新主力强力建仓的话，一般来说，在最理想的情况下，1/4～1/3 的成交量会落入主力的手中。这意味着如果个股在可见的低位震荡区间内出现了接近 200%的换手率，而分时图中又经常出现异动，则很有可能有主力入驻此股。当然，低位区并不意味着个股一定处于深跌后的底部区，只要主力认为个股后期仍有较大的上涨空间，就会积极地建仓。

图 8-14 所示为华媒控股走势图。此股长期处于盘整震荡走势中，但是值得关注的是，此股在这段时间内的累计换手率达到了近 300%，这正是主力资金大力买入此股的信号。也正是因为有主力资金的大力买入，此股随后才出现了强势突破的大幅上涨走势。

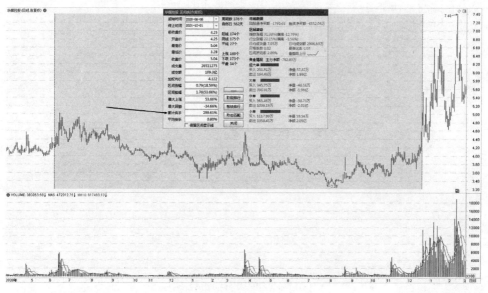

图 8-14　华媒控股走势图

3. 新股换手率

在国内的 A 股市场中，惯有"炒新"的氛围，每周都会有一些新股排队上市。而在上市的新股中，总有一些会获得主力资金的青睐，从而出现新股上市后的飙升行情。那么，如何获知新股在上市后是否会有行情出现呢？通过换手率来分析，就是一种很好的方法。

主力资金一般都是在新股上市首日买入的，为了满足主力建仓的需要，新股必然会在当天有较高的换手率。一般来说，对于中盘及大盘股来说，新股上市首日的换手率若低于 40%，则难有新股行情出现；而对于小盘股来说，新股上市首日的换手率若低于60%，则也难有新股行情出现。

在实盘分析中，换手率仅是投资者分析新股的一个要素，除此之外，新股的题材、新股上市的定价等也是投资者应关注的焦点。如果一只个股有着不错的题材，其上市定价也不是很高，则这类新股极易获得主力资金的参与，其后面的上升空间也会较大；反观那些在上市之前就已被大肆宣传且定价明显偏高的个股，由于其上市后再难有较大的上涨空间，因而多不会获得主力的参与。

图 8-15 所示为中国石油走势图。此股是顶着上市之前的"亚洲最赚钱的公司"的荣誉来到 A 股市场的，而当时的股市正处于牛市和峰值处，此股以 16.70 元发行，但上市首日的开盘价却在 48 元的上方。作为一只超级大盘股，此股已明显被高估了，很难想象其后期还能有多大的上涨空间。虽然当日此股有 50%多的换手率，但这时需要的不仅是技术分析，还有理性的思考。

图 8-15　中国石油走势图

8.2.2　买盘与卖盘

在市场中，投资者经常谈论的热门话题之一便是主力的动向，把好"主力脉"，便有了收益的保障。探寻主力动向的方法有很多，从个股交易的买卖盘就可以准确观察主力的动向，具体表现就是一只股票委托买入的价格、数量及委托卖出的价格、数量。当某个投资者委托买入的价格与另一个投资者委托卖出的价格相同时，则成交；当某个投资者委托买入的价格与另一个投资者委托卖出的价格达不到成交条件时，就排队等候。对于委托卖出的卖单，按价格由低向高排列，价格低的排在前面；对于委托买入的买单，同样按委托买入的价格排序，价格高的排在前面。

在一般的交易软件中，可以显示前 5 档价格最低的卖单和前 5 档价格最高的买单，一般简称为买一、买二、买三……或卖一、卖二、卖三……图 8-16 所示为大智慧软件的买卖盘，图 8-17 所示为通达信软件的买卖盘。

	5	5.55	1406		卖五	26.40	55
卖	4	5.54	1071		卖四	26.39	6
	3	5.53	616		卖三	26.38	1
盘	2	5.52	880		卖二	26.36	3
	1	5.51	163	+9	卖一	26.35	1
	1	5.50	220	-91	买一	26.34	13
买	2	5.49	2789		买二	26.33	3
	3	5.48	900		买三	26.32	21
盘	4	5.47	1020		买四	26.31	522
	5	5.46	1520		买五	26.30	65

图 8-16 大智慧买卖盘 　　　　图 8-17 通达信买卖盘

一般来讲，当某只股票长期在低迷状况下运行，某日股价有所启动，并且在卖盘上挂出巨大抛单（每笔经常包括成百上千手），买单会比较少。此时如果有资金进场将挂在卖一、卖二、卖三的压单"吃掉"，可看作主力建仓动作。投资者要注意，如果想买入，千万不要跟风追买卖盘，应在大抛单不见了、股价在盘中回调时再买入，避免当日追高被套。在低位出现上述情况时，买入的风险一般不大，主力向上拉升的意图明显，做短线有被浅套的可能，但定会有所收益。与之相反，如果在个股被炒高之后，盘中出现巨大抛单，卖一、卖二、卖三总有成百上千手压单，而买盘行情不好，则投资者一定要提高警惕，注意风险。

当某只股票在正常平稳的运行中，股价突然被盘中出现的上千手大抛单砸至跌停板或跌停板附近，随后又被快速拉起，或者股价被盘中突然出现的上千手大买单拉升，然后快速归位，出现这些情况则表明有主力在其中试盘。主力向下砸盘是在试探其基础的牢固程度，然后决定是否拉升。该股如果在一段时期内总收下影线，则主力向上拉升的可能性大；反之，主力出逃的可能性大。

当某只个股经过连续下跌出现了护盘动作，在其买一、买二、买三发现有大手笔买单挂出，这是绝对的护盘动作，但这不意味着该股后市会止跌。因为在市场中，股价是护不住的，主力护盘，证明其实力欠缺，否则可以推升股价。此时，该股的价格往往还有下降空间。但投资者可留意该股，因为该股有主力资金在内，一旦市场转强，这种股票往往能快速回升。

8.2.3　内盘与外盘

外盘是指主动性买入的股票数值，即买方以委卖盘中事先挂出的委卖价来进行买入的股票数值，这是一种主动性的买入。内盘是指主动性卖出的股票数值，即卖方以委买盘中事先挂出的委买价来进行卖出的股票数值，这是一种主动性的卖出。内盘与外盘之和正好就是成交量。内盘和外盘如图 8-18 所示。

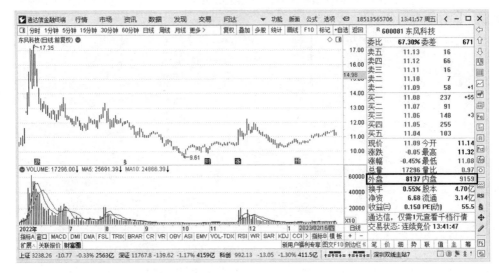

图 8-18　内盘和外盘

由于内盘、外盘显示的是开市后至现时以委卖价和委买价各自成交的累计量，所以对投资者判断目前的走势强弱非常有帮助。一般来讲，当外盘大于内盘时，反映了场中买盘承接力量较强，走势向好；当内盘大于外盘时，则反映了场内卖盘力量大于买盘，走势偏弱。如果主动性买盘与主动性卖盘的价格相差很大，则说明买方追高意愿不强，同时卖方也有较强的惜售心理，多空双方处于僵持状态。

内盘和外盘的数值能够反映出主动卖出和主动买入量的大小，通常被投资者作为短线操作的重要参考依据。但内盘或外盘的数值有时并不是真实的，在真实的市场中，外盘大，股价并不一定上涨；内盘大，股价也并不一定下跌。

一般来讲，有以下几种情况需要注意。

（1）股价经过了长时间的下跌之后，处于较低价位，成交量也极度萎缩。随后，盘中成交量温和放出，当日外盘数量增加，大于内盘数量，此时，股价将极有可能上涨。与之相反，股价在经过了长时间的上涨之后，处于较高价位，成交量巨大，无法再继续增加，当日内盘数量放大，大于外盘数量，股价将极有可能下跌。

（2）在股价持续阴跌过程中，时常会出现外盘大、内盘小的情况，此情况并不表示股价一定会上涨。主力资金先用几笔抛单将股价打至较低位置，然后在卖一、卖二挂卖单，并自己"吃掉"卖单，造成股价小幅上升。此时的外盘将明显大于内盘，使投资者认为主力资金在吃货，而纷纷跟进被套。

（3）在股价持续上涨过程中，时常会出现内盘大、外盘小的情况，此情况并不表示股价一定会下跌。主力资金用几笔买单将股价拉至一个相对的高位，然后在股价小跌后，在买一、买二挂买单，让投资者认为主力在出货，纷纷卖出股票，此时主力资金层层挂出小单，将抛单通通接走。

（4）股价已有较大的涨幅，如果某日外盘大量增加，股价却难以大幅上涨，则投资者要警惕；当股价已经有了较大的跌幅，如果某日内盘大量增加，股价却难以大幅下跌，则投资者也要警惕。

8.2.4 委比

委比是衡量某一时段买卖盘相对强度的指标，委比的取值范围为-100%～+100%，涨停的股票的委比一般是+100%（见图 8-19），而跌停的股票的委比一般为-100%（见图 8-20）。委比为 0，意思是买入（托单）和卖出（压单）的数量相等，即委买∶委卖=5∶5。

委比	+100.00%	3077
卖⑤	—	0
卖④	—	0
卖③	—	0
卖②	—	0
卖①	—	0
买①	12.45	3030
买②	12.43	14
买③	12.42	3
买④	12.41	16
买⑤	12.40	0
最新	12.45 开盘	11.32
涨跌	+1.13 最高	12.45
涨幅	+9.98% 最低	11.32
振幅	9.98% 均价	12.30
总手	148,496 量比	4.42
金额	18,262 换手	4.74%
现手	50 市盈(动)	18.07
涨停	12.45 跌停	10.19

图 8-19 涨停委比

委比	-100.00%	-1702
卖⑤	7.20	101
卖④	7.19	10
卖③	7.18	177
卖②	7.17	312
卖①	7.16	1102
买①	—	0
买②	—	0
买③	—	0
买④	—	0
买⑤	—	0
最新	7.16 开盘	7.45
涨跌	-0.38 最高	7.68
涨幅	-5.04% 最低	7.16
振幅	6.90% 均价	7.43
总手	101,608 量比	1.11
金额	7,545 换手	3.44%
现手	37 市盈(动)	亏损
涨停	7.92 跌停	7.16
外盘	44039 内盘	57569

图 8-20 跌停委比

委比的计算公式为委比＝（委买手数-委卖手数）/（委买手数＋委卖手数）×100%。其中，委买手数是指现在所有个股委托买入下三档的总数量。委卖手数是指现在所有个股委托卖出上三档的总数量。委比值的变化范围为-100%～+100%。

（1）当委比值为-100%时，表示只有卖盘而没有买盘，说明市场的抛盘非常大。

（2）当委比值为+100%时，表示只有买盘而没有卖盘，说明市场的买盘非常有力。

（3）当委比值为负时，卖盘比买盘大，说明市场抛盘较强；而委比值为正时，说明买盘比卖盘大，市场强劲。委比值从-100%到+100%的变化是卖盘逐渐减弱、买盘逐渐增强的一个过程。反之，委比值从+100%到-100%的变化是买盘逐渐减弱、卖盘逐渐增强的一个过程。

8.2.5 量比

量比是衡量相对成交量的指标，是指股市开市后平均每分钟成交量与过去5个交易日平均每分钟成交量之比。其计算公式为量比=现成交总手/〔过去5日平均每分钟成交量×当日累计开市时间（分）〕。当量比大于1时，说明当日平均每分钟成交量大于过去5日的平均值，量比值越大，表明当日该股当日流入的资金越多、市场活跃度越高；当量比小于1时，说明当日平均每分钟成交量小于过去5日的平均值，量比值越小，说明资金的流入越少、市场活跃度越低。

量比是将某只股票在某个时点上的成交量与一段时间内的成交量平均值进行比较得出的指标，它能够排除因股本不同造成的不可比情况，是投资者发现成交量异动的重要分析工具。在看盘软件中，量比就在中间给出的依据买卖盘与成交明细做出的阶段性总结的各项动态资料中，如图8-21所示。

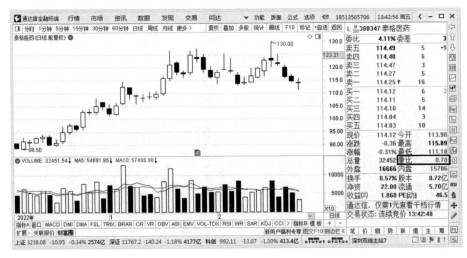

图8-21 量比

通常，量比值应该有一个合理的区间，下面列出量比值在各区间所表示的意义。

（1）量比达到0.8～1.5倍，表示成交量是正常水平。

（2）量比达到1.5～2.5倍，为温和放量。如果此时股价处于缓缓上升的状态，则升势相对健康，可继续持股；如果此时股价是下跌的，则可认定跌势很难在短期结束，从量的方面判断应择机退出。

（3）量比达到 2.5～5 倍，为明显放量。如果此时股价相应地突破重要支撑或跌穿阻力位置，则突破的成功概率很高，投资者可以相应地采取行动。

（4）量比达到 5～10 倍，为剧烈放量。如果是个股长期处于低位时出现的剧烈放量突破，涨势的后续空间巨大。但是，如果是在个股已有巨大涨幅的情况下出现的剧烈放量，则需要高度警惕，最好是观望。

（5）量比达到 10 倍以上的股票，一般应该反向操作。在涨势中出现这种情形，表明股价已经见顶。在股票长期下跌时见到巨大量比，说明该股已经见底，有可能要反转了。

（6）量比达到 20 倍以上，是极端放量的一种表现。这种情况的反转意义特别强烈，如果在连续的上涨之后出现这种情况，则是涨势结束的强烈信号。当某只股票在跌势中出现极端放量，则是建仓的大好时机。

（7）量比在 0.5 倍以下的缩量情形为严重缩量，是市场交易极度不活跃的一种表现，但是也蕴藏着一定的市场机会。主力资金长期入驻股一般都是缩量创新高的股票。缩量调整的股票，特别是放量突破某个重要阻力位之后缩量回调的个股，一般是不可多得的买入对象。

（8）涨停板时量比在 1 倍以下的股票的上涨空间是不可估量的，而且在第二天开盘立刻涨停的可能性极高。在跌停板的情况下，量比越小说明杀跌动能未能得到有效宣泄，后市仍有巨大的下跌空间。

8.3　解读不同时段的盘口语言

看盘的时间非常重要。一般来讲，早盘和尾盘的变化对趋势的分析更加重要，开盘半小时之内往往可以定下一天的行情趋势，收盘前半个小时之内经常会发生较大的变化。例如，尾盘拉升或尾盘暴跌，均能预示明天的行情走势。

8.3.1　早晨开盘的重点

开盘是一个新的交易日的开始，开盘的表现往往能够定下大盘一天走势的基调，除非出现特别大的利多或利空消息，否则，当日一般不会发生高强度的震动或大比例的逆反走向。

1. 集合竞价

集合竞价就是在当天还没有成交价的时候，投资者可根据前一天的收盘价和对当日股市的预测来输入股票价格，而在这段时间里输入计算机主机的所有价格都是平等的，不需要按照时间优先和价格优先的原则交易，而是按最大成交量的原则来定股票的价位，这个价位被称为集合竞价的价位，而这个过程被称为集合竞价。沪市和深市集合竞价的时间为 9:15－9:25（开盘集合竞价时间）；14:57－15:00（收盘集合竞价时间）。

集合竞价是大盘一天走势的预演，在开盘前可以先看看集合竞价的股价和成交额是高开还是低开。它显示出市场的意愿，预期今天的股价是上涨还是下跌。成交量的大小则表示参与买卖的人的多少，它往往对一天之内的成交活跃度有较大的影响。一般来讲，"高开＋放量"说明做多意愿较强，大盘当日收阳的概率较大；"低开＋缩量"说明做空意愿较强，大盘当日收阴的概率较大。

2. 开盘

每天股市开始交易称为开盘。我国的股市开盘时间是周一到周五，上午为 9:30－11:30，下午为 13:00－15:00，我国所有地方都一样。开盘价指每个交易日开市后，每只证券的第一笔成交价为该证券的开盘价。

（1）开盘的 3 种状态。

平开表示市场与上一交易日的收盘结果一致，认同上一个交易日的收盘价，多方和空方处于平衡状态，没有特别明显的上攻和下跌方向。

低开表示目前空方占据主动地位，如果股价在顶部大幅跳空低开表明人气不旺，往往是多方力量衰弱、空方力量增长的征兆。如果股价在底部跳空低开，表示市场有可能转暖，而且低开很有可能是主力机构在建仓，这时是投资者抄底吸筹的良机。

高开表示多方力量较大，股市人气旺盛。如果股价在底部大幅跳空高开表示有人抢筹码，往往是多空双方力量发生根本性逆转的时机。多方坚决上攻，主力做多意愿强烈，股价后期上涨的可能性非常大。如果股价在高位高开，则极有可能是主力在拉高出货。

（2）重视开盘后的 30 分钟。

中国股市实行 T+1 交易制度，在开盘与收盘时段多空双方都会进行激烈的搏杀，在总趋势一定的情况下，盘中走势反而相对平缓，因此，当日开盘后 30 分钟大盘与个股的走势对全天的交易情况的影响非常大。看盘高手从当日开盘细节中就可以看出当日股市运行趋势，并相应做出正确的交易策略。

一般来讲，短线散户往往会将手里要了结的股票在开盘 30 分钟内抛掉，而在当日最后 30 分钟决定买入股票。市场主力做盘也大多在开盘 30 分钟内就完成当日的拉高、试盘等任务。

开盘后的第一个 10 分钟是多空双方非常关注的时间段，也是股民应该注意的时间段。此时盘中的成交量不是太大，使用较少的资金就能达到目的：拉高或突然下跌。在强势市场中，由于多空双方力量的争夺，多方力量占据优势，往往是高开高走。在弱势市场中，多方往往会在开盘时集中卖出平仓，而空方也会大量抛售，造成开盘后的急跌。因此，开盘后的前 10 分钟的市场表现有助于投资者正确地判断市场走势的强弱。

开盘后的第二个 10 分钟，多空双方通常会进入休整阶段。此时，原有的趋势往往会得到修正，如果高开高走得太猛，获利盘就会回吐；如果下跌得过猛，则可能将有所回升。因此，投资者在这一时期可以仔细观察，选择准确的买卖点。

开盘后的第三个 10 分钟，多空双方经过前面的较量，已经了解了对方的情况，买卖盘的可信度会变得更高，这段时间大盘和个股的走势基本上是全天走向的基础，投资者可以根据这段时间显现出的趋势推断出全天的大概情况，从而做出自己的判断。

（3）开盘三线。

开盘三线是以开盘为起点，以第十分钟、第二十分钟、第三十分钟的指数为移动点连成 3 条线段，从这 3 条线段中可以推断出大盘和个股一天走势的相关信息。

一般来讲，开盘三线有以下几种典型的形态。

①开盘三线连三上。

开盘三线连三上是指 9:40、9:50、10:00 的点位都比 9:30 开盘的点位高的形态，表明当天的行情趋好的可能性较大。但是，如果 10:30 以前出现成交量持续异常放量的情况，则可能为机构拉高出货，此时投资者应以抛出为主。

②开盘三线连三下。

开盘三线连三下是指 9:40、9:50、10:00 的点位都比 9:30 开盘的点位低的形态，表明当天的行情趋坏的可能性较大，空头力量过于强大，当天收阴线的概率大于 80%。

③开盘三线二上一下。

开盘三线二上一下是指 9:40、9:50、10:00 的点位与 9:30 开盘的点位相比，9:40、9:50 两个移动点比原始起点高，而另一个移动点比原始起点低，表示当天的行情为买卖双方势力均强。行情以大幅震荡为主，如果多方逐步占据优势，则股价走势会向上爬行。

④开盘三线一上二下。

开盘三线一上二下是指 9:40、9:50、10:00 的点位与 9:30 开盘的点位相比，9:40、9:50 两个移动点比原始起点低，而另一个移动点比原始起点高，表明当天行情买卖方比较均衡，但空方比多方有力，大盘是拉高调整的趋势。

⑤开盘三线二下一上。

开盘三线二下一上是指 9:40、9:50、10:00 的点位与 9:30 开盘的点位相比，9:40、9:50 两个移动点比原始起点低，而另一个移动点比原始起点高，表示空方力量大于多方，而多方也积极反击，出现底部支撑，一般收盘为探底的阴线。

⑥开盘三线一下二上。

开盘三线一下二上是指 9:40、9:50、10:00 的点位与 9:30 开盘的点位相比，9:40 这个移动点比原始起点低，而另外两个移动点比原始起点高，表示今日空方的线被多方击破，反弹成功并且将是逐步震荡向上的趋势。

8.3.2　盘中信息解读

沪、深两市每个交易日时间为 4 小时，除掉首尾各半小时为开盘和尾盘时间，其余 3 小时均为盘中时间。在这 3 小时中，可分多空博弈、多空决胜和多空强化 3 个阶段。

1. 多空博弈

开盘仅仅拉开了一日股市序幕，多空之间只是相互试探，还没有正面交锋，盘中则是多空双方正式交手的开始，也是潜伏的黑马股启动的时刻，需要重点关注启动个股。指数、股价波动的频率越高，表明多空双方的搏斗越激烈。若指数、股价长时间平行，则表明多空双方持续观望，无意恋战。多空双方的胜败除依赖自身的实力（资金、信心、技巧）外，还要考虑消息和人气两个因素。在这个阶段，投资者应慎重判断，不必急于出手。

2. 多空决胜

经过多空双方的较量，此时胜负趋势会逐渐明朗。如果多方占据优势，则股价会不断推高；如果空方占据优势，则股价则会不断跌落。此时，投资者可以通过关注不同类型的股票和板块的强弱变化选择买卖的最佳时机。

分析多空决胜可参考下列因素。

（1）指标股的表现。指标股涨势强劲，大盘一般不会下跌；指标股萎靡不振，大盘必将下跌，多头指标股沦为空头指标股，则大盘跌速加快。

（2）涨跌家数。大盘普跌，个股飙升是不祥之兆，对大盘走势有害无益。个股与大盘表现形成极大反差，资金过于集中个股，使大盘"失血"，将造成恶性循环。涨家数量大于跌家数量，收盘指数上涨；跌家数量大于涨家数量，收盘指数下跌。观察涨、跌家数量，辨别多空力量的最佳时间为收盘前一小时。

（3）波动次数。如果股票指数的波动幅度大，波动次数多，在跌势中则说明趋于上涨，在涨势中则说明趋于下跌。一般情况下，一个交易日中有 7 次以上的较大波动，则有反转契机。

3. 多空强化

多空强化是盘中的最后阶段，在经过多空双方激烈的较量之后，盘末往往会出现强者更强、弱者更弱的局面。如果股价创造了新高，那么尾盘还会有一番急拉行情；如果此时股价走低，那么尾盘还会有一番急挫走势。实战中将 14:30 前盘中出现的最高和最低点描出并取其中间值作为标准。如果此时指数在中间值和最高点中间，则涨势会进一步强化，尾盘有望高收；若此时指数在中间值和最低点之间，则尾盘震荡向下的概率较大。

另外，在休盘和复盘时还会有比较不错的短线机会。在中盘中，临近午间休盘和午后复盘承前启后，是应重点关注的时间段。上午休市前的走势一般具有指导意义，如果大市处于升势，上午收于高点，则表明人气旺盛、行情向好；反之，如果大市处于跌势，上午收于低点，则表明人气低迷、行情向淡。临近休盘时的走势也是多空双方争夺的要点，因为在中午休盘时段，投资者就会有充裕的时间分析前市的走向，预测后市的趋势，从而修改自己的投资决策。因此主力往往会利用休市前的机会抢先制造出有利于自己的走势。

通常情况下，在下午复盘之后，如果有冲动性买盘进场，则大盘有可能快速冲高，即使回落后也有向好机会，可以择机买入。如果指数几乎不动，或者轻微上攻，则可能是主力故意拉高股价以掩护出货。

看盘时，如果能把休盘前和复盘后的走势进行相互印证，将会对下午的走势做出更准确的判断。例如，大盘连绵下跌、反弹在即，主力往往会做出跌势未尽的假象，使之以最低价报收。下午复盘后，中午经过思考下定决心斩仓的人会迫不及待地卖出股票，指数急挫，但这往往是最后一跌，主力则会趁机吃进后拉高股价，还能提高此时追击者的持股成本。于是，中午休盘前的下跌阶段便成了最佳的短线建仓良机。

8.3.3　下午收盘的重点

开盘是序幕，盘中是过程，收盘才是定论。通常情况下，尾盘是多空双方在一日拼斗之后的总结，是一种承前启后的特殊位置。如果尾盘收红，并且出现了长长的下影线，则可以将其看作探底获支撑后的反弹，投资者可以择机买入，次日以高开居多。买在最后时刻能够有效地规避当日风险。如果尾盘收绿或收黑，并且出现长长的上影线，则表明上档的压力沉重，次日低开低走的概率非常大，投资者之后可适当减磅。

股票市场波动最大的时间段就是在收盘前的半小时左右。此时股价常常会有异动，这种异动也被称为尾盘效应，是主力操作的一种典型手法。如果当日盘口强劲，会在尾市半小时左右引发跟风盘的涌入，使股价脱离当日走势、斜率单边上行，此时主力资金会借机大笔拉高股价，以封死下一个交易日的下跌空间。由于此时跟进的买盘都有强烈的短线利润的兑现心理，所以尾盘若在抢盘时出现 5% 以上的升幅，则要小心次日获利兑现对股价造成的抛压，投资者最好不要在尾盘过分追高抢货，以免陷入次日短期震荡带来的被动局面。

在不同的情况下，收盘价所表现出来的形态有不同的含义。正常情况下，尾盘有小幅拉升或小幅回落，属于修正尾盘，并没有太大的实际意义。如果某只股票并不在上升阶段，成交量也没什么异常的表现，但在尾盘的最后一刻突然出现一笔或几笔明显的大单，导致股价大幅上升，则表示主力在做收盘价，其目的有以下几种。

（1）如果该股当天成交平淡，表明市场很少有人注意该股，此时尾盘急拉，则很有可能是主力护盘，以引起投资者的注意。

（2）如果该股盘中在某一低价区，出现一些较大成交量，而股价却没有因为大量抛单继续下跌，则说明该股极有可能存在主力对敲的现象，主力尾盘急拉的目的是护盘。

（3）如果该股盘中股价不断走低，并伴随着较大的成交量，走势明显弱于大盘，则尾盘拉升有两种可能：一是主力在尾市做收盘价、借机出逃；二是主力不得不在尾市拉升以护盘。

8.4 不同阶段的炒股策略

在通俗说法中，股市可分为牛市、熊市，甚至牛皮市等。事实上并非只有在牛市投资者才可以进行股票投资。投资者在不同的行情下进行股票投资时，可参考下面的一些方法。

8.4.1 牛市发展的几个阶段

所谓多头市场，即通常所说的"牛市"，是指股价长期保持上涨趋势时的股票市场。其特征是无论是大盘 K 线还是绝大多数个股的 K 线都是倾斜向上，即便中间有回调，但总体股价呈向上趋势。

多头市场可以分为 4 个阶段，投资者在进行股票操作时，需要分清市场具体处于哪个阶段。不同阶段的操作策略是不同的。

在多头市场的第一个阶段，绝大多数股票会呈现快速上涨的趋势，A 股市场的指数上升很快。在此行情下，投资者可以将可用资金全部放入增长速度较快的股票品种或股票组合中，即进行所谓的满仓操作。至于操作对象，在多头市场的第一个阶段，最合适的股票是那些风险较高的股票和中小板股票。这些股票在空头市场中的跌幅较大，且由于资金量小，在多头市场中往往可以获得更快的上涨速度（见图 8-22）。

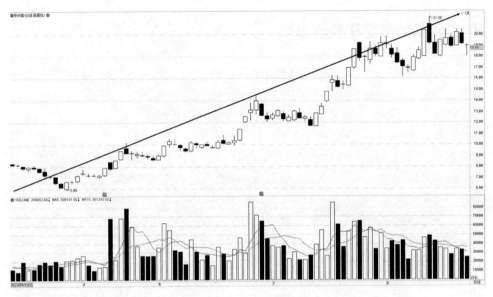

图 8-22　多头市场特征

多头市场第一阶段的明显例子就是 2008 年年末时开始的大反转，从这一天开始，大盘指数和个股在很长一段时间都呈倾斜向上的趋势。即便中间有回调，但总的向上趋势不改。在多头市场中，耐心持有优质股票往往比追涨杀跌可以获得更高的收益率。

在多头市场的第二个阶段，指数拉升得可能更快，但选股变得更艰难。在这个阶段，大多数股票已经达到其合理的股价，继续上涨的空间有限。此时选股更应该考虑中长期因素，基本面良好的中小板股票比较适合这个阶段的投资者，因为其资金量小、股价比较容易拉升，从而成为投资者的偏爱。

多头市场第三个阶段的特征是，大盘指数还是在上涨，但实际股价上涨的股票占的比例却少于 40%。在此阶段中，投资者需要进行调仓换股，把手头持有的中小盘绩优股调换为前期滞涨的股票或绩优大盘股。谨慎的投资者在此阶段可以将部分资金回笼，不再进行满仓操作。在此阶段，投资者要保持谨慎心态，随时应对转为空头市场带来的风险。

多头市场的第四个阶段的特征是，指数依然在上涨，但上涨的股票比例不超过

20%，即所谓的二八现象。在此阶段，只有极少数的绩优股和风险抵抗性的股票仍在上涨。此时投资者要密切关注大盘变化，谨慎的投资者可以提前出局，落袋为安。时刻谨记，本金安全是股票投资的第一目标。

投资者在多头市场的第四个阶段最好把股票出净，耐心等待空头市场的结束，等待下一波机会。在空头市场中，投资者以空仓观望为佳，不建议参与操作。

8.4.2 震荡市要注意的事情

方向未明时的行情，又称"消息行情"，其特征是市场对消息极为敏感。一旦出现利空消息，无论此消息对股市的影响力度是大还是小、影响时间是长还是短，都会导致股价直接下跌。一旦出现利多消息，股价会快速上升。

消息行情的产生往往是由于多空双方力量达到一个持平，此时消息成为决定双方力量的直接因素。此时上市公司的基本面和技术面因素的影响反而较小。

在消息行情中，建议投资者控制仓位，谨慎为主。有消息产生时，投资者需要对消息的真实性及其影响力度、影响时间做出判断，不要跟风操作，以免被套。

在分析消息时，投资者需要注意消息的反向效应，这是消息对股价走势隐含的影响。忽略消息的这个作用，往往使投资者的操作事倍功半。

消息的反向效应包含两重含义。一重含义是，消息在未确定状态下受人追捧，而一旦得到确认则其作用很快丧失。这是因为在消息未得到确认时，投资者都认可该消息产生的作用，从而做出相应的反应。但当消息真正得到确认时，消息的动能已经得到释放，消息反而被冷落了。

另一重含义就像股市中有名的谚语：利好出尽是利空，利空出尽是利好。其原因在于，消息行情中多空双方动能均衡，消息的产生是人为地引导动能走向。因此，当利空消息出尽之后，空方力量也得到了有效释放，此时多方的反击将会直接有效，反之亦然。

第 9 章
价量随行：运动的轨迹

在股市中，成交量有时比股价还重要，因为成交量可以推动股价的上涨和下跌。有时，当行情处于盘整状态时，股价还没有给出明确的上涨或下跌方向，但是成交量可能已经有所改变。因此，投资者如果能够及时关注成交量的变化，则有可能提前做出方向的预测。

9.1 图表中的成交量

成交量是又一种解读股市的语言，因此交易者能否正确理解成交量是十分重要的。下面主要介绍一些成交量的基本含义。

在股市中，交易是双向的，也就是说有买有卖才能完成一次交易。例如，有人想买入 1000 股股票，此时市场中必须有人卖出 1000 股同样的股票，这笔交易才能完成。同理，如果有人想出售 1000 股股票，那么此时市场中也必须有人买入 1000 股同样的股票，才能完成此笔交易。

计算成交量的方法是单边计算，也就是说如果多头买入了 1000 股股票，同时市场中也有人卖出了 1000 股股票，此笔交易完成，但是成交量计算方式是 1000 股股票，而非 2000 股股票。

在股票分析软件中，成交量不用自己计算，软件可以自动显示出来。但是在不同的分析页面中，成交量的表现形式也是不一样的。

在日常使用最多的 K 线图中，每一根 K 线下方对应着一根柱状线，这根柱状线就是当前 K 线周期内的成交量。

图 9-1 所示为金陵饭店日 K 线图。该图的时间周期为日，在 K 线图下方出现的柱状线为成交量。每一根柱状线代表的成交量为当天的成交量，与上方的 K 线相对应。

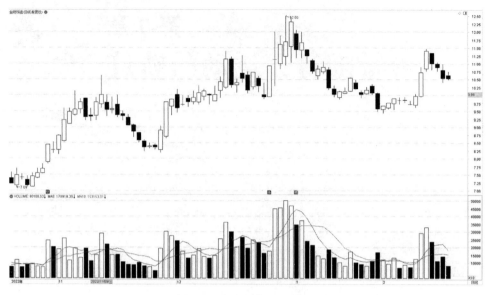

图 9-1　金陵饭店日 K 线图

图 9-2 所示为太极集团 60 分钟 K 线图。该图的时间周期为 60 分钟，因此每根 K 线对应的柱状线为每小时的成交量。

图 9-2　太极集团 60 分钟 K 线图

图 9-3 所示为太极集团周 K 线图。该图的时间周期为一周，因此每根 K 线对应的柱状线代表着一周的成交量。

图 9-3　太极集团周 K 线图

在分时图中，成交量是以竖线的形式表现的。图 9-4 所示为太极集团分时图，该图中上方的曲线为分时走势图，分时走势图下方的竖线为成交量。

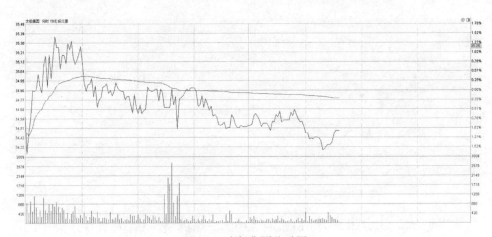

图 9-4　太极集团分时图

9.2 上涨未开始，成交量已经有信号

由于股价的上升与下跌是由买卖双方的交易造成的，因此如果成交量出现了波动，一般股价也会有所变动。有时在行情的底部，股价依然处于盘整状态，没有给出明确的上涨信号，但是有成交量意味着有可能已经出现了上涨的信号，因此投资者据此可以提前做出上涨的判断。

9.2.1 底部放量

股价在快速下跌之后达到某一价位，开始减缓下跌速度。如果此时成交量出现了放量增长的迹象，则说明有很多资金入场，因此股价有可能即将上涨，市场的底部有可能形成。

图 9-5 所示为陕西建工日 K 线图。股价在 3.82 元达到最低点，此后开始小幅上扬，成交量在此时也出现了明显的放量过程，成交量的放量提示市场有可能已经到达底部，有大量的多头已经开始进入市场。因此，投资者在此时买入股票相对来说风险较低。从图 9-5 中可以看到，自成交量放量、市场形成底部之后，股价快速上扬。

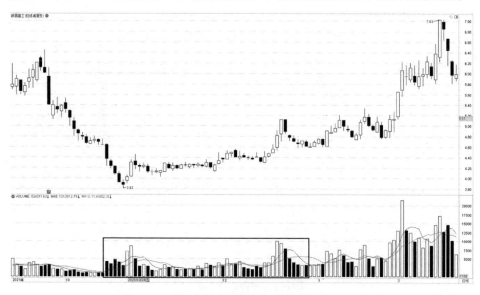

图 9-5 陕西建工日 K 线图

9.2.2 无量回调

当主力推升股价到一定价位之时，势必有一定的跟风者入场。但是主力并不希望有更多的跟风者与其共同分享利润。在走势图中，股价也会在上涨行情中出现一个明显的回调。

但是因为主力不愿意将大部分筹码抛出，因此成交量不会明显放大，一般会出现无量或低量的迹象。因此可以认定这种回调大多是主力故意制造的，目的是吓跑跟风者，而此时真正的做法应该是逢低买入股票，等待其未来继续上涨。

图 9-6 所示为 ST 景谷日 K 线图。股价低位上涨，不久后回调。观察回调时的成交量，发现成交量出现明显的下跌，属于无量回调。此时投资者正确的做法应该是逢低买入股票，因为未来的上涨之路还没有结束，此时的利润空间远没有达到主力想要达到的目标。因此，在主力清除跟风者之后，还将继续推高股价。从图 9-6 中可以看到，此后股价继续飙升。

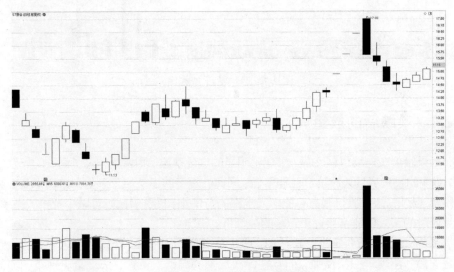

图 9-6 ST 景谷日 K 线图

9.2.3 上涨初期横跨缩量

如果股价在上涨初期进入了一个横盘整理的阶段，此时如果成交量呈现出缩量的态势，那么未来很有可能会出现大幅上涨的局面。因此对于短线和中长线投资者来说，这都是十分好的投资时机，此时应该尽快入场，建立仓位，而且此时的买入价非常接近于市场的最低价。

图 9-7 所示为达仁堂日 K 线图。股价在 21.05 元达到新低，此后开始上涨，但是

不久后便向下回调。回调的最低价没有跌破 21.05 元的低位，而且此时成交量出现了缩量的态势，比直线上涨行情中的成交量明显缩小。此时的买入价非常接近于最低价。后市股价大幅、快速地向上拉升，直至达到 10.12 元的高位。

图 9-7　达仁堂日 K 线图

9.2.4　暴跌后的放量

如果股价在连续暴跌之后，出现了明显的放量现象，则说明经过了漫长的下跌过程，更多的投资者认为股价已经非常低，因此有更多的多头愿意参与到市场中逢低吸纳股票。因此，未来股价很有可能转入上涨的行情中，投资者此时可以少量买入股票，而且此时的买入价非常接近于市场的最低价。

图 9-8 所示为 ST 葡萄日 K 线图。股价从高位开始下跌，经过了一轮漫长的下跌过程之后，出现了一次反弹，而且在此次反弹的起始点位置，成交量出现了明显的放大迹象。这说明在这个点位多头正积极吸纳筹码，股价很有可能受到强大的支撑。从图 9-8 中可以看到，整个强劲的反弹过程正是源自这个成交量的放大现象，因此在此时买入股票的投资者相当于抓住了反弹的最低点。

9.2.5　上涨中期的放量

在股价上涨的过程中，如果成交量出现明显的阶段性放量，则有可能是主力故意制造的。如果上涨的幅度不是很大，则一般是阶段性出货的表现。此时主力资金并没有完全考虑出场，而只是卖出手中的部分筹码，因此未来股价依然会继续上涨。投资者完全可以在此时依然逢低买入股票，而不是过早地看空市场。

图 9-9 所示为健康元日 K 线图。从该图中可以看到，股价在上涨过程中出现了一次小幅的回调，而在回调的起始位置，成交量出现了明显的放大迹象。这是主力故意而为，目的是卖出手中的部分筹码。但是因为涨幅远远没有达到主力想要达到的目标，因此投资者可以在回调时寻找低位进入市场，来追逐后面的上涨空间。

图 9-8 ST 葡萄日 K 线图

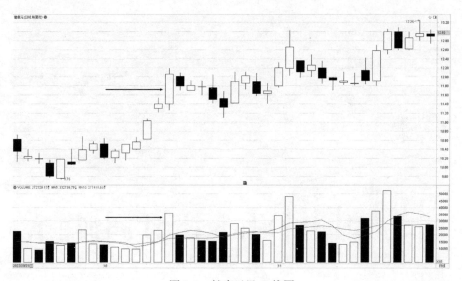

图 9-9 健康元日 K 线图

9.3 上涨行情即将结束，成交量先报警

当上涨行情即将结束时，多头的能量可能已经减弱，或者空头的能量将快速增大。这时成交量会出现一些细微的波动，而成交量的变化有时会比股价的变化提前出现，因此如果投资者能够正确识别成交量的含义，则是可以成功抄底的。

9.3.1 高位缩量

高位缩量一般出现在市场的顶部，即股价屡创新高，但是成交量出现了萎缩的迹象。这说明在市场的高位，已经很少有人愿意用更高的价格来买入股票了，因此未来股价很有可能会迅速下落，此时是投资者离场的最佳时机。

图 9-10 所示为金地集团日 K 线图。股价在市场的顶部出现了 3 个阶段性的顶部，在最后一个顶部出现后，股价没有达到前面顶部的高位，更重要的是成交量出现了明显的缩小迹象。这说明没有更多的人愿意再推动股价继续向上运行，因此股价迅速从高位开始滑落。此时正是投资者获利出场的良好时机，既避免了风险，又可以减少获利回吐。

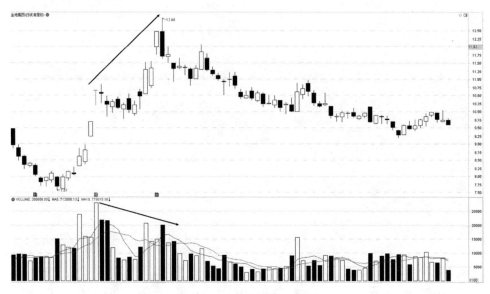

图 9-10 金地集团日 K 线图

9.3.2 脉冲式放量

成交量在几日内或一日内突然大幅放大，随后又恢复到放大前的水平，在走势图中就好像一次脉冲式的跳动，因此命名为脉冲式放量。此放量形态一般是主力出货造成的，因此投资者应该据此做出卖出的决策。

图 9-11 所示为五矿资本日 K 线图。股价在上涨过程中出现了一次脉冲式放量，此后股价出现了一轮较小的下挫行情。因为主力已经开始卖出部分筹码，所以短线交易者此时可以获利了结，以后再寻找低点进场；中长期投资者此时应该卖出部分股票，减少持仓量。

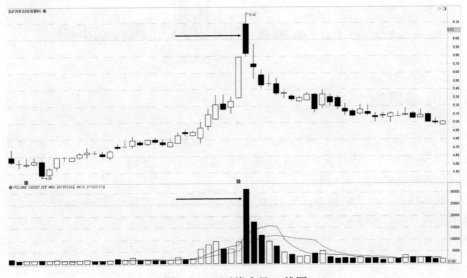

图 9-11　五矿资本日 K 线图

9.3.3 高位横盘放量

在市场的高位，如果股价处于横盘走势中，而成交量却出现了明显的放量迹象，此时投资者切不可认为这是什么好的征兆。许多投资者认为巨大的成交量是多头推动股价继续上行的标志，其实恰恰相反，大部分情况下股价会从高位迅速下滑。

因为更大的成交量是主力出货的一个常见标志，如果没有主力大规模地出售手中的筹码，则成交量很难出现巨大的增长。因此，此时的投资者最明智的做法就是在高位及时离场。

图 9-12 所示为金证股份日 K 线图。股价在市场的顶部出现了一个宽幅震荡的局面。

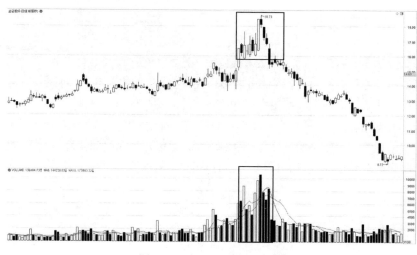

图 9-12 金证股份日 K 线图

9.3.4 暴跌途中放量

如果在股价大幅下跌的过程中，成交量出现放量的迹象，则是空头势力增加的标志。这时投资者不仅不能买入股票，还应该积极离场。否则未来股价将继续大幅回落，给投资者带来更大的经济损失。

图 9-13 所示为贵研铂业日 K 线图。股价在高位反复震荡之后，开始向下运行，在下跌的过程中出现了明显的放量迹象。这正是空头积极增加能量的标志，因此投资者不仅不能买入股票，而且应该趁此高位快速离场，以减少损失。

图 9-13 贵研铂业日 K 线图

第 10 章
均线买卖：飓风起于青萍之末

移动平均线简称均线，是股市中常用的分析工具之一。投资者利用移动平均线可以完成低买高卖的目标。但是移动平均线具有滞后性，因此投资者利用移动平均线无法在股价的最低点买入或在最高点卖出，其进场和离场的位置分别是次低点和次高点。也就是说，当投资者根据移动平均线买入股票时，一般是行情启动初期，而当投资者根据移动平均线卖出股票时，一般是下跌行情刚刚开始。

10.1　移动平均线工具

移动平均线同 K 线一样，可以作为独立判断走势行情的一种分析方法。

10.1.1　移动平均线简介

顾名思义，移动平均线计算的是平均数值，而常用的样本是计算收盘价的平均值。例如，计算 5 日均线，就是将每日的收盘价与前 4 日的收盘价相加，再除以总天数 5 得到一个数值。同理，将每日的移动平均线数值用同样的方法计算，然后将所得出的数据在图中用曲线相连接，便形成了一根移动平均线。因此，移动平均线在图中呈曲线，而不是直线。图 10-1 所示为移动平均线形态示意图。在图 10-1 中蜿蜒起伏的 3 根曲线，分别是 10 日均线、20 日均线、30 日均线这 3 根不同周期的移动平均线。

移动平均线的"移动"二字，是指所取的样本是向前移动的。比如，计算 2 日均线，是将当天的收盘价与前一日的收盘价相加除以 2 得到一个数值。因为每一天的时间周期是向前移动的，因而索取的前一日样本也是向前移动的，因此所获得的平均数值连接而成的曲线称为移动平均线。

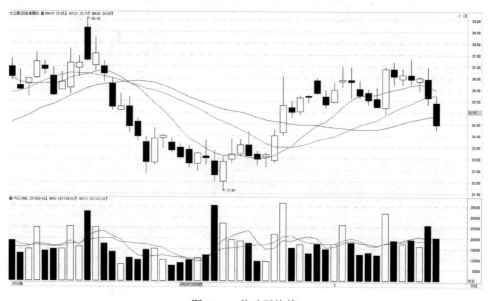

图 10-1　移动平均线

10.1.2　移动平均线的分类

根据不同的需求，可以将移动平均线分成若干类别。按照时间周期来划分，可将移动平均线分成短期移动平均线、中期移动平均线、长期移动平均线 3 类。这 3 类移动平均线分别可以追随和体现不同的趋势。

短期移动平均线所取的时间周期一般是 5 日与 10 日，此类移动平均线一般反映股价的短期趋势。

图 10-2 所示为太极集团日 K 线图。图中的曲线为 5 日均线，它可以清晰地反映股价的短期行情。当股价在下跌过程中出现极短的向上反弹行情时，5 日均线会相应地给出向上的运行趋势，这说明其灵敏性比较强，能够清晰地反映股价的短期变化。

图 10-3 所示为 10 日均线。10 日均线的滞后性强于 5 日均线，但是也可以反映出股价的短期运行态势。

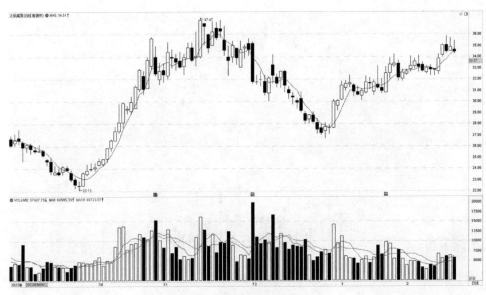

图 10-2　太极集团日 K 线图

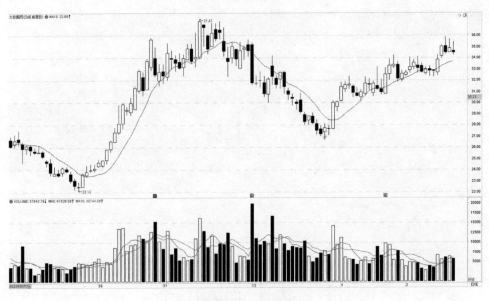

图 10-3　10 日均线

图 10-4 所示为 20 日均线。20 日均线是短期移动平均线向中期移动平均线过渡的一种形式，该均线既可以反映出一定的股价短期走势，也代表了一定的股价中期运行方式。

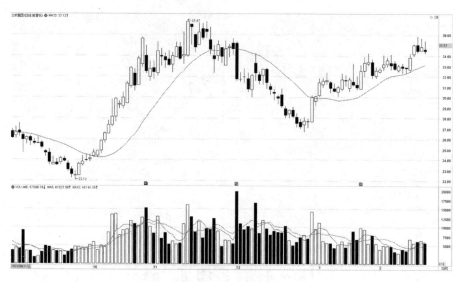

图 10-4　20 日均线

中期移动平均线一般反映的是股价中期的运行方式，也就是说它对短期股价的细微变化的反映并不明显，常用的中期移动平均线为 30 日均线、60 日均线等。图 10-5 所示为 30 日均线。从该图中可以看到，30 日均线反映的是股价中期的运行行情，一般适合中长线投资者使用。

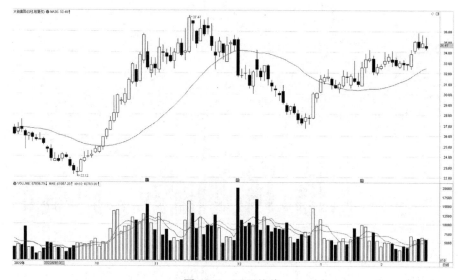

图 10-5　30 日均线

图 10-6 所示为 60 日均线。60 日均线也属于中期移动平均线，但是对于短线交易

者来说，60 日均线又是长期移动平均线。从图 10-6 中也可以看到，60 日均线对股价的微小反弹或回调都不敏感，而长线交易者一般也不会太在意这些微小的波动。

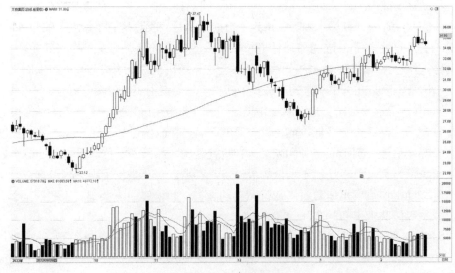

图 10-6　60 日均线

长期移动平均线一般反映股价的长期趋势，是长线投资者所需使用的分析工具。图 10-7 所示为 120 日均线。从图 10-7 中可以看到，该曲线反映了股价运行的大体趋势是向上的，而对股价在上升过程中的微小反弹丝毫没有给出任何信号。

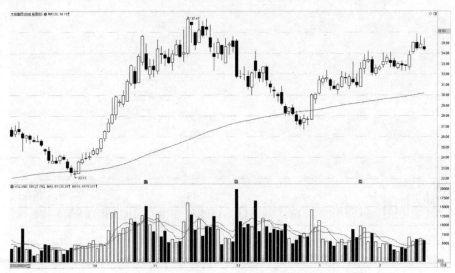

图 10-7　120 日均线

10.1.3 移动平均线的滞后性

移动平均线因为计算时取的是平均数值，因此其具有滞后性是必然的。例如，10日均线的均线数值计算样本中除了用到了当前交易日的收盘价，还兼顾了前 9 日的收盘价，因此就有了一定的滞后性。这种滞后性表现为参数越大，时间周期越长，滞后性也就越大。因此，移动平均线一般不会在市场出现最低价或最高价时发出买入或卖出信号，而是在有了一定的上涨或下跌幅度之后发出买入或卖出信号。

图 10-8 所示为国网信通日 K 线图。从图 10-8 中可以看到，3 根移动平均线并不是在市场的最高价和最低价的位置交叉的，而是在股价已经有了一定的下跌幅度和上涨幅度后才分别形成金叉和死叉的。也就是说，如果根据移动平均线的信号做出买卖决策，买入点不是位于股价的最低点，卖出点也不是位于股价的最高点。但是由于移动平均线发出信号时尚在行情启动之初，股价还没有大幅度下跌或上涨，因此依然可以获得不菲的利润。

图 10-9 所示为中青旅日 K 线图。该图中出现了 5 根移动平均线，分别为 5 日均线、10 日均线、20 日均线、30 日均线、60 日均线。60 日均线作为较长周期的移动平均线的滞后性较大，当股价从 16.88 元开始下跌之后，短期移动平均线最先向下运行，而长期移动平均线依然保持向上的态势。

图 10-8　国网信通日 K 线图

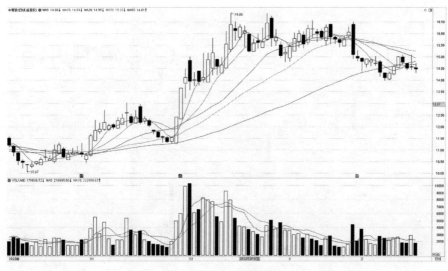

图 10-9　中青旅日 K 线图

10.2　上涨初期移动平均线发出的买入信号

在上涨初期，移动平均线会发出各种各样的买入信号。尽管这些信号的出现有先后顺序，价位也有高低之分，但都是给投资者进场的提示信号。

10.2.1　移动平均线向上

如果短期移动平均线向上，就说明股价的短期趋势是向上运行的。因此短线投资者可以在股价回落到短线移动平均线附近时买入股票。

图 10-10 所示为现代投资日 K 线图。该图中的移动平均线为 5 日均线，属于短期移动平均线，可以反映出股价运行的短期趋势。从图 10-10 中可以发现，5 日均线紧贴着股价运行，股价的细小变动，都被短期移动平均线记录下来。

尽管股价从 4.42 元开始下跌，直至 3.69 元触底，短期移动平均线也呈现向下的态势，但是在下跌过程中出现了短暂的反弹行情，而短期移动平均线也常常在反弹之初就开始了向上运行的态势。

因此，投资者在看到短期移动平均线保持向上的态势时可以买入股票，因为它表示股价的短期走势是向上反弹的。短线投资者只要能够快速进场、快速离场，是可以获得利润的。

图 10-10　现代投资日 K 线图

图 10-11 所示为云内动力日 K 线图。该图中的移动平均线为 10 日均线，也属于短期移动平均线的一种。尽管它比 5 日均线的滞后性更强，但它也过滤掉了一些细微的股价虚假信号。因此短线交易者根据 10 日均线选择进场时机是比较安全的。当股价在下跌过程中出现了一次向上的反弹行情时，10 日均线给出了向上的运行态势。这时股民可以抓住这次机会买入股票，只要 10 日均线没有向下掉头就可以持有该股。

图 10-11　云内动力日 K 线图

如果短期移动平均线和长期移动平均线出现向上的态势，则说明股价的中短期走势是向上运行的。但是因为移动平均线存在一定的滞后性，所以投资者不能马上进场，而是要等待股价回落到中长期移动平均线附近时再买入股票，这时的买入价是比较低的。

图 10-12 所示为华特达因日 K 线图。该图中的移动平均线为 20 日均线，属于中期移动平均线。当股价在下跌的末期出现了一个短暂的反弹时，中期移动平均线出现了向上的运行趋势，而箭头指向的位置是股价回落到移动平均线附近的位置，因此这是一个买入点。

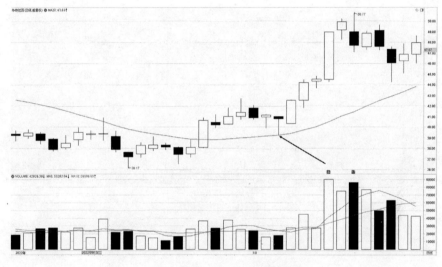

图 10-12　华特达因日 K 线图

图 10-13 所示为电广传媒日 K 线图。从该图中可以看到，股价暴跌，直至在 4.11 元处创下了新低而止住脚步。但是股价在下跌的过程中也出现过强势的反弹，在此轮反弹中，120 日均线给出了向上的运行态势。但是因为 120 日均线属于长期移动平均线，所以滞后性较大。

尽管长期投资者并不注意股价的细微波动，但是也应该选择在较低的价位做多。在图 10-13 中箭头标注的位置是股价回落到 120 日均线附近的位置，这是一个较好的买入点。股价受到长期移动平均线的支撑而继续上行，在股价未跌穿 120 日均线之前，或者 120 日均线没有向下运行之前，投资者都可以持有该股。

10.2.2　移动平均线上拐

图 10-14 所示为移动平均线上拐形态。它出现在股价从下跌状态转变为上涨行情

的中间过程，移动平均线原有的向下趋势反映的是股价暴跌的行情，而当股价开始掉头向上时，移动平均线也会从向下的运行态势转为逐渐向上走的态势，即向上拐头。这就是股价行情将发生转变的信号。

图 10-13 电广传媒日 K 线图

图 10-14 移动平均线上拐形态

图 10-15 所示为沃顿科技日 K 线图。股价在反弹的初期，移动平均线出现了向上勾头的走势。这说明在短期行情内，股价完成了从下向上的转变，因此投资者可以在此时趁低价买入股票，成交量如果能够放大，则买入的风险将更低。

图 10-16 所示为海信家电日 K 线图。该图中的移动平均线为 30 日均线，属于中期移动平均线，因此也代表了股价的中期走势。当移动平均线的下跌趋势逐渐走停开始向上勾头时，说明中期趋势将从下跌状态转变成上升状态。因此在移动平均线向上勾头时，激进的投资者可以少量买入股票，抓取反弹的初始位置。

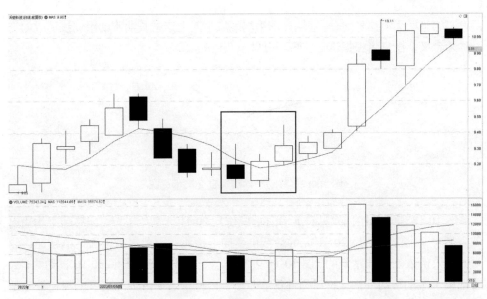

图 10-15　沃顿科技日 K 线图

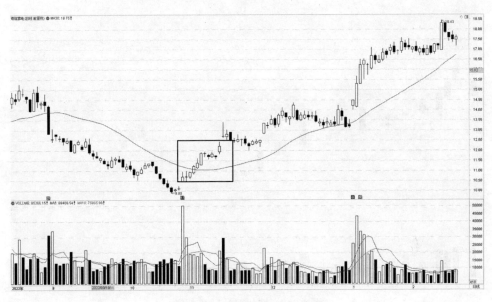

图 10-16　海信家电日 K 线图

10.2.3　移动平均线黄金交叉

图 10-17 所示为移动平均线黄金交叉示意图。移动平均线黄金交叉是移动平均线

所发出的早期买入信号之一,短期移动平均线从下向上穿越长期移动平均线形成的交叉称为金叉。投资者根据这一信号可以做出买入的决策。

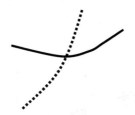

图 10-17　移动平均线黄金交叉示意图

图 10-18 所示为四川双马日 K 线图。股价从 20.41 元开始上行,当移动平均线出现金叉时,股价刚刚从 20.41 元的最低价位向上抬头,因此属于上涨行情初期,此时的买入价依然是非常低的。图 10-18 中的移动平均线为 5 日均线和 10 日均线,二者都属于短期移动平均线,滞后性都非常小,因此二者所形成的交叉的滞后性也是比较小的。

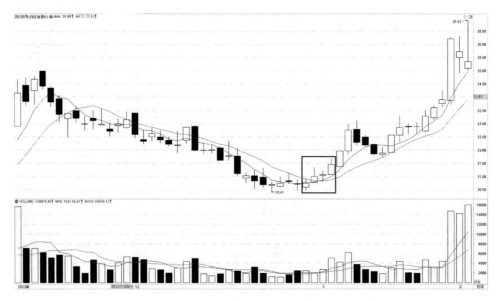

图 10-18　四川双马日 K 线图

图 10-19 所示为紫光股份日 K 线图。该图中共有 5 根移动平均线,分别为 5 日均线、10 日均线、20 日均线、30 日均线和 60 日均线。当紫光股份从下跌行情转入上涨行情时,各移动平均线也先后从向下运行转变为向上运行,而 5 日均线作为短期移动平均线,分别与其他周期的移动平均线形成交叉处。从图 10-19 中也可以看到,

短期移动平均线最先与中期移动平均线形成交叉，最后与长期移动平均线形成交叉。因此，金叉出现的时间有先后顺序之分，交叉的位置也有高低之分，所以选择不同周期的交易者所进场的位置是不同的。

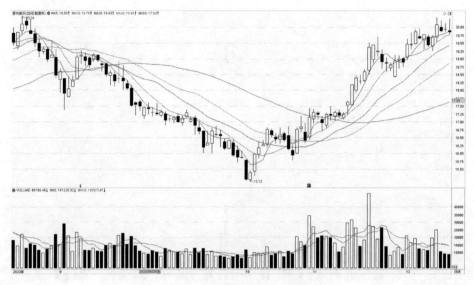

图 10-19　紫光股份日 K 线图

10.2.4　多头排列

移动平均线的多头排列一般出现在股价强势上涨的行情中，它是指短期移动平均线、中期移动平均线和长期移动平均线分别以圆弧状向上运行，3 根曲线不交叉，短期移动平均线在最上方，其次为中期移动平均线和长期移动平均线。图 10-20 所示为多头排列形态。

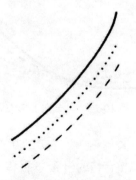

图 10-20　多头排列形态

图 10-21 所示为中国重汽日 K 线图。股价从 9.81 元的低位开始上行，不久 3 根移动平均线就出现了多头排列形态。这说明股价处于快速上涨的过程中。当股价回落到短期移动平均线附近时，投资者可以逢低买入股票。

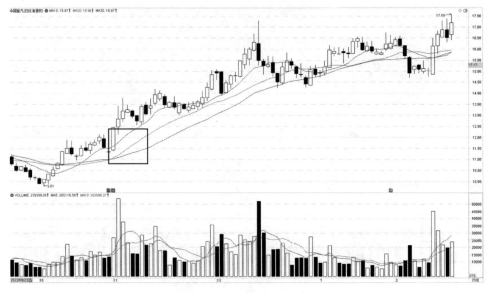

图 10-21　中国重汽日 K 线图

10.2.5　黏合向上

图 10-22 所示为黏合向上形态。该形态是指移动平均线原有的运行方向是向下的，但是随着股价见底回升，移动平均线逐渐结合，在黏合后期开始向上发散。这说明股价在盘整的末期选择了向上的运行方向。

图 10-22　黏合向上形态

图 10-23 所示为 ST 中基日 K 线图。股价从 2.60 元开始上扬，在上涨途中出现了一个漫长的盘整过程，配合着盘整行情的出现，3 根移动平均线出现了黏合向上形态。这说明多空双方在此价位出现强烈交战，未来走势并不明朗。当移动平均线从黏合向

上形态开始向上运行时，说明最终股价选择了继续向上的运行方向。因此，投资者可以在此时买入股票，此时的买入价位于新一轮上涨行情的起始位置。

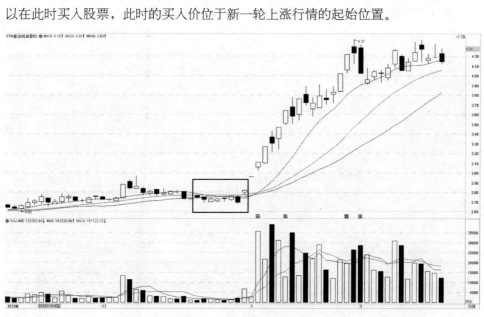

图 10-23　ST 中基日 K 线图

10.2.6　交叉向上发散

图 10-24 所示为交叉向上发散形态。该形态一般出现在市场的底部，原有的移动平均线是向下运行的，代表着原有的下降趋势。当市场的底部确认后，股价止跌回升，移动平均线也从向下运行开始交叉，并开始掉头向上运行。

在市场的底部确认后，移动平均线经常出现交叉向上的走势。在此形态出现后，投资者买入股票一般可以完成抄底工作。

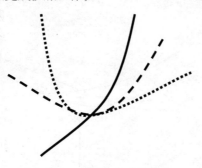

图 10-24　交叉向上发散形态

图 10-25 所示为浪潮信息日 K 线图。市场在 4.11 元创出了一个底部，移动平均线也在此位置先后出现了交叉，并随之开始向上运行。因此，投资者此时买入股票几乎是在市场"最底部"买入的。

图 10-25　浪潮信息日 K 线图

10.2.7　银山谷

图 10-26 所示为银山谷形态。该形态是由 3 根移动平均线形成的，短期移动平均线先后与中期移动平均线、长期移动平均线形成金叉，中期移动平均线与长期移动平均线形成交叉，此时 3 根移动平均线会形成一个三角形区域，而且这个三角形区域是向上倾斜的，此三角形区域被称为银山谷。尽管此形态出现的时间要晚于金叉出现的时间，但是该形态的准确性一般高于金叉的准确性。因此在看到此形态后，投资者应该逢低吸纳股票。

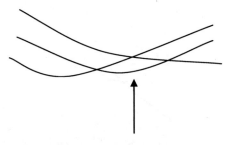

图 10-26　银山谷形态

图 10-27 所示为桂林旅游日 K 线图。股价在 5.61 元这个位置开始上扬，不久 3 根移动平均线就出现了银山谷形态。此时股价依然在盘整区域，但是移动平均线的这种形态给出了股价将会上涨的信号，投资在此时买入还可以获得一个最低的价位。

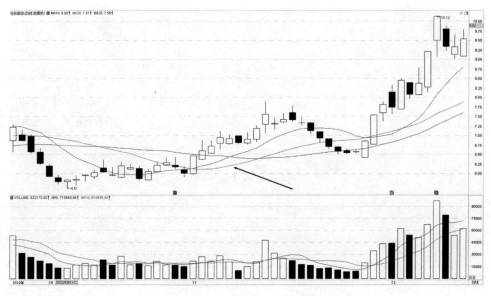

图 10-27 桂林旅游日 K 线图

10.2.8 金山谷

金山谷形态是由两个银山谷形态构成的。在第一个银山谷形态出现后，如果股价在小幅上涨后又一次出现盘整现象，此后，当股价走出盘整状态时，移动平均线又出现了一个银山谷形态，则称为金山谷。图 10-28 所示为金山谷形态。

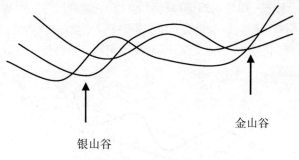

图 10-28 金山谷形态

图 10-29 所示为新大陆日 K 线图。移动平均线在形成第一个银山谷形态之后，股价开始了上扬之旅。在此时买入股票的投资者可以获得一定的利润，但是此轮的上涨空间并不是很大，不久便出现了小幅的下挫行情。

当股价结束了回调行情，开始继续上涨时，移动平均线给出了金山谷形态。这就说明真正的上涨行情即将到来，此时还没有入场的投资者可以趁机买入股票，等待未来更加强劲的上涨行情。

图 10-29　新大陆日 K 线图

10.2.9　逐浪上升

图 10-30 所示为逐浪上升形态。该形态出现在股价上涨的过程中，代表了该股的上涨实力强劲。此形态一般要求短期移动平均线和长期移动平均线基本保持向上的运行态势，但是短期移动平均线有时会与中长期移动平均线形成交叉，而中短期移动平均线不会与长期移动平均线形成交叉，长期移动平均线始终位于下方并衬托着中短期移动平均线向上运行。

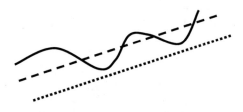

图 10-30　逐浪上升形态

图 10-31 所示为千味央厨日 K 线图。从该图中可以看到，在整个股价上涨过程中，移动平均线均保持向上的运行态势。但是在股价上涨过程中出现了回调的过程，回调幅度不大，移动平均线也仅是中短期移动平均线有交叉的迹象，而长期移动平均线始终保持向上的运行方向，就这样，股价被逐步向上推高。

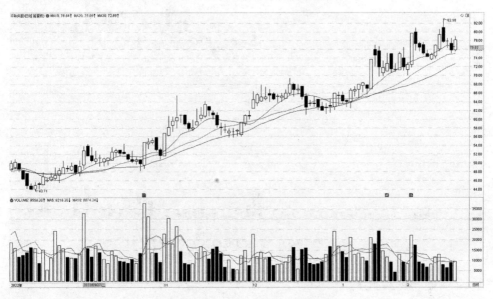

图 10-31　千味央厨日 K 线图

10.2.10　上升爬坡

图 10-32 所示为上升爬坡形态示意图。该形态是指短期移动平均线、中期移动平均线和长期移动平均线分别沿着一定的坡度向上运行，只要移动平均线没有给出走势或出现向下运行的迹象，投资者就可以一直持有该股。

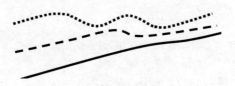

图 10-32　上升爬坡形态

图 10-33 所示为金房节能日 K 线图。在股价上涨的过程中，移动平均线始终以一定的角度向上运行，形成了上升爬坡形态。这说明股价能够稳步地向上推进，因此

投资者可以在上涨途中逢低吸纳股票。

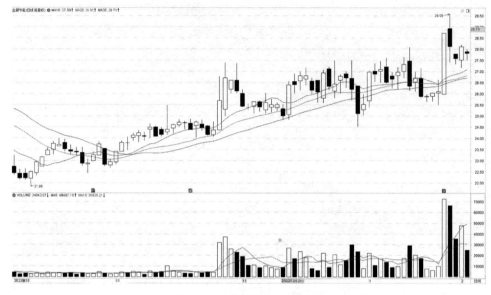

图 10-33　金房节能日 K 线图

10.2.11　烘云托月

图 10-34 所示为烘云托月形态。该形态是指，长期移动平均线位于短期移动平均线和中期移动平均线下方，而且与中短期移动平均线有一定的距离，衬托着中短期移动平均线的走势，股价将沿着中短期移动平均线向上运行，这是一种看涨形态。

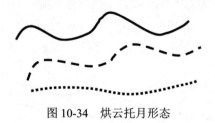

图 10-34　烘云托月形态

图 10-35 所示为宏英智能日 K 线图。从该图中可以看到，长期移动平均线与中短期移动平均线有一定的距离，而且向上运行，衬托着中短期移动平均线的走势，股价也始终在短期移动平均线附近向上缓慢运行，因此投资者可以逢低吸纳股票。

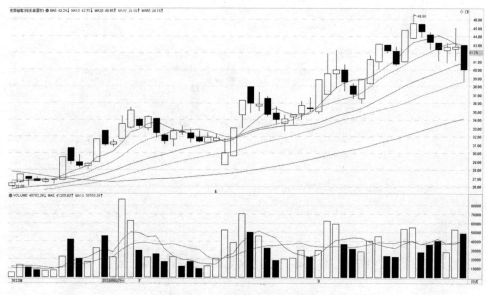

图 10-35　宏英智能日 K 线图

10.3　下降初期移动平均线发出的卖出信号

当股价运行到市场顶部后，投资者是否能够及时离场很重要，而移动平均线常常能够在行情下跌处发出卖出信号，尽管此时已经不是股价的最高点了，但是投资者在此处卖出股票依然可以保住大部分利润。下面将介绍一些主要的移动平均线卖出形态。

10.3.1　移动平均线向下

如果短期移动平均线向下，则说明近几个交易日的行情走势是向下的。因此，短线投资者应该及时离场，保住已有的利润。

图 10-36 所示为聚石化学日 K 线图。股价在下跌过程中出现了一次较为强劲的反弹行情，在反弹行情结束后，5 日均线开始向下运行。这说明行情极有可能出现变化，至少近期趋势是向下的。因此，短线投资者为了规避风险，最好的解决办法是出售手中的股票，此时与反弹的最高点相去不远。

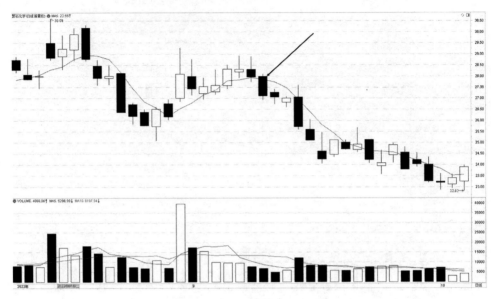

图 10-36 聚石化学日 K 线图

图 10-37 所示为聚辰股份日 K 线图。股价自 108.89 元开始下行，直至 11.24 元结束。在此期间，10 日均线作为短期移动平均线的一种，基本上也处于向下运行的态势。因此投资者应该明确近期的主要运行行情，尽量不要盲目入场做多。

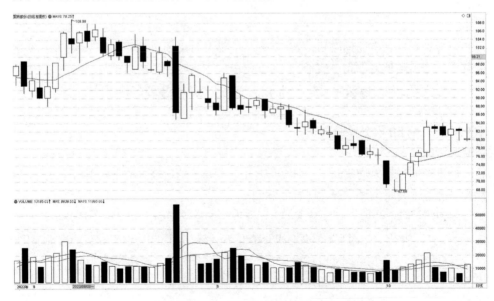

图 10-37 聚辰股份日 K 线图

如果中期移动平均线是向下的，则说明中期行情走势是下跌的，因此对于中短线投资者来说，应该格外警惕。如果进场，也应该快进快出，以免市场行情继续下跌给自己造成巨大的损失。

20 日均线是短期移动平均线向中期移动平均线过渡的一种新形态，在一定程度上能反映出中期行情的走势。

图 10-38 所示为矩子科技日 K 线图。股价从 29.69 元开始下跌，20 日均线也开始出现向下运行的走势。此时的投资者应该认清主要的方向是下跌的，因此买入股票时要格外小心。

图 10-38　矩子科技日 K 线图

从图 10-38 中也可以看到，自 29.69 元开始，股价在整轮的下跌过程中出现了几次向上的反弹，投资者可进行短线操作买入股票。但是这些反弹行情走势短暂，转瞬即逝。因此，短线交易者进场交易时必须快速离场获利了结，否则当股价继续向下运行时，短线交易者有可能出现巨额亏损。

图 10-39 所示为居然之家日 K 线图。该图中的移动平均线为 120 日均线，属于长期移动平均线，它所代表的也是股价的长期走势。这种类型的移动平均线是长线交易者所需的分析工具。尽管长期移动平均线是向下的，但是对于中短期交易者来说，依然有买入的时机。但是每个投资者都应该认清主流的趋势是向下的，因此买入股票就有潜在的风险，只有在获利后快速离场才能降低风险。

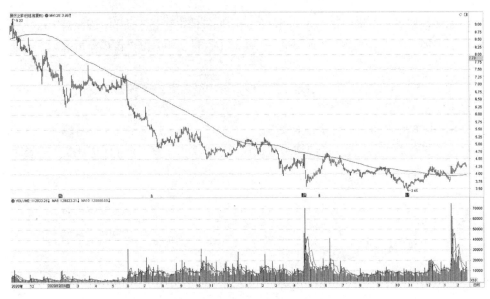

图 10-39　居然之家日 K 线图

10.3.2　移动平均线下勾

图 10-40 所示为移动平均线下勾形态。该形态一般出现在市场顶部，指原有的移动平均线是向上运行的，反映了原有的行情是上涨的。但是当股票见顶后，股价开始回落，此时移动平均线追随股价趋势也开始向下勾头，并随之呈现向下运行的态势。因此，移动平均线下勾是市场顶部出现的一个常见标志。

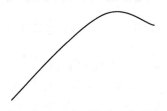

图 10-40　移动平均线下勾形态

如果短期移动平均线出现了向下勾头的迹象，则说明短期趋势将要改变。因此短线投资者应该意识到风险即将到来，提前离场是最好的选择。

图 10-41 所示为九洲集团日 K 线图。该图中的移动平均线为 10 日均线，代表了短期行情。股价两次到达顶部之时，10 日均线都出现了向下勾头的迹象。因此短线投资者如果能够根据此信号及时离场，是可以保住大部分利润的，且卖出点位基本位于最高价的附近。

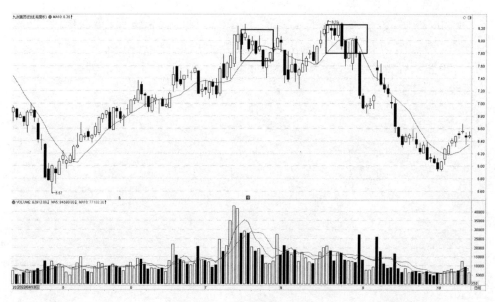

图 10-41　九洲集团日 K 线图

　　图 10-42 所示为景嘉微日 K 线图。从该图中可以看到，代表着中期行情的 20 日均线在最高价来临之前就已经开始向下勾头，因此说明股价在高位已经迎来了潜在的风险。尽管投资者根据此信号卖出股票没有追到最后的利润，但可以规避很大的风险。

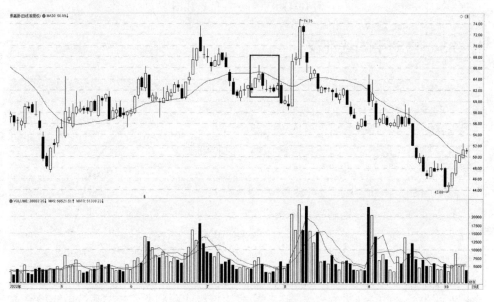

图 10-42　景嘉微日 K 线图

图 10-43 所示为京东方 A 日 K 线图。该图中的移动平均线为 120 日均线，代表了长期走势。当 120 日均线出现向下勾头的走势之后，说明长期趋势已经得到了转变。由于 120 日均线滞后性较强，因此该勾头的位置也会滞后于最高点，但是这对于长线交易者来说并不十分重要。

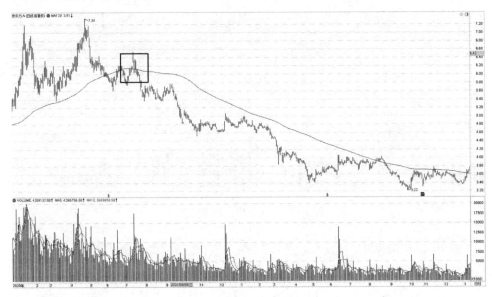

图 10-43　京东方 A 日 K 线图

10.3.3　移动平均线死叉

图 10-44 所示为移动平均线死叉形态。死叉是死亡交叉的简称，该形态要求短期移动平均线从上向下穿越长期移动平均线，二者形成的交叉。该形态代表着后市将出现下跌的走势。此信号一般出现得较早，因此投资者应该予以特别的关注。

图 10-45 所示为晶方科技日 K 线图。股价在 31.2 元达到了顶峰，此后开始回落。不久，5 日均线和 10 日均线就出现了一个死亡交叉形态。从图 10-44 中也可以发现，该死叉出现的位置十分接近于最高价 31.2 元，这是因为二者均属于短期移动平均线，

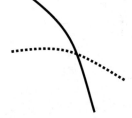

图 10-44　移动平均线死叉形态

滞后性较小。因此，在见到死叉后，投资者应该尽快获利了结，尤其是短线投资者更应该尽快离场，以保住之前的利润。

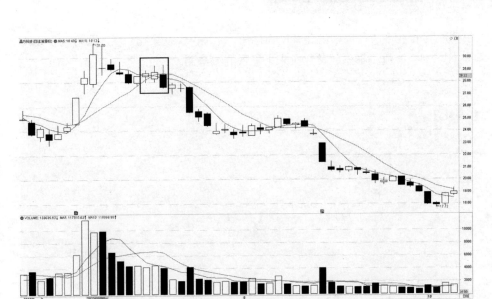

图 10-45　晶方科技日 K 线图

10.3.4　空头排列

空头排列形态一般出现在股价持续下跌的行情之中，如图 10-46 所示。该形态是指短期移动平均线、中期移动平均线和长期移动平均线呈圆弧状向下运行，3 根移动平均线互不交叉，短期移动平均线位于最下方，长期移动平均线位于最上方。此形态出现说明未来行情依然会延续原有的下跌趋势，因此投资者不仅不能过早入场，还应该及时离场。

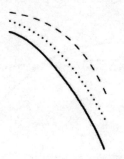

图 10-46　空头排列形态

图 10-47 所示为晋控煤业日 K 线图。股价在盘整后期开始向下暴跌，3 根移动平均线也出现了空头排列形态。这说明行情将继续保持下跌的态势，因此投资者不能过

早入场。尽管在下跌行情中出现了反弹行情，但也仅仅是昙花一现，因为这 3 根移动平均线出现空头排列形态就奠定了未来下跌的主基调。

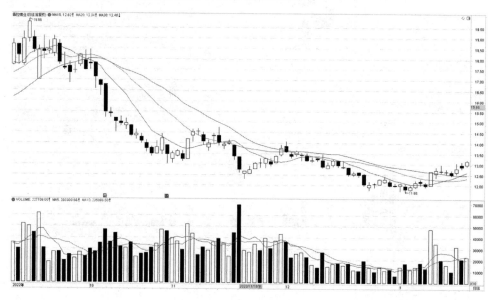

图 10-47　晋控煤业日 K 线图

10.3.5　黏合向下

图 10-48 所示为黏合向下形态。该形态一般出现在盘整的末期，当股价处于盘整走势中时，移动平均线会出现相互黏合的状态；当股价最终选择向下的运行方向时，移动平均线也会从联合状态变成向下运行的态势。这说明未来股价的下跌空间很大，因此投资者应该尽快获利离场。

图 10-48　黏合向下形态

图 10-49 所示为锦鸡股份日 K 线图。股价在市场的顶部经过了一段时期的盘整，此时移动平均线出现了相互黏合、缠绕的现象。最终股价选择了向下的运行方向，均

线也从盘整的缠绕状态开始向下运行。因此，在移动平均线刚刚从黏合状态开始向下运行时，投资者就应该及时离场，避免损失。

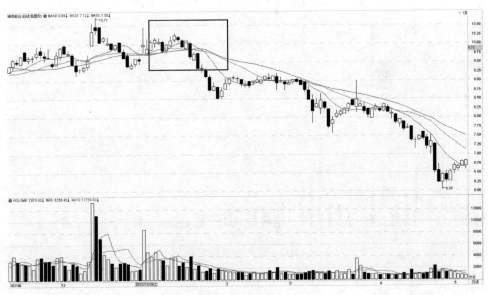

图 10-49 锦鸡股份日 K 线图

10.3.6 交叉向下发散

图 10-50 所示为交叉向下发散形态。该形态一般出现在市场的顶部，短期移动平均线至长期移动平均线，逐一由向上运行变为拐头向下，演变成最后的向下发散形态。移动平均线的这一改变，代表着行情已经从上涨转变为下跌。

图 10-50 交叉向下发散形态

图 10-51 所示为金洲管道日 K 线图。股价在 9.68 元达到了顶峰，移动平均线已经从向上发散开始出现交叉，并向向下发散形态转变。此种形态的出现意味着市场即将由上涨行情转变为下跌行情，因此投资者应该利用此时的高价位及时离场。

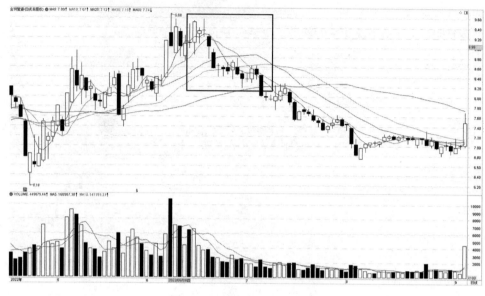

图 10-51　金洲管道日 K 线图

10.3.7　死亡谷

图 10-52 所示为死亡谷形态。死亡谷形态一般出现在下跌的前期。该形态是由 3 个死叉构成的，当短期移动平均线分别与中、长期移动平均线形成死叉，中期移动平均线与长期移动平均线形成死叉，这 3 个死叉就会形成一个向下倾斜的三角形区域，这种形态被称为死亡谷。该形态一般比死亡交叉信号出现得晚，但是可信度更高。

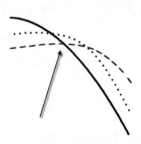

图 10-52　死亡谷形态

图 10-53 所示为金运激光日 K 线图。从该图中可以看到，在下跌之初出现了一个死亡谷形态。据此投资者可以判定，市场方向已经转化，未来将有一轮较深的跌幅。

此时尽管已经不是市场的顶部，但是距离顶部依然较近，是下跌的初始时期，因此应该及时离场，避免损失扩大。

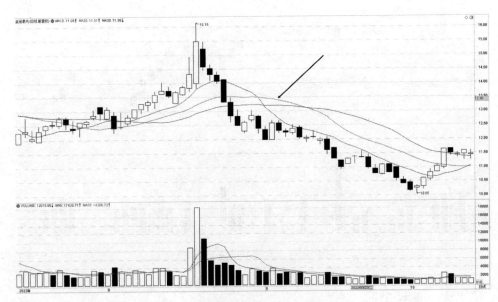

图 10-53　金运激光日 K 线图

10.3.8　下山滑坡

下山滑坡形态与上升爬坡形态是一组相反的移动平均线形态，如图 10-54 所示。该形态是指短期移动平均线、中期移动平均线和长期移动平均线基本上以固定的幅度向下运行，说明空头实力较强，因此后市一般会继续下跌，投资者应该逢高离场。

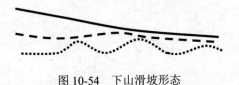

图 10-54　下山滑坡形态

图 10-55 所示为金域医学日 K 线图。从该图中可以看到，股价从高位开始回落，移动平均线系统给出了下山滑坡形态。跌势已成，下跌幅度将会持续很长时间。因此，投资者不仅不能过早地进场做多，还应该及时寻找高点离场。

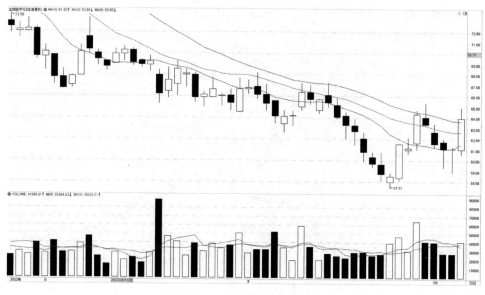

图 10-55　金域医学日 K 线图

10.3.9　逐浪下降

逐浪下降形态与逐浪上升形态是一组相反的移动平均线形态，如图 10-56 所示。该形态是指短期移动平均线和长期移动平均线呈波浪状向下运行，但是二者均不与长期移动平均线形成交叉，长期移动平均线始终压制着短期移动平均线和中期移动平均线向下运行。此形态说明空头势力极大，未来下跌之势很强，投资者应该及时离场，而且不要去抢反弹。

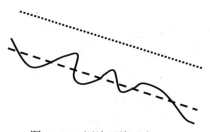

图 10-56　逐浪下降形态

图 10-57 所示为金银河日 K 线图。股价从高位暴跌，出现了逐浪下降形态。这说明长期移动平均线代表的长期趋势是向下的。尽管中、短期移动平均线有所交叉，但是投资者应该利用反弹的高点及时离场，而不应该去抢反弹。

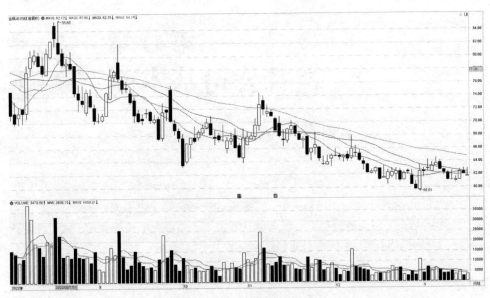

图 10-57　金银河日 K 线图

第 11 章
查看公司基本面

本章以同花顺软件为例进行讲解，它提供的资讯功能十分强大，它所包含的信息地雷、实时解盘、公告新闻和个股财务信息等资讯功能操作简单而实用。其他炒股软件（如大智慧、通达信等）也有类似功能，读者可以自行选择。

11.1　信息地雷

目前很多分析软件都提供了"信息地雷"或类似功能。"信息地雷"是指软件提供商、证券公司和资讯公司等软件服务机构，将上市公司的各种历史信息及新的公告、新闻、市场评论等内容，以"*""◆"等图形符号的形式，挂在相应的分时走势图或K线图上的一种信息提供方法。

只要盘中出现重要的市场评论及公告、新闻等内容，"信息地雷"就会实时地显示在相应的分时走势图上，如图 11-1 所示。

11.1.1　信息地雷的操作方法

"信息地雷"一般出现在大盘和个股走势图的上方。在走势图界面，将光标移到相应的"信息地雷"上，旁边便会出现相应的标题提示。将光标移到标题提示信息上按 Enter 键或双击即可进入正文浏览，按 ESC 键或再次按 Enter 键返回。

若股票当日有"信息地雷"出现，则在"行情报价"栏中的股票名称后面也可以看到。将光标移动至"◆"图形上，即可看到相应的标题提示信息。双击进入正文浏览，按 ESC 键或按 Enter 键返回，如图 11-2 所示。

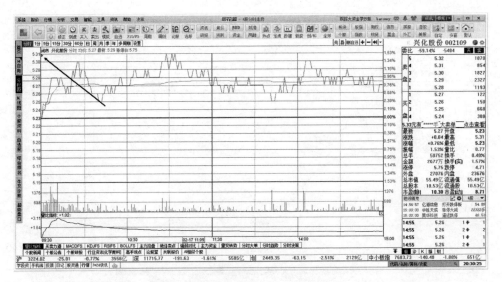

图 11-1　分时走势图中的"信息地雷"

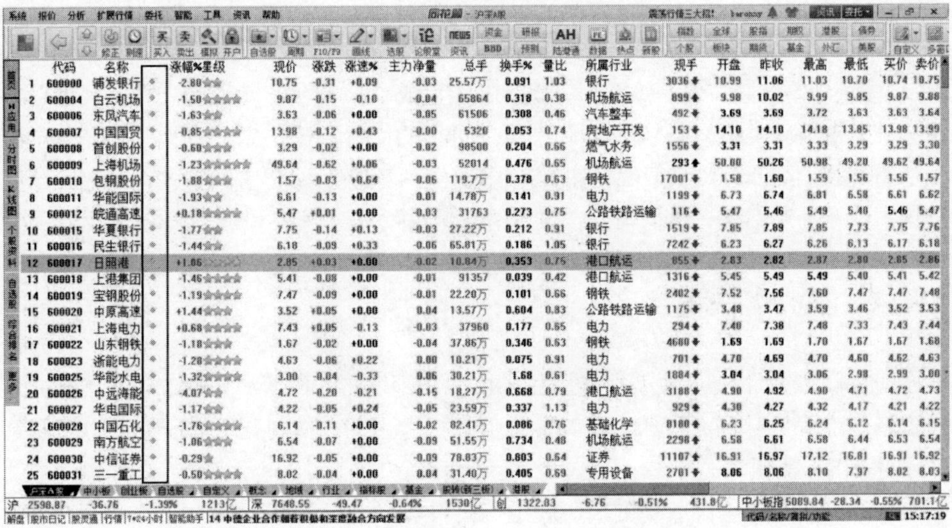

图 11-2　"行情报价"栏中的"信息地雷"

11.1.2　个股的生命历程

在 K 线图中可以看到个股的实时"信息地雷"及历史的"信息地雷"，从而使浏览者对个股的基本面变化消息、重要的公司公告、历史财务报告（包含年报、中报）等历史信息就一目了然。因此，人们又把挂在 K 线图上的"信息地雷"称为个股的

"生命历程"，如图 11-3 所示。

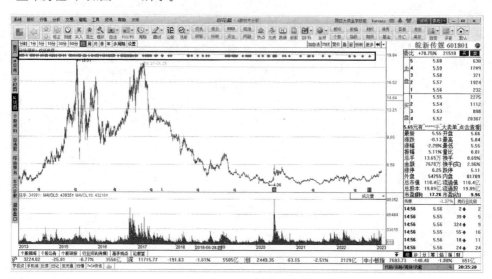

图 11-3　个股的"生命历程"

"信息地雷"以"◆"等图标，出现在大盘或个股 K 线走势图的上方。其查看方法与分时走势图类似，将光标移到"信息地雷"的位置，双击或按"回车"键进入"信息地雷"的详细内容浏览页面，按 ESC 键退出。若想隐藏"生命历程"，则打开"信息地雷设置"对话框，不再勾选"显示信息地雷"复选框。

11.1.3　7×24 快讯

同花顺 7×24 快讯是在盘中定时由不同分析师发布的最新沪深股市动态信息，为投资者能准确地掌握大盘和个股的各类信息提供帮助。在同花顺界面最下方可看到"7×24 快讯"按钮。

一旦有新的解盘信息发布，系统会在软件屏幕的右下角自动跳出一个提示框，告诉投资者现在已经有新的解盘信息了。投资者单击"查看"按钮，即可转到"实时解盘"窗口，或者单击某条信息的标题栏目，可以查看详细的解盘信息。

弹出的提示框在几秒后会消失，此后投资者如果想再次查看"实时解盘"的内容，可以通过功能菜单进入"实时解盘"的窗口。若投资者想保存"实时解盘"中的内容，在"实时解盘"窗口中将信息文字全选，按 Ctrl+C 键复制到剪贴板中，即可进行保存或打印操作。

11.2　个股的基本面资料

不论是大智慧 365 系列软件还是同花顺软件，其个股基本面资料的数据来源都是各企业披露的财务数据。如果说有所不同，也仅仅是列出项目、列出顺序的不同而已。

进入同花顺的个股界面，可以在选定股票的情况下按 F10 键，或按 10+Enter 键进入个股的基本资料界面，如图 11-4 所示。

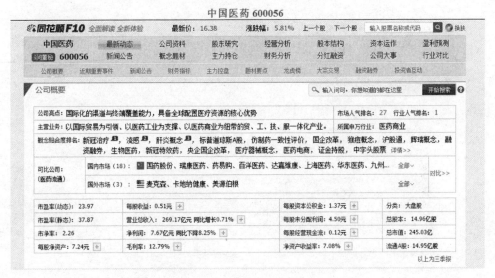

图 11-4　个股的基本资料界面

11.2.1　最新动态

同花顺软件中的"最新动态"与大智慧 365 中的"操盘必读"所披露的是同一类信息，也就是某企业最基本的消息和最新的消息。

"最新动态"栏目包括"公司概要""近期重要事件""新闻公告""财务指标""主力持仓""概念题材""龙虎榜""大宗交易""融资融券"等项。

"公司概要"中的列出项为"主营业务""所属行业""涉及概念"等一些必备的基础的企业信息，还有一些简要的财务数据，如市盈率、每股收益、净资产收益率、总股本等。为什么仅仅是一些简要的财务数据呢？因为在"财务概况"选项中，有更全面、更详尽的财务数据（见图 11-5）。

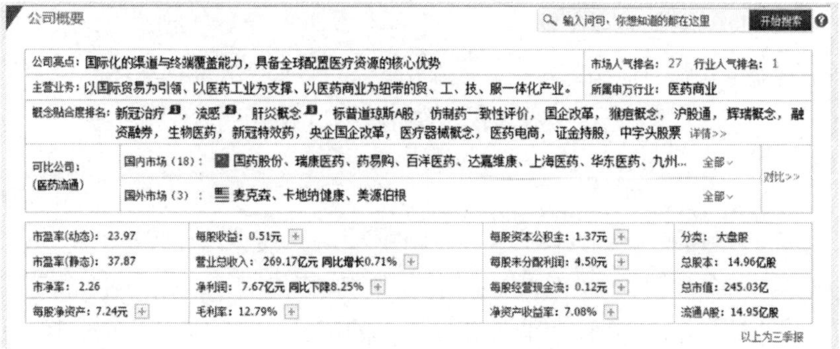

图 11-5　"最新动态"栏目中的"公司概要"

"近期重要事件"和它下面的"新闻公告"属于同一类，都是企业本身所发生的一些事件的披露。如图 11-6 所示。

图 11-6　最新动态中的"近期重要事件"和"新闻公告"

"最新动态"中的其他板块中都是一些无足轻重的信息，即使有重要信息，也仅仅是重要信息的简报或简明的数据，更重要的东西都深藏在其他选项中。

11.2.2　公司资料

"公司资料"栏目包含公司名称、公司地址、所属行业、上市日期、公司联系方式、法人代表、公司高层、主营业务、公司简介等基本信息。其中，法人代表、所属行业、主营业务等信息应引起投资者的关注。图 11-7 所示为中国医药详细情况栏目示例。

详细情况　　输入问句，你想知道的都在这里　开始搜索

MEHECO	公司名称：中国医药健康产业股份有限公司	所属地域：北京市
	英文名称：China Meheco Group Co.,Ltd.	所属申万行业：医药生物 — 医药商业
	曾 用 名：中技贸易->G中技->中技贸易	公司网址：www.meheco.com

主营业务：以国际贸易为引领、以医药工业为支撑、以医药商业为纽带的贸、工、技、服一体化产业。

产品名称：原料药 [+] 、制剂药 [+] 、中成药 [+] 、医药商业 [+] 、国际贸易 [+]

控股股东：中国通用技术(集团)控股有限责任公司 (持有中国医药健康产业股份有限公司股份比例：31.92%) [+]

实际控制人：国务院国有资产监督管理委员会 (持有中国医药健康产业股份有限公司股份比例：31.92%)

最终控制人：国务院国有资产监督管理委员会 (持有中国医药健康产业股份有限公司股份比例：31.92%)

董事长：李亚东	董　　秘：袁精华	法人代表：李亚东
总 经 理：胡慧冬	注册资金：14.96亿元	员工人数：8715
电　　话：86-010-67164267	传　　真：86-010-67152359	邮 编：100073

办公地址：北京市丰台区西营街1号院一区1号楼通用时代中心B座18-28层

公司简介：

中国医药健康产业股份有限公司建立了以国际贸易为引领、以医药工业为支撑、以医药商业为纽带的贸、工、技、服一体化产业格局，全面推动工商贸三大业务板块业务整合，积极发挥协同优势。主要产品有原料药、制剂药、中成药、医药商业、国际贸易。从最新公布的权威行业排名显示，公司位列2020年度中国医药工业百强榜化药企业排名第35位；中国医药-重庆医药联合体位列2020年医药流通百强第5位。

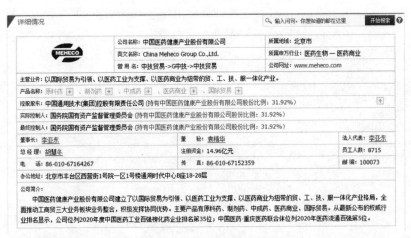

图 11-7　“公司资料”

11.2.3　股东研究

“股东研究”给出的数据主要是大股东的持股情况，如是否继续持有或新进或减持该股，以及股东的占比。对于跟大股东进仓、出仓的投资者来说，可以从这里跟踪他们的行动（见图 11-8）。

十大流通股东

2022-09-30　2022-06-30　2022-03-31　2021-12-31　2021-09-30　　变化趋势

前十大流通股东累计持有：8.48亿股，累计占流通股比：56.73%，较上期增加571.58万股

机构或基金名称	持有数量(股)	持股变化(股)	占流通股比例	变动比例	股份类型	持股详情
中国通用技术(集团)控股有限责任公司	4.77亿	不变	31.93%	不变	流通A股	点击查看
通用天方药业集团有限公司	1.51亿	不变	10.09%	不变	流通A股	点击查看
中国航天科工集团有限公司	1.40亿	不变	9.36%	不变	流通A股	点击查看
中央汇金资产管理有限责任公司	3051.41万	不变	2.04%	不变	流通A股	点击查看
通用技术集团医药控股有限公司	2065.14万	不变	1.38%	不变	流通A股	点击查看
香港中央结算有限公司	2007.69万	↑514.54万	1.34%	↑34.46%	流通A股	点击查看
中国农业银行股份有限公司-中证500交易型开放式指数证券投资基金	359.96万	↑17.59万	0.24%	↑ 5.14%	流通A股	点击查看
王金生	196.89万	新进	0.13%	新进	流通A股	点击查看
法国兴业银行	164.05万	新进	0.11%	新进	流通A股	点击查看
邱斌	163.34万	不变	0.11%	不变	流通A股	点击查看
较上个报告期退出前十大流通股东有						
黄婷	199.73万	退出	0.13%			
领航投资澳洲有限公司-领航新兴市场股指基金(交易所)	121.76万	退出	0.08%			

图 11-8　“股东研究”

11.2.4　经营分析

"经营分析"中最重要的栏目为"主营构成"，主营构成包括公司主营构成、公司采购和销售客户情况信息。它主要是统计某公司在这个报告期内的主营业务收入，其中包括公司涉足的行业项目和公司产品在全国范围内的营业收入、营业成本、毛利率及同比增长等数据。图 11-9 所示为中国医药"主营构成"栏目示例。

2022-06-30	2021-12-31	2021-06-30					注：通常在中报、年报时披露
	业务名称	营业收入(元)	收入比例	营业成本(元)	成本比例	利润比例	毛利率
按行业	医药商业	126.12亿	71.45%	115.22亿	75.44%	45.80%	8.64%
	国际贸易	36.17亿	20.49%	30.72亿	20.12%	22.89%	15.06%
	医药工业	16.95亿	9.60%	9.46亿	6.20%	31.45%	44.16%
	其他业务	6127.45万	0.35%	5284.63万	0.35%	0.35%	13.75%
	内部抵消	-3.33亿	-1.89%	-3.21亿	-2.10%	-0.50%	-

图 11-9　中国医药"主营构成"栏目示例

采购和销售客户情况信息包括在公司财务报告期内前五名供应商采购金额及前五名销售客户销售金额合计信息，以及相关金额所占的比重信息。

11.2.5　股本结构

"股本结构"中的数据主要为股本的变动情况。比如，总股本是多少，流通是多少，限售又是多少，以及每季度股本结构的变化、是否有增发情况等（见图 11-10）。

11.2.6　资本运作

"资本运作"应结合该企业的财务报表中的现金流量表来看，它的数据主要是投资活动产生的现金流出量。比如，开发了什么新项目，购进了什么设备，或者兼并了某些其他企业等（见图 11-11）。

11.2.7　盈利预测

盈利预测是通达信软件根据某种计算方法，预测出某企业今后两年的盈利取向。因为是预测，所以也只能起到供参考的作用，而不能作为决策的依据。在笔者写这本书时，2022 年的年报尚未出炉，因此图 11-12 中没有给出 2022 年和 2023 年的业绩预测，即当前没有任何一家公司公开对中国医药进行业绩预测。

解禁时间表

解禁时间	公告解禁数量	解禁可售数量	解禁可售数量占比	解禁股份类型	前日收盘价	解禁股成本	是否公告值
2019-10-14	5597.21万	5597.21万	5.24%	定向增发机构配售股份	-	13.42	预测值
2016-07-18	2993.26万	2993.26万	2.80%	定向增发机构配售股份	16.67	9.03	公告值

总股本结构

股份构成	2018-09-30	2018-06-30	2018-03-31	2017-12-31	2017-09-30	2017-06-30
总股本(股)	10.68亿	10.68亿	10.68亿	10.68亿	10.68亿	10.68亿
A股总股本(股)	10.68亿	10.68亿	10.68亿	10.68亿	10.68亿	10.68亿
流通A股(股)	10.12亿	10.12亿	10.12亿	10.12亿	10.12亿	10.12亿
限售A股(股)	5634.95万	5634.95万	5634.95万	5634.95万	5634.95万	5634.95万
变动原因	三季报	半年报	一季报	年报	三季报	半年报

图 11-10　"股本结构"

募集资金来源

公告日期	发行类别	发行起始日期	实际募集资金净额(元)	剩余募集金额止时间	剩余募集资金(元)	募集资金使用率
2016-10-18	增发A股	2016-10-14	7.77亿	2017-06-30	4.31万	100%
2014-03-18	增发A股	2014-03-14	9.62亿	2015-03-31	0.00	99.99%
2013-07-27	增发A股	2013-07-26	26.67亿	-	-	-
2013-07-20	增发A股	2013-07-18	3.04亿	-	-	-
2000-10-14	配股	2000-10-30	1.25亿	-	-	-
1997-04-23	首发A股	1997-04-28	2.02亿	-	-	-

项目投资

公告日期	项目名称	承诺使用募集资金(元)	已投入募集资金(元)	建设期(年)	税后收益率	预测年新增净利润(元)	项目简介
2018-03-31	补充流动资金	6.90亿	6.92亿	-	-	-	+

图 11-11　"资本运作"

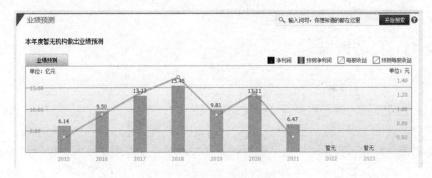

图 11-12　"业绩预测"

11.2.8　新闻公告

"新闻公告"栏目记录的是公司所属的行业范围内的新闻、资讯等信息。行业新闻是按时间顺序排列的。在该栏目中还经常有一些信息预示着该行业的冷热走向，如成本、利润等因素出现变化，会影响该公司的经营利润情况。

11.2.9 题材概念

"题材概念"栏目的内容主要是行业的相关消息。比如，东风汽车的常规概念就是汽车制造、新能源汽车。在这个栏目中，还会说到汽车行业的优势、劣势、机会和威胁。更加深度的分析就是汽车制造行业的上游企业和下游企业的数据。

11.2.10 主力持仓

一只股票是否有拉升的可能性，主要看这只股票是否有主力资金入驻。因此是否有主力进入，也是选择持有该股票的一个选择标准。但主力并不是一个确定的概念，主力既可以是一股资金，也可以是几股资金。因此这个栏目所给出的都是持股占比很大的机构的数据（见图11-13）。

主力进出|报告期	2022年报	2022三季报	2022中报	2022一季报	2021年报
机构数量(家)	2（更新中）	9	102	19	88
累计持有数量(股)	180	8.45亿	8.45亿	5.99亿	6.10亿
累计市值(元)	3101.40	101.71亿	125.23亿	217.62亿	72.00亿
持仓比例	不足0.01%	56.49%	56.51%	56.03%	57.08%
较上期变化(股)	↓ -8.45亿	↓ -21.29万	↑ 2.46亿	↓ -1113.40万	↑ 773.00万

图 11-13 "主力持仓"

11.2.11 财务概况

在同花顺软件中被称为"财务概况"的选项，在大智慧系列软件中被称为"财务透视"，它们所指的都是同一类信息。

"财务概况"栏目重点介绍公司最近4个财务报告的各项财务指标和报表。通过"财务概况"栏目，投资者可以了解公司近几年的经营状况和基本面变化，以及公司最近的财务报告信息。财务概况栏目分为主要财务指标、利润表摘要、资产负债表摘要和现金流量表摘要等分栏目。

"主要财务指标"分栏对一年中4个报告期的每股收益、每股税后收益、每股净资产、每股未分配利润、每股公积金、销售毛利率和营业利润率等财务数据指标进行对比（见图11-14）。

利润表摘要分栏主要对 4 个报告期的营业收入、营业成本、营业利润、投资收益、利润总额、可供分配利润等财务信息进行对比。

资产负债表摘要包含了 4 个报告期的公司资产数据、借款、负债、股东权益、资本公积金等数据信息统计。现金流量表摘要包含了 4 个报告期的公司经营现金流量净额、投资现金流量净额、筹资现金流量净额、现金净增加额度等信息。

科目\年度	2022-09-30	2022-06-30	2022-03-31	2021-12-31	2021-09-30	2021-06-30
成长能力指标						
净利润(元)	**7.67亿**	**6.16亿**	**2.46亿**	**6.47亿**	**8.36亿**	**6.61亿**
净利润同比增长率	-8.25%	-6.81%	15.51%	-50.63%	-32.51%	-14.98%
扣非净利润(元)	7.17亿	5.66亿	2.16亿	5.85亿	7.60亿	6.06亿
扣非净利润同比增长率	-5.73%	-6.53%	15.73%	-50.81%	-37.18%	-19.29%
营业总收入(元)	269.17亿	176.51亿	85.20亿	362.34亿	267.28亿	182.65亿
营业总收入同比增长率	0.71%	-3.36%	-0.61%	-7.83%	-11.69%	-2.89%
每股指标						
基本每股收益(元)	0.5126	0.4118	0.2302	0.6056	0.5586	0.4419
每股净资产(元)	7.24	7.14	9.83	9.60	9.78	9.61
每股资本公积金(元)	1.37	1.37	1.91	1.91	1.91	1.91
每股未分配利润(元)	4.50	4.39	6.39	6.16	6.33	6.17
每股经营现金流(元)	0.12	0.09	-0.84	0.14	-0.71	-0.83

图 11-14　"财务概况"

11.2.12　分红融资

"分红融资"有两种情况：一种是上市公司给股东分红、一种是向外界融资，即一种是发钱、一种是收钱。"融资"在这个栏目里是特定的，就是增高新股或配股。不论是发钱还是收钱，在这里都会看到详细的数据。图 11-15 所示为中国医药的分红数据。

报告期	董事会日期	股东大会预案公告日期	实施公告日	分红方案说明	A股股权登记日	A股除权除息日	分红总额	方案进度	股利支付率	税前分红率
2022中报	2022-08-27	--	--	不分配不转增	--	--	0.00	董事会预案	0.00%	--
2021年报	2022-04-30	2022-05-21	2022-06-18	10送4股派1.8168元(含税)	2022-06-23	2022-06-24	1.94亿	实施方案	30.00%	0.85%
2021中报	2021-08-25	--	--	不分配不转增	--	--	0.00	董事会预案	0.00%	--
2020年报	2021-04-28	2021-05-19	2021-06-18	10派3.68元(含税)	2021-06-24	2021-06-25	3.93亿	实施方案	30.00%	2.89%
2020中报	2020-08-26	--	--	不分配不转增	--	--	0.00	董事会预案	0.00%	--
2019年报	2020-04-22	2020-05-13	2020-06-19	10派2.7553元(含税)	2020-06-29	2020-06-30	2.94亿	实施方案	30.00%	1.91%
2019中报	2019-08-28	--	--	不分配不转增	--	--	0.00	董事会预案	0.00%	--
2018年报	2019-03-28	2019-04-18	2019-06-06	10派4.3366元(含税)	2019-06-13	2019-06-14	4.63亿	实施方案	30.00%	3.14%
2018中报	2018-08-28	--	--	不分配不转增	--	--	0.00	董事会预案	0.00%	--
2017年报	2018-03-31	2018-04-21	2018-06-08	10派3.6459元(含税)	2018-06-14	2018-06-15	3.90亿	实施方案	29.66%	1.81%

图 11-15　中国医药的分红数据

11.2.13　公司大事

"公司大事"栏目是按照时间先后顺序，记录公司股改进程、分红送股、交易异动、财务报告披露等公司重大事件的栏目。图11-16所示为中国医药"公司大事"栏目中的"近期重要事件"页面。

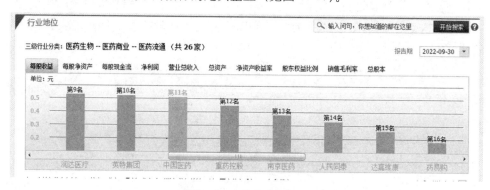

近期重要事件		输入问句, 你想知道的都在这里	开始搜索
今天	投资互动：最新3条关于中国医药公司投资者动态互动内容		详情>>
2023-04-29	披露时间：将于2023-04-29披露《2022年年报》		更多>>
2023-02-16	融资融券：融资余额6.830亿元，融资净买入额-1627万元		详情>>
2023-02-11	发布公告：《中国医药：第九届董事会第1次会议决议公告》等6篇公告		更多>>
2023-02-10	股东大会：召开临时股东大会，审议相关议案 详细内容▼		
2023-02-09	发布公告：《中国医药：关于为控股公司提供担保的公告》		更多>>
2023-02-03	发布公告：《中国医药：关于子公司药品通过仿制药一致性评价的公告》		更多>>

图11-16　中国医药"公司大事"栏目中的"近期重要事件"页面

11.2.14　行业对比

"行业对比"是同行业之间的对比，这个栏目的侧重点是财报分析。如果投资者没有财报分析基础，则只能简单地看看该企业在同行业中的排名。但即使看看排名，也有利于我们从中找到不同指标的龙头企业（见图11-17）。

图11-17　"行业对比"

图11-17显示，在"每股收益"中中国医药在整体行业中排第十一名。当然我们还可以选择其他的选项来看排名。中国医药在"每股净资产"中排第十名，在"每股现金流"中排第十名，在"净利润"中排第六名，在"营业收入"中排第八名，在"总资产"中排第六名，在"净资产收益率"中排第十二名，在"股东权益比例"中排第

十二名，在"销售毛利率"中排第十一名，在"总股本"中排第六名。

11.3　大盘的基本资料界面

在大盘的基本资料界面里，可以查看当日的龙虎榜、市场概览、证券要闻、新股分析、融资融券、宏观研究和基本信息等栏目。

11.3.1　大盘的基本资料界面简介

大盘的基本资料界面的进入方式为在大盘分时界面或 K 线走势界面，按 F10 键或 F10+Enter 键即可，其操作方法与进入个股的基本资料界面一致（见图 11-18）。

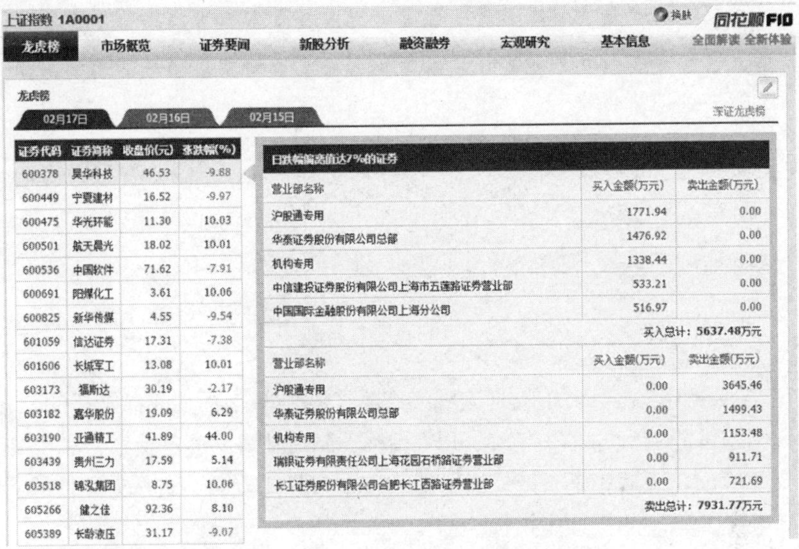

图 11-18　大盘的基本资料界面

（1）"龙虎榜"栏目的主要内容包括以各种参数为依据的排名。比如，有以涨幅为参数的涨幅龙虎榜、以板块为参数的当日涨幅最大板块的龙虎榜，还有以概念排名、以营业部投资排名、以大宗交易排名及以董监高持股变动为排名的各种龙虎榜。

（2）"市场概览"栏目首先给出的是沪深两市分别的上市股票总量、股票市价总值、流通市值、月末 A 股平均市盈率等参数。然后是各企业发出的各种公告的集合，而这些集合将再次被分类，分为利好公告、利空公告、增发配股公告、减持公告和股东大会公告。这样可以让用户第一时间知道整体市场的情况。

(3)“证券要闻”栏目公布的是一些分析评论文章。其中包括大势分析、财经热点、行业研究、基金动态、期货走势、国际市场、债券要闻、重组并购等。

(4)“新股分析”栏目公布的是针对新股的各种消息。

(5)“融资融券”栏目是近几年我国市场新出现的风险规避金融工具。当然这种方法并不是新的，但在我国是第一次尝试。该栏目首先披露的是各企业的融资融券的金额和数量，其后是一些更有针对性、更细致的分析，如图 11-19 所示。

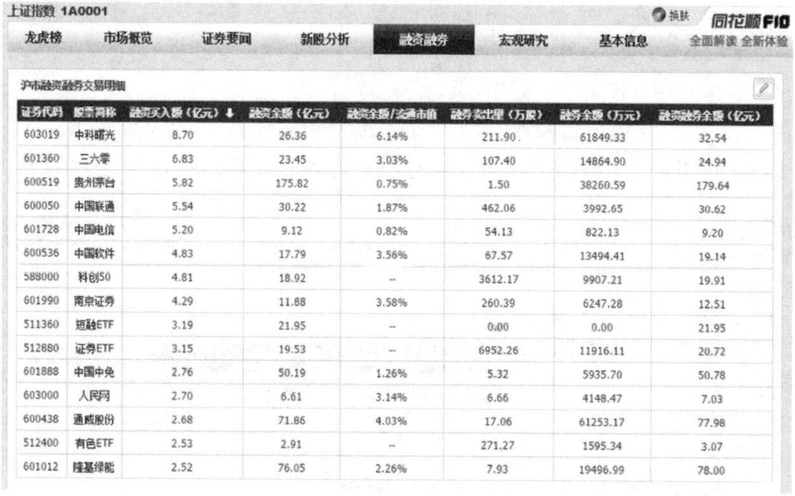

证券代码	股票简称	融资买入额（亿元）↓	融资余额（亿元）	融资余额/流通市值	融券卖出量（万股）	融券余额（万元）	融资融券余额（亿元）
603019	中科曙光	8.70	26.36	6.14%	211.90	61849.33	32.54
601360	三六零	6.83	23.45	3.03%	107.40	14864.90	24.94
600519	贵州茅台	5.82	175.82	0.75%	1.50	38260.59	179.64
600050	中国联通	5.54	30.22	1.87%	462.06	3992.65	30.62
601728	中国电信	5.20	9.12	0.82%	54.13	822.13	9.20
600536	中国软件	4.83	17.79	3.56%	67.57	13494.41	19.14
588000	科创50	4.81	18.92	--	3612.17	9907.21	19.91
601990	南京证券	4.29	11.88	3.58%	260.39	6247.28	12.51
511360	短融ETF	3.19	21.95	--	0.00	0.00	21.95
512880	证券ETF	3.15	19.53	--	6952.26	11916.11	20.72
601888	中国中免	2.76	50.19	1.26%	5.32	5935.70	50.78
603000	人民网	2.70	6.61	3.14%	6.66	4148.47	7.03
600438	通威股份	2.68	71.86	4.03%	17.06	61253.17	77.98
512400	有色ETF	2.53	2.91	--	271.27	1595.34	3.07
601012	隆基绿能	2.52	76.05	2.26%	7.93	19496.99	78.00

图 11-19 “融资融券交易明细”

(6)“宏观研究”栏目公布的是宏观经济学中的一些指标与大盘走势的比较数据。比如，我们经常能听到的 CPI 指标、PPI 指标、M1、M2、准备金率、利率等。这些指标的变动不论是短期还是长期，都会影响整个市场的走势，它是方向性的。所以作为投资者来说，不能忽视这些指标。

(7)“基本信息”栏目是以月报形式发布的，每月一总结整体市场的情况，包括我们在前面说过的“市场概览”中的一些数据，还有一些证券交易所发布的公告信息。

11.3.2 大盘默认方案界面简介

同花顺软件加入了选择窗口界面方案的功能，可以满足用户的不同看盘习惯和窗口布局个性化的需求。在软件上方的功能按钮的中央靠右部分，有两个选择：一为“自定义”选项，一为“多窗口”选项。图 11-20 所示为多窗口中的“九股报价”界面，可供人们同时观察 9 只股票的走势情况。

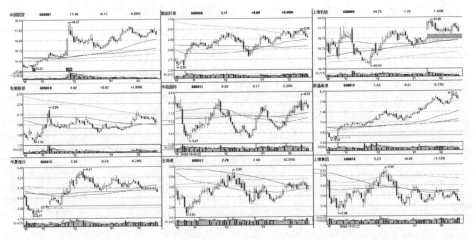

图 11-20　"九股报价"界面

在"自定义"页面中，有 9 种可供选择的方案，分别为"DDE 决策""板块轮动"
"个股追踪""关联报价""短线狙击""短线看盘""综合盯盘""寻找潜力股""快手
抢反弹"。图 11-21 所示为"自定义"中的"DDE 决策"界面。

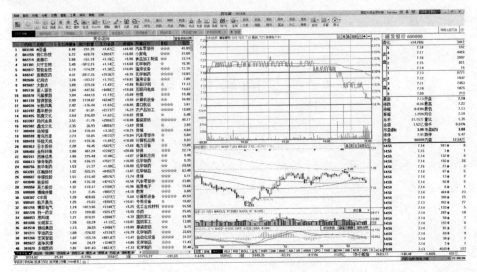

图 11-21　"自定义"中的"DDE 决策"界面

在该界面中可以看到当日的涨幅、跌幅排名和当日快速涨幅、跌幅排名，并且右
侧的图表每 5 秒一换。这种快速切换适合被做短线的投资者用于快速地观察不同股票

的变化。

图 11-22 所示为"综合盯盘"界面，可以同时观察期货、股指期货和自选股票。跨界三栖的投资者不用切换看盘软件就可以同时看到各种金融衍生品的走势。右侧的走势栏也可以相互对照、对比，作为参考。

图 11-22　"自定义"中的"综合盯盘"界面

11.4　板块的基本资料信息

众所周知，个股的走势与相应板块的其他股票有互相联动的关系，受其所在的板块指数走势的影响。因此，对个股所在板块的研究也是十分重要的。在"行情报价牌"界面中单击"行情"按钮，在弹出的菜单中选择"板块指数"选项，即可对各类板块行情进行查看。

在图 11-23 中，单击"板块热点"按钮后，在分时走势图下方有多种板块可供选择，如第一为"熊去氧胆酸"板块，第二为"新冠特效药"板块等。双击某一板块，就会显示出更具体的信息。

我们以高转送板块为例，双击"熊去氧胆酸"板块，如图 11-24 所示。上方为熊去氧胆酸指数的走势图，下方为熊去氧胆酸的各种即时信息，右侧为各板块涨幅排名。

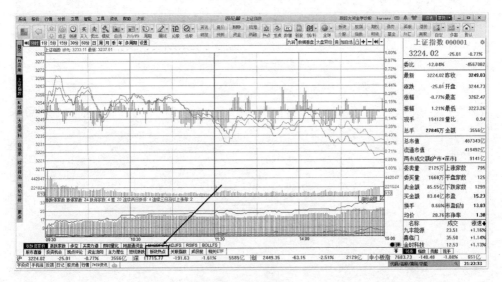

图 11-23 查看板块热点

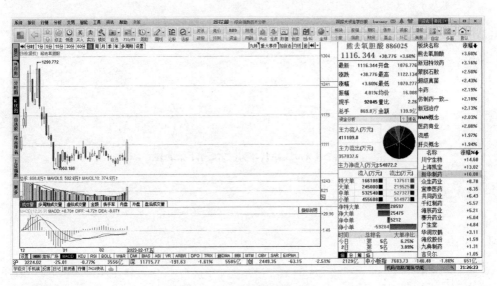

图 11-24 高转送板块示例